国家社会科学基金资助项目（12BJL059）
新疆大学优秀学术著作出版基金资助出版

中国与中亚国家金融合作研究

RESEARCH ON FINANCIALCOOPERATION BETWEEN
CHINA AND CENTRAL ASIAN COUNTRIES

秦放鸣◎著

中国经济出版社
CHINA ECONOMIC PUBLISHING HOUSE
北 京

图书在版编目（CIP）数据

中国与中亚国家金融合作研究/秦放鸣著.
北京：中国经济出版社，2017.5
ISBN 978-7-5136-4094-7

Ⅰ.①中… Ⅱ.①秦… Ⅲ.①金融—国际合作—经济合作—研究—中国、中亚
Ⅳ.①F832.6②F833.606

中国版本图书馆 CIP 数据核字（2015）第 297650 号

责任编辑 赵静宜 张玲玲
责任印制 巢新强
封面设计 华子图文

出版发行 中国经济出版社
印 刷 者 北京力信诚印刷有限公司
经 销 者 各地新华书店
开　　本 710mm×1000mm 1/16
印　　张 15.75
字　　数 218 千字
版　　次 2017 年 5 月第 1 版
印　　次 2017 年 5 月第 1 次
定　　价 49.00 元
广告经营许可证 京西工商广字第 8179 号

中国经济出版社 **网址** www.economyph.com **社址** 北京市西城区百万庄北街 3 号 **邮编** 100037

本版图书如存在印装质量问题，请与本社发行中心联系调换（联系电话：010-68330607）

国家社科基金资助项目（12BJL059）

“中国与中亚国家金融合作研究”研究成果

主　持　人　秦放鸣

主要参与人　孙庆刚　王述芬　韩　东　张飘洋
张力民　胡青江　邓羽佳

目 录

绪　论

一、研究意义

中亚五国独立以来，经济不断复苏，中国与中亚地区的经贸往来日益密切；该地区石油矿产资源丰富，是我国重要的能源供应地；开拓中亚市场成为我国全方位开放战略中的重要一环，对我国构建向西开放新格局起着重要作用。中亚地区是丝绸之路经济带建设核心区，伴随我国“一带一路”战略的推进实施，中亚国家在我国国家战略版图中的地位日益凸显。

清除中国中亚国家间的贸易投资障碍，继续推进与中亚国家的贸易投资便利化程度，是中国与中亚国家经济合作不断深入的保证。同时，中亚国家石油天然气储量丰富，在我国能源需求高速增长和能源对外依存度不断增强的背景下，为了突破“马六甲困境”和防范中东地区不稳定的局势，确保中国能源安全，加强同中亚国家合作共赢，建立与中亚能源战略资源国际大通道成为我国重要的国家战略选择（安尼瓦尔·阿木提，2009；何伦志，2008；汤一概，2011）。

但是，随着上述战略的不断推进，金融合作的缺失逐渐成为中亚贸易投资便利化和能源国际大通道建设的瓶颈。因为贸易投资便利化要求交往国之间有协调的货币政策和稳定的汇率机制，这样才能降低交易风险，使投资主体的经济活动具有稳定预期。跨国油气资源开发风险较大，我国能源企业开拓中亚地区油气资源亟须专项金融基金的支持。我国目前与中亚国家已经有一些以项目为载体的金融合作实践活动，但尚缺乏稳定的制度安排，在理论上也缺乏系统的分析总结。本书就是以区域和国际金融合作相关理论为指导，参考世界各国开展金融合作的典型模式，从我国与中亚地区的现实需求和具体状况出发，研究中国与中亚金融合作的制度安排和环境培育问题，为推动中国与中亚地区贸易投资便利化和国际能源战略资源大通道建设服务。

二、研究现状及评述

自中亚各国在20世纪90年代相继独立以来，学术界对中国与中亚国家关系方面的研究逐渐增多。早期的研究着重在政治博弈、宗教和反恐合作上，以潘志平（2003）教授为代表。随着中国与中亚贸易投资便利化的不断推进和中国中亚能源战略资源国际大通道建设的提出，对中国（新疆）与中亚经济合作、能源合作的研究逐渐丰富，尤其是上海合作组织成立后，就如何利用上合组织的框架全面加强与中亚地区的合作有较多的论著。邢广程（2006，2008，2009）主编的系列丛书《俄罗斯东欧中亚国家发展报告》对中亚国家和中国中亚国家关系进行了持续关注。赵常庆（2004）、孙壮志（2005）较早系统研究了中亚国家的经济、政治、社会、民族宗教关系的变化对中国西部的稳定及中国西部大开发的影响。高志刚（2005，2007）对中国企业参与中亚合作的模式，建立中国新疆与中亚区域经济贸易，建立次区域经贸合作等问题进行了研究。秦放鸣（2006，2010）对中亚市场的潜力，中国新疆与中亚互动关系，中国与中亚区域经济合作的路径、模式，新疆在中国与中亚国家合作中的战略地位等做了系统研究。保健运（2009）从实证角度分析中国与中亚各国进出口贸易的特点及存在的问题。王海燕（2010）对中国与中亚国家参与周边经济区域合作机制进行了对比研究，认为双方都处于经验积累和探索阶段，呈现以周边为主、双方共同参与的区域组织并存的特征。

金融合作是建立在良好的国家关系和稳定的经贸往来基础上，学者们以往的研究成果为本书提供了丰富的背景资料，有重要的启发意义。在这些研究当中，也不时提到加强中国与中亚各国金融合作的重要性，不过多数是以存在的问题或者政策建议的方式提出的，鲜见中国与中亚地区金融合作问题进行深入专题研究的成果。朱显平、张建政（2007）和何剑、陈文新

(2010)对中国与中亚金融合作问题进行了初步探索,但是没有关注金融合作对贸易及能源等领域的推动作用。

形成这种局面的原因:首先,以往金融合作在中国与中亚交往中的重要性还未显现,金融瓶颈问题还不严重;其次,另外是中亚各国金融制度体系方面的建设还很不完善,金融市场发育落后,金融方面的相关数据资料较难获得,很难展开系统研究。

随着中亚各国近年来的稳定发展,对金融领域的建设日益重视,尤其是2008年全球金融危机对中亚国家(尤其是哈萨克斯坦)的巨大冲击,美元价值的不稳定,中亚国家自身也强烈感受到加强区域金融合作的必要性。本书从推动与中亚国家贸易投资便利化和加强能源合作的现实需求出发,对中国与中亚国家金融合作问题进行全面系统的研究,以弥补这方面研究的不足,更好地指导未来的实践。

三、基本思路和主要研究内容

本书遵循理论现状→研究论证→对策建议的逻辑思路展开。首先,对国际和区域金融合作的相关理论进行系统梳理,对世界各国金融合作的实践活动进行模式概括,并重点分析我国已经开展的合作模式,为本书打下坚实的理论基础和提供经验参照。其次,深入剖析中亚国家的金融制度体系,寻找金融合作的契合点。再次,本书从贸易投资便利化和能源合作的现实需求出发,分析为什么需要与中亚国家开展金融合作和合作的重点领域。最后,对中国与中亚金融合作的五个重点领域分别深入研究,探寻中国与中亚金融合作的具体路径。

四、主要研究方法

文献法 本书的理论基础和现状部分,需要查阅大量的学术文献和官方文献。

实地调研法 本书以参与到中亚经济活动中的企业和政府相关职能部

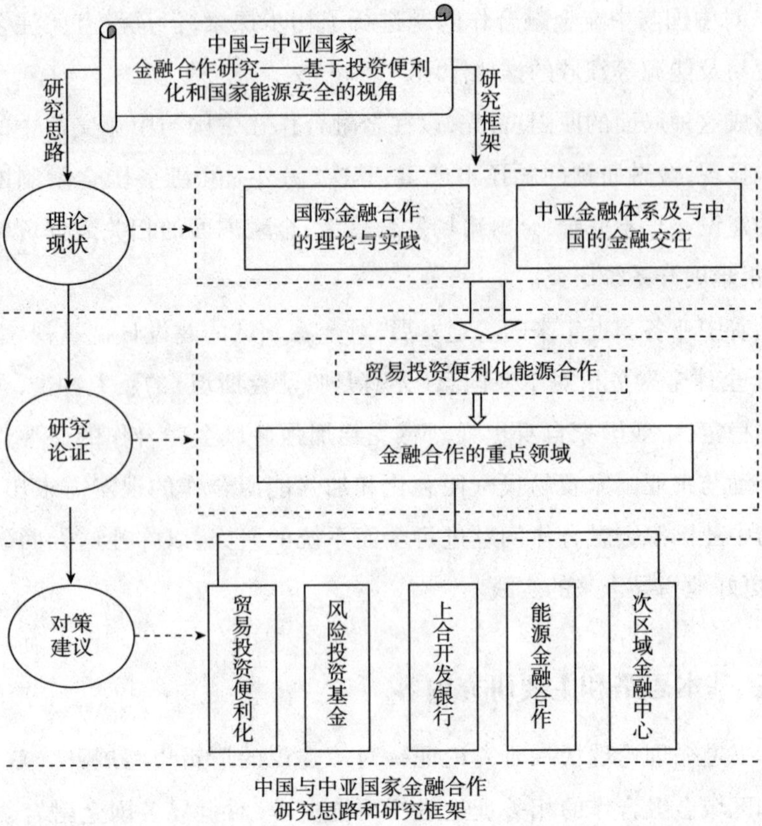

图 0－1　国际金融合作的理论与实践

门为主要调研对象,发现金融需求,创造金融合作工具,设计金融制度安排。

案例分析法　对已经开展带有萌芽性质的金融合作行为进行深入剖析,研究进一步推广的可能性。

对比分析法　通过中国与中亚五国经济金融法律制度、运行体制、经济状况的对比研究,分析中国与中亚国家金融合作的可行性和必要性,寻找双方合作的契合点。

数理分析法　跨国区域合作必然涉及利益的分割、竞争与合作等决策,本书利用博弈论等分析工具,构建数理分析模型,分析参与合作各方的决策变量及影响因素。

五、研究的重点、难点

研究的重点:①中国与中亚金融合作与贸易投资便利化、能源合作如何有效地契合,实现良性互动;②贸易结算便利化的制度安排和开展能源金融;③乌鲁木齐建设次区域金融合作中心的可行性分析。

研究的难点:①理论交叉。本书的完成,需要融合国际金融学、国际贸易学、区域经济学、能源经济学和政治学、社会学等多学科理论,如何有效地运用相关理论并使之兼容,是本书的研究难点之一。②实地调研和获取资料难度较大。我们调研的对象包括中国和中亚国家的企业和政府职能部门,数量庞大,分布分散。中亚多数国家金融统计资料系统性差,同时体制较为封闭,资料较难获得。

1 国际金融合作的理论与实践

国际金融合作的理论和实践是伴随着国际贸易和投资不断扩张，防御全球金融动荡的客观需要下产生的。与全球金融动荡在客观上促进区域内相关国家进行本区域内的政策协调与合作的观点相并行，理论界对于区域金融合作的相关问题也进行了卓有成效的探讨。同时，现行国际货币体系中的某些安排，如大国间的政策协调与监督，以及区域性金融体系的合作与融合，如欧元区的建立和拉美国家的美元化，在某种程度上体现了与理论的发展共生共进的某些特性。也就是说，区域金融合作发展至今已不是什么新生事物，在理论和实践中已达到了相当高的层次①。

1.1 国际金融合作的理论

国际金融合作的理论基石可以概括为两大主流线索，第一是金融政策的外部效应，第二是最优货币区理论，又以后者的研究居多。

(1)金融政策的外部性②

一国金融政策的制定或改变会以某种直接或间接的方式影响到周围与之相关的国家和地区，这体现出政策的外部性或政策的溢出效应，金融政策的外部效应主要通过货币和资本市场溢出两种渠道。

基于"货币政策溢出"的国际货币合作理论的代表人物 R. Copper (1968)认为，如果在开放条件下没有考虑货币合作，就会大幅度削减一国政

① 李维刚. 东亚区域经济合作之研究[D]. 复旦大学,2009:32.

② 李维刚. 东亚区域经济合作之研究[D]. 复旦大学,2009:33.

策效能。此后，D. Curric 和 J. Frankel 等对该理论进行了完善。D. Currie、P. Levine 和 N. Vidalis 等（1987）通过研究浮动汇率的发展历程后指出，各国独立的宏观政策可能会阻碍世界经济的发展，各国力图确保它们宏观政策的独立性可能对世界经济具有破坏性，溢出效应的存在说明各国可以通过国际货币合作来分享合作体系带来的福利增进。J. Frankel（1988）提出，政策的溢出效应指的是伴随着各国经济依存度不断深化，各国间的政策行为将会对他国的福利效应产生一定的影响，因此相互矛盾的货币政策不利于各国经济发展，必须通过货币合作来降低整体福利损失。J. Frankel 强烈建议通过建立较大的货币区来加强国际金融的交流与合作。

基于"资本市场溢出"的国际货币合作理论的代表人物 R. Mundell（1963），分别探讨了在固定汇率制和浮动汇率制下，资本流动带来的溢出效应，以及一国货币政策和财政政策的搭配问题。目前，基于市场溢出的货币政策合作研究主要有以下几个方向：一是主张国际货币合作能够降低市场及汇率的不确定性，浮动汇率虽然保持了货币政策的独立性，并不能完全隔离资本市场的溢出效应，其频繁波动反过来将削弱各国货币政策的效能，各国可以通过合作的方式来降低货币市场的不确定性，并最终使货币合作参与者受益（A. Ghosh，1986）。二是主张国际货币合作应该有恰当的水平和方式。S. Khan 和 C. Reinhart（1995）等推算，20 世纪 90 年代，1.7 个百分点的利率差才会产生溢出效应，进而导致货币市场的波动，而当代，0.7 个百分点的利率差就会引起同样的动荡，甚至股票市场等其他资本市场的溢出效应也在增加，因此各国必须在会计准则、银行监管、信息披露等方面进行适当的国际金融合作。

（2）最优货币区理论

20 世纪 60 年代，美国经济学家罗伯特 · 蒙代尔（Robea A. Mundell）提出了"最适度货币区理论"。他认为，在一组国家具备一定条件的情况能够组成统一的货币区，在经济趋同的情况下能够试行单一币种。蒙代尔的"最适度货币区理论"提出后，学术界首先对如何确定最适度货币区的标准展开讨论。蒙代尔提出生产要素流动性标准，认为内部生产要素充分流动，而在其他区域之间不能流动时,具有要素流动性的区域就构成了一个货币区。这样的区域可以采用单一货币,或者将区域内各地区的货币汇率固定,从而组成最适度货币区。美国经济学家罗纳德·麦金农(Ronald Mckirmon, 1963)提出经济开放性标准,认为浮动汇率对开放经济并不是最有利的选择。一些相互间贸易关系密切的开放经济形成一个相对封闭的货币区,对外实行共同浮动的汇率安排,更有利于达到宏观经济的目标。

此后,彼得·凯南(Peater Kenen,1969)提出了以低程度的生产多样化作为形成一个最适度货币区的标准。詹姆斯·因格拉姆(Janes Ingrain,1973)提出,以国际金融高度一体化作为确定最适度货币区的标准。爱德华·托尔(Edward Tower)和托马斯·威利特(Thomas Willett)认为,应将政策一体化作为衡量最适度货币区的标准。1970 年和 1971 年,美国经济学家哈伯勒(G. Harberler)和弗莱明(J. M. Flemming)分别提出以通货膨胀的相似性作为确定最适度货币区的标准。

从 20 世纪 90 年代起,随着宏观经济学理论、博弈理论等的发展,对最适度货币区理论的研究开始转向对加入货币区的收益和成本的分析上。

加入货币区的收益分析　货币区带来的收益主要包括以下几方面:①降低或取消了与各国货币兑换有关的交易成本和远期抛补的成本;②消除了未来汇率不确定的风险;③货币同盟大大地消除了汇率风险,从而促进国际贸易和投资,进而促进各国经济增长;④缩小各国市场之间价格歧视的范围;⑤节约外汇储备;⑥消除或减少了货币区内的投机性资本流动。该种收益与国际贸易和生产要素在国际间的流动性呈正相关关系。

加入货币区的成本分析　加入货币区后本国政府就无法利用汇率政策和货币政策来调整国内的经济状况,这部分损失称为“经济稳定性损失”,这部分损失的大小与一体化的程度呈负相关关系。

1.2 世界金融合作的典型实践

1.2.1 布雷顿森林体系

布雷顿森林体系是二战以后以固定汇率制度安排为核心的全球性金融

合作的一次尝试。主要内容是,美元与黄金挂钩,其他国家采取盯住美元的汇率制度,美元成为全球的结算货币、存储货币和衡量国际大宗商品价格的尺度。应该说这种全球意义的金融安排对二战以后创造一个稳定的国际汇率环境,促进全球贸易的大发展起到了积极的作用。布雷顿森林体系施行期间,国际贸易和投资得到了巨大的发展。世界贸易额提升迅速,而欧洲和日本也很快恢复并超过了二战前的最高水平,不仅如此,在20世纪五六十年代,欧洲和日本的经济增长率都远超美国①。

不过,布雷顿森林体系也存在明显不足:

(1)“特里芬悖论”(Triffin Dilemma)的存在。在布雷顿森林体系中,美元作为国际核心货币的地位,必须保持美元币值的稳定与坚挺,这就要求美国必须是一个长期贸易顺差国。但是,各国为了发展国际贸易,必须用美元作为结算与储备货币,这样必然会导致美元在海外不断沉淀,对美国来讲,就会发生长期贸易逆差。这一自身无法克服的内在矛盾决定了布雷顿森林体系的不稳定和垮台的必然性。

(2)调节机制失灵②。布雷顿森林体系为避免出现国际收支失衡情况的发生,准备了两种不同的调整机制。对于短期的、数额较小的失衡,通过借助基金组织的贷款和调整国内经济的方式来消除;对于长期的、程度较大的失衡,通过汇率的调整来消除。布雷顿森林体系的最终崩溃表明,这两种调节机制都没有发挥应有的效果,其根源在于战后外部平衡优先的策略难以推行,以及汇率平价僵硬而缺乏弹性,这可以说是布雷顿森林体系的“后天失调”。

1.2.2 欧盟统一货币的形成

欧洲的货币一体化是金融合作的最高形式,其进程与欧洲的一体化进程的历史几乎一样长。自1969年欧共体举行的首脑会议上提出建立欧洲

---

① 祝小兵.东亚金融合作——可行性、路径与中国的战略研究[M].上海财经大学出版社,2006:68.

② 祝小兵.东亚金融合作——可行性、路径与中国的战略研究[M].上海财经大学出版社,2006:70.

货币联盟的概念,到1992年标志性文件《马斯特里赫特条约》的签署,1998年欧洲中央银行的成立,直至2002年1月欧元成为欧洲统一的法定货币,其他货币逐渐退出流通市场,欧盟为各国金融合作提供了一个典型的案例。

欧盟的金融合作最典型的特点:欧元区参与国主动放弃了货币主权,由欧盟统一行使;设有法定的管理机构(欧洲中央银行);有共同遵守的法律和约束性的制度安排;全方位的深度融合,包括金融政策、金融市场等。

欧盟统一货币制度的收益:第一,具有规模效应。截止到2015年8月,欧元区共有19个成员和超过3亿的人口。统一的货币消除了欧盟内部的汇率风险,缩减了交易费用①,生产要素流动更为自由,使欧盟内部资源禀赋不同、经济发展程度相异的国家互相调剂余缺的功能更强。第二,具有竞争效应。实行统一货币后,各种商品和生产要素统一用欧元标价,透明度增加;各种壁垒的消除和市场规模扩大,给了市场参与者更多公平竞争的机会。这样必然导致竞争的加剧,在提高效率的同时,使消费者获益。

对于欧元区内在缺陷的争论和质疑也从来没有停止过,尤其源于2009年的欧债危机,对欧元质疑的声音越来越多。主要归结为欧元区存在三个内在矛盾:统一的货币政策与各国独立的财政政策相冲突;统一的货币政策与各国经济发展不平衡竞争力差异巨大相冲突;统一的货币政策永久取消汇率调节机制或货币贬值机制,货币政策独立性之丧失反而恶化经济结构刚性,延缓经济结构调整②。

1.2.3 东亚金融合作

1997年亚洲金融危机发生后,东亚各国普遍意识到金融合作的重要性,各国开始寻求区域性的金融合作安排。在官方和学术界的共同努力下,提出了加强各地区交流合作及共筑亚洲金融合作的构想,目前已经在一些领域有了实质性的进展。其中最重要的决议包括:第一,清迈倡议(CMI)和货

---

① 据《马斯特里赫特条约》中的估算,交易费用的降幅每年可达150亿ECU,占欧共体GDP的0.4%。

② 欧债危机=欧元危机吗?[N/OL].第一财经日报:评论版,[2011-07-17] http://bns.maoyiba.com/article-447-1.html#13310944509061&resize_fullpage.

币互换机制的运行;第二,各层次的政策对话机制的建立;第三,亚洲债券基金(ABF)的设立。其中,清迈倡议的内容集中反映了东亚金融合作的方式和运行机制,在此做一简要介绍。

2000年5月,在泰国清迈召开的第二次"10+3"财长会议上通过了将东盟内部原有的货币互换机制扩展到中日韩三国,在"10+3"范围内逐步建立双边货币互换网络,对出现资金短缺国家进行必要的资金援助,防范金融危机发生的倡议。"清迈倡议"中涉及金融合作的协议有:第一,充分利用东盟"10+3"的组织框架,加强有关资本流动的数据及信息的交换。第二,扩大东盟的货币互换协议,构建东盟与中日韩三国货币互换交易网及债券交易网。第三,如果能够将各国外汇储备的一部分用于相互之间的金融合作,将对稳定亚洲区域内的货币金融市场产生极其深刻的意义。第四,通过完善亚洲各国货币间的直接外汇市场,建立资金结算体系,扩大亚洲货币间的交易。

在"清迈倡议"框架下,"10+3"各国之间已签订16个货币互换双边协议,涉及800多亿美元的外汇储备。2008年5月4日,各国财长同意,为筹建中的共同外汇储备基金出资至少800亿美元,以帮助参与国抵御可能发生的金融危机。中日韩三国分担80%的出资额,东盟国家负担20%。同时,各方承诺进一步加快工作进度,以便就包括借款的具体条件及借款协议条款的具体内容等所有要素达成共识。2009年2月22日,东盟和中国、日本和韩国(东盟+3)特别财长会议联合公布了《亚洲经济金融稳定行动计划》(简称《行动计划》)。根据《行动计划》,清迈倡议多边机制(CMIM)将共同储备基金扩大到1200亿美元。与此同时,为保证共同储备基金的有效管理和使用,提议建立独立的区域监控实体。在上述两项措施实施之后,共同储备基金启动与国际货币基金组织的条件性贷款的挂钩比例将从目前的80%进一步降低[①]。

从东亚金融合作的实践步骤可以看出,为了维护区域金融稳定,东亚各

① 根据百度百科整理,http://baike.baidu.com/view/934835.htm。

国在试图建立一个亚洲版的国际货币基金组织(IMF),当某国面临外汇资金短缺时,靠"10+3"集体力量及时做出反应,防范金融危机的发生,弥补1997年亚洲金融危机时国际货币基金组织令人失望的表现。

1.2.4 美洲美元区的形成

美元化包括三层含义:事实美元化、过程美元化和政策美元化。事实美元化是指作为一种事实,美元在世界各地已经扮演了重要角色;过程美元化是指作为一种过程,美元在美国境外的货币金融活动中无论是深度还是广度,都将发挥越来越重要的作用;政策美元化是指作为一种政策,一国或经济体的政府让美元取代自己的货币并最终自动放弃货币或金融主权的行动①。

事实美元化和过程美元化的国家在全球众多,如阿根廷、阿塞拜疆、白俄罗斯、玻利维亚、柬埔寨、哥斯达黎加、克罗地亚、格鲁吉亚、几内亚比绍、老挝、拉脱维亚、莫桑比克、尼加拉瓜、秘鲁、圣多美和普林西比、塔吉克斯坦、土耳其和乌拉圭等18个国家的外汇存款超过广义货币存量的30%以上,被称为高度美元化的国家。中度美元化的国家数量更多。拉丁美洲的许多小国采取了政策美元化,自动放弃了金融主权,如表1-1所示。

表1-1 拉美国家实行"美元化"的经济体

经济体名称	美元化时间(年)	经济体名称	美元化时间(年)	经济体名称	美元化时间(年)
美属东萨摩亚	1899	萨尔瓦多	2001	巴拿马	1904
英属维尔京	1973	关岛	1898	波多黎各	1899
东帝汶	2000	马绍尔群岛	1944	特克斯和凯科斯群岛	1973
厄瓜多尔	2000	密克罗尼西亚	1944	皮特凯恩群岛	19世纪
北马里亚纳	1944	帕劳	1944	美属维尔京	1934

资料来源:李晓、丁一兵.亚洲的超越[M].当代中国出版社,2006:111.

一个国家放弃货币发行权,用美元代替本币使用,有利有弊。这种做法实

① 张宇燕.美元化、现实、理论及政策含义[J].世界经济,1999(9):18.

际上采用的是一种超(没有退路的)固定汇率,只能在一些小国具有可行性。

除了以上列举的对全球金融体系曾经或现在仍具有较大影响的金融合作以外,还有不少特定区域的国家也成立了具有区域金融合作性质的组织,如西非货币联盟、阿拉伯货币基金组织和安第斯储备基金组织等。这些组织金融合作的层次较低,加上区域本身的经济规模和实力有限,对国际金融体系影响不大。

1.3 中国开展国际金融合作的实践

自2010年中国赶超日本成为世界第二大经济体,在全球体系中的经济和政治力量不容小觑。中国参与国际经济合作的广度和深度正在进一步加强,而国际金融合作成为最具活力的合作形式之一,必要性和重要性日趋显著。

一百多年来,国际金融合作的程序、层次、程度、形式和范围都发生了巨大的改变,经济全球化带动贸易、金融、投资一体化程度越来越高。不管是1997年东南亚金融危机,还是2008年美国次贷危机,都使世界经济链条中的国家难以独善其身,与此同时,IMF应对危机的无力使以美元为主导的国际货币体系弊端显现。后期有关解救危机,增强合作的一系列双边、多边和全球会议,如2008年G20峰会,不仅为实现国际金融体系必要的改革拉开了序幕,为提升新兴经济体及发展中国家的知情权、话语权和规则制定权提供了平台,更为各国在国际金融合作中体现本国利益诉求,寻找合作伙伴,规避和分散风险,挖掘利益交汇点,协同发展,实现共赢提供了契机。

自2001年中国加入WTO后,资本自由流动的成本和障碍降低,参与国际经济的形式也逐渐趋于高层次与多样化特征。不管是国际金融合作会议,还是推动国际合作以及参与改革国际金融体系,中国均保持着积极姿态,明确表明与世界各国共渡艰难、重振市场信心。在定位好自身角色的同时,逐步深化国际金融合作的模式、领域、规模,合理渐进地推进人民币国际化以及区域化。

1.3.1 合作模式:参与者向主导者和引领者转变

G7到G20的转变带动了应对金融危机核心、主要的制度形式的转变。

传统大国和新兴国家联合共治的方式，标志着一个更加具有包容性和代表性的国际金融治理时代诞生，区域合作成为国家寻求话语权和增强影响力的重要途径。

中国是IMF的创始国之一，但直到1980年4月17日才在IMF拥有合法席位，同年中国恢复世界银行的成员地位，次年接受了世界银行的第一笔贷款。2001年加入WTO，2013年成为世界第一货物贸易大国。据世贸组织2013年发布的数据，在159个世贸组织成员中，中国是107个成员的前三大进口来源地，也是42个成员的前三大出口市场，还是48个最不发达国家的最大出口市场[①]。第九届东亚峰会、第十七次中国东盟（10+1）领导人正式会议、第十七次中日韩与东盟（10+3）领导人会议等系列峰会、G20领导人第九次峰会都已表明，中国有参与国际经济事务的积极性，由此提升话语权。中国正在逐步成为多边贸易体制的坚定支持者和重要贡献者。随着中国经济实力和政治影响力的增强，中国参与国际金融合作的模式正在向主导和引领者转变。

2001年，上海合作组织宣布成立，由6个成员组成，分别是中国、俄罗斯和中亚五国中的四国（哈萨克斯坦、塔吉克斯坦、吉尔吉斯斯坦和乌兹别克斯坦）。6月15日，上海合作组织在其《成立宣言》中阐明其经济合作宗旨，《上海合作组织宪章》又将其领域进一步深化，其中提到可在金融信贷领域进行有效区域合作。

2011年4月，金砖国家领导人在海南三亚进行第三次会晤，金砖五国成员行共同签署《金砖国家银行合作机制金融合作框架协议》，明确提出要在大型项目投融资合作、扩大本币结算、加大资本流动和信息交流等方面深化合作。2013年3月29日，中国、俄罗斯、印度、巴西和南非等金砖国家银行签署了《金砖国家银行合作机制多边本币授信总协议》和《多边信用证保兑服务协议》两项协议，主要目的是稳步扩大本币结算和贷款业务规模，服务

① 中华人民共和国商务部综合司：中国成为世界第一货物贸易大国，http://zhs.mofcom.gov.cn/article/Nocategory/201405/20140500570684.shtml。

于金砖国家间贸易和投资便利化。2014 年 7 月 16 日,金砖国家开发银行成立,面向金砖国家和广大发展中国家提供基础设施建设扶持。这意味着金砖国家将承担更大的国际责任和义务,而其作为一个新兴经济体的国际力量得以显现。

2014 年 11 月,中国北京举行 APEC 领导人非正式会议。中国与亚太地区 21 个经济体之间展开了广泛的双边和多边会谈,国际合作的深度和广度进一步增强。此外,我国与其他国家自贸协定的签署(如表 1－2 所示),将进一步深化这种合作关系。未来中国将在现有自贸协定升级的基础上,积极配合"一带一路"战略,推动与周边国家自贸协定谈判进程,这将在一定程度上拓宽中国与周边国家之间的资金、政策、技术及市场向多维度、多领域转变,共促市场繁荣。

表 1－2　中国与其他国家或地区签署自贸协定情况

自贸区类型	签署协定	涉及国家和地区	实施情况
已签署	内地与港澳更紧密经贸关系安排;中国与东盟、巴基斯坦、智利、新西兰、新加坡、秘鲁、哥斯达黎加、冰岛、瑞士、韩国和澳大利亚的自贸协定	22	14 个自贸协定均已实施
正在谈判	中国—海湾合作委员会(GCC);中国—挪威;中日韩;《区域全面经济合作伙伴关系》(RCEP);中国—东盟自贸协定("10＋1")升级谈判;中国—巴基斯坦第二阶段谈判;中国与斯里兰卡、马尔代夫、格鲁吉亚、摩尔多瓦的自贸协议	38	
正在研究	中国与印度、哥伦比亚、马尔代夫、格鲁吉亚、摩尔多瓦的自贸协议	5	完成与印度的区域贸易安排(RTA)联合研究;研究与哥伦比亚等开展自贸区的可行性
优惠贸易安排	亚太贸易协定	孟加拉国、中国、印度、老挝、韩国和斯里兰卡	

资料来源:中国自由贸易区服务网,http://fta.mofcom.gov.cn/fta_tanpan.shtml. 相关资料整理得出。

随着我国对外开放的不断深入,金融市场化和对外开放度也在进一步加强。2015 年 3 月 24 日，中共中央政治局通过广东、天津、福建自由贸易试验区总体方案。可以看出，这是对上海自贸区建设的进一步深化和提升，也是自贸区建设的新一轮高水平对外开放和更大范围的改革试点。中国—东盟自贸区升级版和建立“一带一路”的构想给中国国际金融合作带来一次新的升级和飞跃。

带有中国特色的金融外交一直是中国在世界各地寻求朋友和商业优势的一个关键策略性支柱。但是，2015 年 1 月马欣达·拉贾帕克萨竞选斯里兰卡总统落败，显示出被投资国政治风险，还有一些被投资国日益增加的偿债风险，促使中国正在积极寻求一种分散风险，更加机制化和多变化的路径。

2014 年 10 月 24 日，由中国主导的亚洲基础设施投资银行成立，截至 2015 年 3 月，亚投行已扩至 33 个成员。亚投行的实施不仅是中国丝绸之路经济带战略规划的一项落地政策，也是中国开展金融合作从参与者到倡导者、领导者的重要转变。亚投行将为更多的国家和地区提供专业、透明和国际化的融资渠道和服务平台，打破其基础设施瓶颈，共建亚太地区繁荣和发展。

1.3.2 合作规模：体量迅速扩大

国际金融合作必然会牵涉货币结算，自 2009 年 7 月跨境人民币贸易结算试点启动，境内地域已从区域性转向全国性，而境外地域则由港澳、东盟地区扩展到所有国家和地区。截至 2015 年 4 月 10 日，中国与其他国家或地区签署双边本币互换协议情况如表 1 - 3 所示，加上续签协议，累计总规模超过 3.4 万亿元人民币。目前，中国除了与印度尼西亚、新加坡、马来西亚、冰岛、中国香港特别行政区、哈萨克斯坦、泰国和韩国续签互换协议外，中国人民银行相继与英国、德国央行签署人民币清算与结算协议备忘录。截至 2015 年 5 月末，已有 15 个国家和地区与中国建立人民币清算安排，覆盖地区涉及东南亚、中东、西欧、南美、北美和大洋洲等。

可以看出，人民币跨境业务加速推进，其跨境流通规模及使用范围不断扩大。据中国人民银行公布的2015年人民币国际化报告显示,2014年中国本外币跨境收支中人民币跨境收支占比为23.6%。境外中央银行或货币当局发起本币互换交易金额约2.3万亿元人民币,人民银行发起本币互换交易折合人民币共计41亿元。2014年12月,据环球金融电信协会统计,人民币成为全球第二大贸易融资货币、第五大支付货币、第六大外汇交易货币①。

表1-3 中国与其他国家或地区已签署的双边本币互换协议情况

国家/地区	签署日期	互换规模(亿元人民币)	有效期(年)
南非	2015年4月10日	300	3
亚美尼亚	2015年3月25日	10	3
哈萨克斯坦(续签)	2014年12月14日	70	3
斯里兰卡	2014年9月16日	100	3
瑞士	2014年7月21日	1500	3
欧洲央行(ECB)	2013年10月10日	3500	3
印度尼西亚	2013年10月1日	1000	3
冰岛	2013年9月30日	35	3
阿尔巴尼亚	2013年9月12日	20	3
匈牙利	2013年9月9日	100	3
英国	2013年6月22日	2000	3
巴西	2013年3月26日	1900	3
新加坡(续签)	2013年3月7日	3000	3
乌克兰	2012年6月26日	150	3
澳大利亚	2012年3月22日	2000	3
蒙古(补充协议)	2012年3月20日	100	3
土耳其	2012年2月21日	100	3
马来西亚(续签)	2012年2月8日	1800	3
阿联酋	2012年1月17日	350	3
巴基斯坦	2011年12月23日	100	3
泰国	2011年12月22日	700	3

① 中国人民银行:人民币国际化报告(2015),http://www.pbc.gov.cn/publish/huobizhengceersi/3131/index.html.

续表

国家/地区	签署日期	互换规模(亿元人民币)	有效期(年)
中国香港(续签)	2011年11月22日	4000	3
韩国(续签)	2011年10月26日	3600	3
哈萨克斯坦	2011年6月13日	70	3
蒙古	2011年5月6日	50	3
乌兹别克斯坦	2011年4月19日	7	3
新西兰	2011年4月18日	250	3
新加坡	2010年7月23日	1500	3
冰岛	2010年6月9日	35	3
阿根廷	2009年4月2日	700	3
印度尼西亚	2009年3月23日	1000	3
白俄罗斯	2009年3月11日	200	3
马来西亚	2009年2月8日	800	3
中国香港	2009年1月20日	2000	3
韩国	2008年12月12日	1800	3

资料来源:中国人民银行(http://www.pbc.gov.cn/)、中国经济网(http://intl.ce.cn/specials/zxxx/201409/17/t20140917_3552196.shtml)相关数据整理得出。

经济国际化和经济全球化使世界各国之间经济的相互依赖程度大大提高。中国参与国际金融的合作规模也不断提升,更加快了人民币走向区域化和国际化的进程。随着丝绸之路经济带战略的实施,丝路基金和亚投行的运行,会给经济带上的国家带来更多的发展机遇和资金支持,中国与其合作也将进一步深化,这些国家对人民币的需求会进一步扩大。中国将在经济新常态下,保证经济增长、充分利用外汇储备、调动市场活力,继续以中央政府的强效稳定能力,在保证本国金融市场的同时,在促进世界经济市场稳定,进一步加强国际合作的广度与深度,提升人民币流通规模及领域。

1.3.3 合作领域:多元化程度提高

自1980年我国恢复在世行的合法席位以来,我国与世行、亚行、国际农发基金(IFAD)、全球环境基金(GEF)、欧洲投资银行等主要开发机构开展了卓有成效的合作。截至2013年年底,上述主要多边开发机构累计向我国提供贷款、赠款900多亿美元,为我国经济建设改革开放和制度创新提供了有效的资金和治理支持。此次APEC峰会中国初显金融大国的地位,彰显了中国作为大国主办方的责任感。在后金融危机时代,中国大国到强国的地位,金融崛起是一个关键与核心作用。APEC会议上的十大金融亮点:价值链金融、全球化金融、贸易金融、供应链金融、互联网金融、海洋金融、产业金融、绿色金融、能源金融和碳金融。可以看出,国际金融合作领域明显拓宽,金融合作议题越来越广泛,同时具备创新性和时代性。

当然,中国国家开发银行也积极开展国际合作业务实践,成为中国最大的对外投融资合作银行,截至2013年年末,外币贷款余额2505亿美元,跨境人民币贷款余额630亿元①,继续保持我国对外投融资主力行地位,为全球100多个国家和地区提供贷款项目,项目领域广泛,涉及能源矿产、农业、基础设施、制造业、民生等,为促进合作双方互利共赢模式的构建、推动中国与合作方的经济共同发展、金融开放与国际金融合作夯实基础。

除了对外投融资之外,国际银行贷款,平行融资等业务模式是中国今后国家金融合作需大力发展的方向。例如,中国国家开发银行充分发挥综合金融优势,国际银行贷款规模在2012年突破了160亿美元。同时,为实现投融资相互促进,以中非发展基金等为载体,进行直接投资,已经与全球101个国家和地区的638家银行建立了代理行关系,在全球范围内形成合理布局②。

中国参与国际金融合作,其模式、规模和领域表现出显著的特征。不管是从参与者到倡导者和引领者角色的转变,还是国际金融合作规模扩大和领域的深化,都说明了中国是全球系统中日显重要的经济力量。中国今后将在进一步深化金融改革的背景下,继续推进双边和多边合作,与更多的国家和地区加深区域金融合作。通过亚投行与世界银行、IMF及其他组织形成互补优势,推动区域金融合作深化与优化,强化抵御风险的能力。

---

① 国家开发银行2013年度报告,http://www.cdb.com.cn/web/Column.asp?ColumnId=284。

② 国家开发银行,http://www.cdb.com.cn/Web/NewsInfo.asp?NewsId=4800。

2 中亚各国金融体系概况及与中国的金融交往

2.1 中亚各国金融体系概况

从传统经验意义来看,金融体系是支撑一个经济体健康发展过程中资金流动的基本框架,在这个框架中,既包括资金流动的工具——金融资产,又包括市场参与者——中介机构,以及各种交易方式——市场,由以上各金融要素整合构成的整体便是金融体系。从内容来看,广义的金融体系不仅包含金融企业体系——组织体系,还包括金融市场体系、金融调控体系、金融监管体系、金融环境体系。

(1)金融企业体系,主要包括各类现代金融企业和其他类金融机构。其中,包括商业银行、证券公司、保险公司以及信托投资公司等现代金融企业,还包括中央银行、政策性银行、金融资产管理公司及各种所有制金融企业等其他类金融机构。

(2)金融市场体系,即广义上的资本市场,包括多层次的资本市场体系、完善的资本市场结构、丰富的资本市场产品,金融市场体系中涵盖直接融资、风险投资和创业板市场、期货市场、债券市场等诸多内容。金融市场体系中的主体不仅有发展机构的投资者,还拥有完备的登记、交易和结算体系。

(3)金融调控体系,即一个国家进行宏观审慎管理的重要组成部分,包括货币政策与财政政策的相互配合,用以确保币值稳定和货币供应总量平衡,做好传导机制和统计监测可以提高调控水平等;同时也是一个国家对金融进行宏观调控所建立的长效机制,具体可包括利率市场化、利率形成机制、汇率形成机制、资本项目可兑换、支付清算系统、金融市场(货币、资本、保险)的有机结合等内容。

(4)金融监管体系,或称监管部门、监管制度、监管体制,囊括了健全的金融风险监控、预警和处置机制,灵活的市场退出制度,监管信息的公开与透明度,社会大众、新闻媒体监督机制,以及与银行、证券、保险、央行、财政多部门建立的监管协调机制等方面的内容。

(5)金融环境体系,涉及国家的经济、政治、文化等多个层面,是金融实现良好运行的环境支撑,包括建立健全现代产权制度、完善公司法人治理结构、建设全国统一市场、建立健全社会信用体系、转变政府经济管理职能、深化投资体制改革等制度建设。

目前,中亚五国的金融体系仍处于不断完善之中,了解目前中亚五国金融体系发展现状、发展阶段,是与其进行有效合作的前提。本部分从金融体系构成内容的视角,分别对中亚五国的金融发展状况逐一描述,为后续研究打下基础。

2.1.1 哈萨克斯坦

2.1.1.1 金融企业体系

哈萨克斯坦金融企业体系主要由银行体系和典当行、信贷公司、审计机构等非银行机构组成。其银行体系又包括一级银行和二级银行两类。一级银行即哈萨克斯坦国家银行,属于该国的中央银行,履行货币发行、金融管理等职能。二级银行包括政策性银行一家——哈萨克斯坦开发银行,其余为商业银行——国内商业银行和合资商业银行。截止到2013年年底,商业银行有39家,具体见表2-1。

哈萨克斯坦经济在逐步向市场经济过渡的发展过程中,金融改革是改革的重要组成部分。哈萨克斯坦针对银行进行的改革始于1995年,次年12月,哈萨克斯坦国家银行宣布了全国的银行要向国际标准过渡的改革措施,并以此为契机,开始逐步加强对二级银行的管理。2000年以后,为促进哈萨克斯坦银行业的健康发展,哈萨克斯坦央行采取了包括提高银行资本金最低

表 2－1　哈萨克斯坦商业银行目录

序号	国内银行	序号	外资银行
1	哈萨克斯坦国家银行	21	阿拉木图商业金融银行
2	哈萨克商业银行	22	专家银行
3	图兰—阿列姆银行	23	泰伯哈萨克银行
4	哈萨克斯坦人民银行	24	KZI 银行（原名：哈萨克—济拉阿特国际银行）
5	联合银行	25	家庭信贷银行（原名：阿拉木图国际银行）
6	中央贷款银行	26	Positive（积极）银行（原名：德米尔银行）
7	里海银行	27	哈萨克花旗银行
8	努尔银行	28	阿里发银行子行
9	铁米尔银行	29	巴基斯坦银行哈萨克子行
10	欧亚银行	30	RBS 银行（原名：阿姆斯特丹银行）
11	塔纳银行	31	中国工商银行阿拉木图分行
12	德尔塔银行	32	中国银行哈萨克分行
13	扎曼银行	33	汇丰银行哈萨克斯坦分行
14	哈萨克投资银行	34	俄罗斯储蓄银行哈萨克子银行
15	哈萨克进出口银行	35	韩国 Shinhan Bank 在哈萨克设立的子银行
16	Me$_{T}$po$_{KOM}$银行	36	亚洲信贷银行
17	赛尼姆银行	37	Kassa Nova 银行
18	采斯纳银行	38	VTB 银行
19	哈萨克创新商业银行	39	阿尔希拉尔伊斯兰银行，阿联酋国家全资银行
20	哈萨克住宅建设储蓄银行		哈萨克开发银行
21	阿斯塔纳金融银行		

资料来源：哈萨克斯坦金融监管署、哈萨克央行、哈萨克开发银行。

限额、采用国际会计标准等措施，对银行业进行了整顿，并通过合并、收购等方式，提高银行业的整体经营水平。通过一系列改革，哈萨克斯坦银行的资本化程度大幅提高。

金融危机前，哈萨克斯坦商业银行曾盲目扩张，从国际金融市场大举借债，再转贷或投资到国内市场，从中赚取利差。2004—2006 年，商业银行的外债规模以年均 111% 的速度递增，至 2007 年达到顶峰，总额 460 亿美元。“举债＋转贷”的经营模式使银行各项指数扶摇直上。2000—2007 年，商业银行总资产年均增幅在56.6%以上，占GDP比重也越来越大。2007年资产总额达到953.36亿美元，占GDP的比重达到93%。哈萨克斯坦实行市场经济，模式基本照搬西方，是唯一在中亚地区完成私有化改革的国家。由于外汇体制瞄准欧盟标准，实行外币兑换和出入境自由的监管模式，由此也成为金融危机冲击下的重灾区。面对危机，哈萨克斯坦政府制订了“反危机纲要”，对银行业实施金融体系救助计划，通过注资、收购、债务重组等手段，成功阻止了哈萨克斯坦银行业债务危机的进一步恶化。2009年1月1日，哈萨克斯坦商业银行总资产为725.1亿美元，2010年8月1日该数字为705.4亿美元，但是到2012年，总资产增至10524亿坚戈，2013年年初则达到138703亿坚戈。除了图兰—阿列姆银行和阿拉木图贸易金融银行资产规模收缩外，哈萨克斯坦十大银行中大多数都实现资产增长。2012年银行业净资产比率从10.2%增长到14.4%，十大商业银行中，哈萨克斯坦商业银行净资产比率高于平均水平，而图兰—阿列姆银行、哈萨克斯坦人民银行俄罗斯储蓄银行子公司、Kaspi银行（Kaspi Bank）和欧亚银行的净资产比率为10.2%～13.8%。其余四家银行资本与资产比率为6.1%～8.4%。

然而，哈萨克斯坦银行业对该国经济持续发展的支持力和影响力仍在下降，2008年银行资产占GDP比重、贷款组合占GDP比重和存款占GDP比重这三个数字分别为74%、46.5%和33.7%，但是2012年这三个数字分别降至45%、32%和29%。哈萨克斯坦银行业亏损额依然巨大，超过2000亿坚戈。整体而言，哈萨克斯坦银行业共有8家银行亏损，几乎1/4的信贷机构支出大于收入。2012年，哈萨克斯坦银行业再次未能达到改善或至少是稳定资产质量的期望。据监管机构信息，银行业一年内不良贷款额（五级分类中的“可疑”和“损失”类）增加6000亿坚戈，达42700亿坚戈，在银行业中的比重从35.1%增长到36.7%。（近5年来，哈萨克斯坦国内不良贷款率增速较快，2008年年末不良贷款率仅为5.2%，不良贷款额4760亿美元。截至2009年，不良贷款率已增至21.2%，不良贷款额也突破了2万亿坚戈的大关。2013年，银行系统的不良贷款率和贷款额分别达到31.2%和4.2万亿坚戈。过去5年不良贷款额增长了3.7万亿坚戈。截至2015年7月1日，哈萨克斯坦国内银行系统不良贷款比例为13%。)贷款潜在损失形成的预计负债规模增加6400多亿坚戈,达到4万亿坚戈。不良贷款和预计负债规模增加的主要原因是大型银行资产质量恶化。

2.1.1.2 金融市场体系

2.1.1.2.1 货币市场

哈萨克斯坦于1993年11月15日开始发行本国货币——坚戈。最初设计了两种货币单位——“坚戈”和“季恩”,1坚戈=100季恩。后来,因季恩币值不实用,退出了流通。现在市面上流通的哈萨克本币只有单位为坚戈、面值从1到10000不等的纸币和硬币。坚戈刚开始发行时,哈萨克斯坦经济正处于动荡之中,坚戈与美元的兑换率为47坚戈兑1美元,后来被政府人为干预为20坚戈兑1美元。坚戈发行以来,汇率最高时曾达到155.53坚戈兑1美元(2003年1月),后来回落至118.13(2006年7月)。2007年、2008年这两年,坚戈汇率基本稳定在120左右。受金融危机影响,2009年2月4日,哈萨克中央银行宣布放弃汇率干预政策,坚戈汇率当日从122.32下跌至143.98兑1美元,贬值17.7%。至2009年12月,坚戈汇率稳定在了150左右兑1美元的水平。2011年坚戈兑美元平均汇率为146.62:1,①。此后直到2015年上半年,坚戈兑美元稳定在170~190之间。自2015年7月以后,哈萨克斯坦受国内外形势的影响,坚戈进入贬值通道,2015年8月,哈萨克斯坦政府宣布放弃坚戈兑美元的波动幅度限制,坚戈迅速贬值(见图2-1)。

2.1.1.2.2 信贷市场

哈萨克斯坦银行信贷市场发展较快。企业和个人可以不动产或其他实物提供抵押融资,贷款金额一般为抵押物价值的50%~60%。除“抵押”这一首要条件外,银行还要求借款人提供税务局出具的纳税证明、其他银行出具的信用证明(曾和其他银行有过业务往来的)等,银行还需调查企业的资金来源、产品销路等经营情况,进行融资风险评估。总之,在履行完银行要

① 中华人民共和国商务部:对外投资合作国别(地区)指南哈萨克斯坦(2012年版),http://fec.mofcom.gov.cn/gbzn/gobiezhinan.shtml。

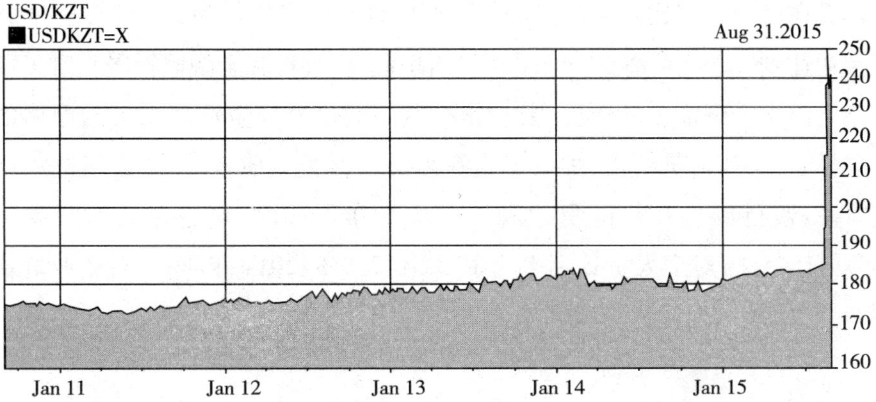

图 2－1　哈萨克斯坦坚戈兑美元走势

资料来源：http://huilv. fx678. com/USD_KZT_1. html. 2015－09－01.

求的必要手续后，企业一般可以正常获得银行贷款。

自 21 世纪伊始，哈萨克斯坦信贷市场的发展形势呈现出良好态势。一方面，信贷规模即信贷总量平稳增长；另一方面，中长期坚戈新增贷款主要投放在诸如工业、农业、建筑、交通、通信等极具代表性行业的生产领域中。银行发放的贷款主要用于保障流动性，即充实流动资金，贷款的优惠期限则根据企业的生产周期和结算条件等因素决定，贷款优惠期短则 3 个月，最长能达到 1 年。总体来看，基于坚戈汇率表现出一贯稳定性，各类货币贷款的汇率集中度较高，且呈缓慢下降趋势。因此，许多银行在经济发展形势较好的情况下为追求更多利润加大放贷业务，但由于一些企业经营活动不够透明并缺乏监管，加之配套措施和制度不够完善，银行贷款实际上隐藏着不小的风险。

美国次贷危机发生后，哈萨克斯坦银行早先积蓄的借贷风险此时集中释放，贷款资金质量恶化开始显现。据哈萨克斯坦金融监管署统计，至 2007 年年底，银行系统正常类贷款比例从年初的 52.6% 下降到 39.8%，降幅超过 12%，可疑类贷款比例则从 45.8% 上升至 58.7%，无法回收类贷款比例虽然从 1.6% 微降至 1.5%，但其绝对值却从 940 亿坚戈增加到 1316 亿坚戈，银行业 2007 年 7 月 1 日逾期还贷比例为 3.5%，至 2008 年年初达到 4.9%。

尤其是在房地产和建筑领域,2007 年 7 月逾期还贷比例为 2.65%,至 2008 年年初达到6.7%。[①] 2008 年,哈萨克斯坦政府、央行和金融监管署及时采取了稳定国内金融市场的措施,要求银行制定对借贷方资质要求更为严格的规定,同时调整信贷结构,采取措施提高贷款存量的质量,信贷市场进入调整阶段,银行维持较高的贷款利率。2009 年年底时,对企业贷款利率为 13% ~15.5%,对个人贷款利率为 17% ~19.5%;2014 年年初,对企业贷款利率为 10.2%,对个人贷款利率为 20.0%[②]。

2.1.1.2.3 证券市场

哈萨克斯坦的金融工具市场(基金交易所,KASE)是伴随着 1993 年 11 月 15 日发行本国货币——坚戈出现的。1993 年 11 月 17 日,国家银行与 3 家大银行共同创建了哈萨克斯坦银行间货币交易所。1998 年,随着新的养老基金体系法规的出现,基金交易成了所有金融工具最具吸引力和价值的贸易平台。2003 年 7 月 2 日,哈萨克斯坦颁布了调节有价证券市场的基本法规《有价证券市场法》。2004 年 12 月 24 日,哈萨克斯坦政府决定在阿拉木图市筹建区域金融中心。金融中心在自己的区域内实行专门的法规,实施特别优惠办法。

目前,哈萨克斯坦的证券交易所由 4 个部分构成:外汇市场、国家有价证券市场(包括国际有价证券)、债券市场和衍生金融工具市场。交易所的会员几乎囊括了所有较大的银行和一系列从事经纪代理活动的公司。2010 年发行新股 444 只,非国家债券(包括国际金融组织有价证券、外国有价证券) 315 只,国债 137 只。2011 年,交易所各类业务总交易额为 2009.899 亿美元,同比下降 2.67%;股票市场交易额 10.9 亿美元,同比下降 42.6%。2014 年,哈萨克斯坦证券交易所交易总额达 466928 亿坚戈(2604 亿美元),与 2013 年同期相比增长 45.9%。其中,2014 年证交所股票交易总额达 1741 亿坚戈(9.61 亿美元),同比增长 48.1%。截至 2013 年 4 月 1 日,哈萨克斯

① 数据来源:驻哈萨克斯坦使馆经商参处经贸调研报告,2008 年第 23 期。

② 商务部. 对外投资合作国别(地区)指南哈萨克斯坦(2014). http://fec.mofcom.gov.cn/gbzn/guobiezhinan.shtml.

坦共有证券公司80多家,注册上市公司2200多家,成分指数公司7家,分别是哈萨克斯坦商业银行、中央贷款银行、人民银行、电信、油气公司勘探开采公司、欧亚自然资源公司、铜业公司①。

2.1.1.3 金融调控体系

在外汇管理方面,哈萨克斯坦最初采取自由浮动的汇率制度,即在经常项目和资本项目下均实行有条件的可自由兑换。一般说来,经常项目下的交易应当于180天内完成,若不能如期完成,仍然可以延期。而在资本项目下,只要双方达成一致协议,同时满足手续办理合规、齐全的前提下,资本就可以自由进出。哈萨克斯坦已于1999年实现了本币与外币的自由兑换,2007年7月1日,哈萨克斯坦外汇管理制度取消外汇许可制度,开始依照欧洲国家的标准实行外汇通报制度。2010年,哈萨克斯坦央行制定并实施了外汇走廊机制,规定美元兑坚戈的平均汇率为1∶150,同时确定了上浮不超过15坚戈(10%)和下滑不超过22.5坚戈(15%)的走廊宽度。2010年12月,哈萨克斯坦央行行长马尔琴科首度认为,应调整汇率政策,实施有管理的浮动汇率政策将符合哈萨克斯坦未来的金融形势。同时预测,2011年的汇率将呈现平稳走势,继续执行汇率走廊机制已无必要。2011年2月28日,哈萨克斯坦央行副行长阿吉舍夫在"2011年国际商务论坛"上称,央行已于当月25日做出决定,从2月28日开始实施有管理的浮动汇率机制,此前实行的汇率走廊机制就此终止②。2011年至2015年上半年,实行波动幅度区间调控;2015年7月以后,放弃汇率区间调控政策,重新实行自由浮动政策。

2.1.1.4 金融监管体系

为了维持国内货币信贷体系的平稳运行,同时保护银行债权人、存款人以及客户的利益,哈萨克斯坦实行统一的金融监管方式,即由国家银行对银

---

① 中华人民共和国商务部:对外投资合作国别(地区)指南哈萨克斯坦,http://fec.mofcom.gov.cn/gbzn/gobiezhinan.shtml。

② 驻哈萨克斯坦使馆经商参处.哈萨克斯坦于2月28日开始实施有管理的浮动汇率机制[N/OL].http://kz.mofcom.gov.cn/aarticle/ddfg/whzhch/201103/20110307426165.html.

行、保险等各类金融机构的经营活动实施统一的调控与监督。2004年，哈萨克斯坦组建了第一个国家级金融市场监督管理协调机构——哈萨克斯坦金融市场及金融机构协调与监督局，该局的职责是负责监督哈萨克斯坦整个金融体制，旨在对投资者利益及权利提供保护，在金融监管体系中属于国家宏观调控的全权机构。

2.1.1.5 金融环境体系

衡量金融环境的主要内容是金融法律体系建设的完备程度。哈萨克斯坦近几年连续出台、修正了《税收法》(2002年1月开始实施)、《投资法》(2003年1月起实施)、《外汇管理和外汇监督法》(2005年6月13日起实施)、《国家对直接投资保护法》、《有价证券市场法》(2003年7月2日起实施)、《银行和银行业务法》、《外汇业务的条例》、《融资租赁法》、《金融市场及金融机构监管法》、《股份公司法》(2003年5月13日起实施)、《投资基金法》(2004年7月7日起实施)及20多部与之相配套的关于发展经济、保护投资者利益的法规，以规范金融企业的经营活动，促进金融市场的有序发展。

2.1.2 乌兹别克斯坦

乌兹别克斯坦于2003年10月15日实现汇率并轨，并轨后的金融市场未出现大幅波动，表现仍较为稳定，本币苏姆在经常项目下仍可完成自由兑换。从金融体系的规模来看，乌兹别克斯坦金融体系规模较小(2008年年底全部商业银行总资产约为90亿美元。截至2013年4月1日，银行资产总额达182亿美元)，但资产质量好，且相对封闭独立，因此受金融危机的影响较小。近些年，国际三大评级机构对乌兹别克斯坦主要商业银行的信用评级大都稳定在“B”或“B—”级，评级展望为“稳定”。截至2013年4月1日，银行总资本达31.5亿美元。世界主要评级机构惠誉、穆迪和标普给予乌兹别克斯坦28家商业银行“稳定”评级，包括国家外经银行、阿萨卡银行、工业建设银行、农业银行、抵押银行和丝绸之路银行等，其总资产几乎占乌兹别克斯坦银行系统资产总额的100%。

2.1.2.1 金融企业体系

乌兹别克斯坦独立后，对金融银行体制进行了改革。国际货币基金组织参与了乌兹别克斯坦银行体系的改造，帮助其制定一系列法律制度，调节银行的活动，包括乌兹别克斯坦共和国《中央银行法》《银行与银行活动法》等，并帮助乌兹别克斯坦发行本国货币及制定货币信贷政策。1997 年 4 月 1 日，乌兹别克斯坦开始实行新的银行结算制度，改革银行的会计结算方式，与国际标准接轨。在进一步对两级银行体制进行市场改革方面取得明显进展。一方面，以经营方法、中央银行的组织机构为切入点，改革了经营方法、改组了中央银行组织机构。中央银行通过商业银行提供金融服务，拥有发行货币、制定国家货币政策等权力。所有商业银行的活动都由中央银行根据法律，通过对其规定经济指标并监督这些指标的执行情况来加以调节。另一方面，发展了二级银行的数量。先后涌现出一批国有银行、国有控股银行、外资银行、商业股份银行及私人银行。

截至 2014 年 11 月，乌兹别克斯坦的银行业共有 26 家不同所有制形式的商业银行，其中国有银行 3 家、外资银行 5 家、股份制银行 10 家、私人银行 8 家。规模较大的 4 家商业银行分别是国家外经银行、工业建设银行、阿萨卡银行和抵押银行。其中，国家外经银行与我国的中国进出口银行、国家开发银行在业务上合作、往来较多。此外，乌兹别克斯坦暂未开立中资银行①。

2.1.2.2 金融市场体系

货币市场。乌兹别克斯坦的货币为苏姆，根据法律，苏姆与其他外币可自由兑换，但在实际操作中非常困难。根据央行公布的汇率，近年来，苏姆兑美元汇率呈现出持续、稳步的贬值趋向，从 2005 年 1 月 1 日到 2007 年 12 月 31 日，一美元兑苏姆从 1058 攀升至 1293 苏姆。2008 年 12 月 31 日，苏姆对美元的汇率是 1393.00∶1，对欧元的汇率是 2050.36∶1。2014 年 3 月 31 日美元兑苏姆汇率为 1∶2263，欧元兑苏姆为 1∶3076。目前，人民币尚无法

---

① 数据来源：乌兹别克斯坦中央银行官网（http://www.cbu.uz/ru/main）。

实现与苏姆直接兑换。

信贷市场。乌兹别克斯坦商业银行资产规模小,商业银行贷款年利率约17% ~24%,由于贷款利率处于较高区位,外资企业通常不会选择该国的商业银行进行融资。2013 年第一季度投入实体经济的贷款总额同比增长31%,达105 亿美元。用于投资的贷款同比增长30%,截至4 月1 日,达8.5亿美元。小企业共获得贷款额同比增长40%,截至4 月1 日,达8 亿美元,其中微型信贷1.7 亿美元,同比增长40%。①

表2-2　乌兹别克斯坦银行体系

性质	名称
国有商业银行	乌兹别克斯坦外经银行(Национальный банк внешнеэкономической деятельности Республики Узбекистан); 乌兹别克斯坦国家商业银行(Государственно - коммерческий Народный банк Республики Узбекистан); 阿萨卡银行(Государственно - акционерный коммерческий банк《Асака》)
股份制银行	抵押银行(Акционерный коммерческий ипотечный банк “Ипотека - банк”); 乌兹别克斯坦工业建设银行(Акционерный коммерческий банк “Узбекский промышленно - строительный банк”); 农业银行(Акционерный коммерческий банк “Агробанк”); “Кишлок курилиш банк”股份制商业银行(Акционерный коммерческий банк “Кишлок курилиш банк”); “Turonbank”开放式股份制商业银行(Открытый акционерный коммерческий Турон банк); 小额贷款银行(Акционерно - коммерческий банк “Микрокредитбанк”); “Aloqabank”股份制商业银行(Акционерный коммерческий “Алокабанк”); “ipakyulibank”股份制革新商业银行(Акционерный инновационный коммерческий банк “Ипак Йули”); “资本银行”(Акционерный коммерческий банк “Капиталбанк”); “亚洲联盟银行”(Акционерно - коммерческий банк “Asia Alliance Bank”)
私人银行	“信托银行”(Частный акционерный биржевой банк“Трастбанк”); “turkistonbank”私立开放式商业投资股份银行(Частный открытый акционерный коммерческий инвестиционный банк “Туркистон”); “davrbank”私立股份制商业银行(Частный акционерный коммерческий банк “Давр - банк”);

① http://uz.mofcom.gov.cn/article/jmxw/201305/20130500121262.shtml.

续表

性质	名称
私人银行	"universalbank"私立股份制商业银行（Частный акционерно – коммерческий банк "Универсал банк"）； "ravnaqbank"私立股份制商业银行（Частный акционерный коммерческий банк "Ravnaq – bank"）； "infinbank"私立股份制商业银行（Частный акционерно – коммерческий банк "Invest Finance Bank"）； "Hi – Tech Bank"私立开放式股份商业银行（Частный закрытый акционерно – коммерческий банк "Hi – Tech Bank"）； "Orient finans bank"私立开放式股份商业银行（Частный закрытый акционерный коммерческий банк "Ориент Финанс"）
外资银行	"hamkorbank"股份商业银行（Акционерный коммерческий банк "Хамкорбанк" с участием иностранного капитала）； "savdogarbank"股份商业银行（Акционерный коммерческий банк "Савдогар" с участием иностранного капитала）； "KDB BANK"封闭式股份公司（Закрытое акционерное общество "КДБ Банк Узбекистан"）； "乌兹别克斯坦—土耳其银行"股份公司（Акционерное общество "UZBEKISTAN – TURKISH BANK"）； 伊朗出口银行驻乌兹别克斯坦塔什干子银行（Дочерний банк банка Садерат Ирана в городе Ташкенте Республики Узбекистан）

证券市场。乌兹别克斯坦唯一的证券交易所是1994年建立的塔什干共和国证券交易所，在乌各州设有分部。目前，会员单位约200家，上市公司370家。交易所业务包括上市、预上市和未上市股份的交易；企业私有化股份交易；企业债券交易和回购系统；用可自由兑换货币进行交易的股票交易平台。

截至2012年年初，乌兹别克斯坦证券市场股票及企业债券发行金额为44.18亿美元，比2011年年初增长了10.9%，其中股票发行金额为10.49亿美元。其中，国家铁路公司发行有价证券0.99亿美元，汽车工业公司0.25亿美元，微贷银行0.23亿美元，人民银行0.17亿美元。① 2014年第一季度，乌兹别克斯坦塔什干国家证券交易所有价证券成交额562万美元，同比下降

① 驻乌兹别克斯坦共和国大使馆经济商务参赞处，http://uz.mofcom.gov.cn/article/ztdy/201212/20121208496791.shtml.

20.5%。根据乌兹别克斯坦有价证券协调和发展中心数据,2013 年,全国共注册 171 次股票发行,总票面金额 16 亿美元,比 2012 年增加 1 亿美元。①

2.1.2.3 金融调控体系

乌兹别克斯坦实行较为严格的外汇管制,外汇管理是由乌兹别克斯坦中央银行通过发放许可证制度授权给具有外汇业务的银行进行管理,并监督和规范其活动。2003 年,乌兹别克斯坦深化金融体系改革,外汇管制逐步放开。2003 年 10 月 15 日,乌兹别克斯坦政府对外宣布,乌兹别克斯坦将接受国际货币基金组织协议第 8 条的有关内容,开始实现汇率并轨和经常项目下自由兑换。目前,乌兹别克斯坦允许中介贸易公司购买外汇;允许向境外支付教育和医疗费用;允许自然人进行私人汇款;取消在进出口结算、外汇买卖、利润及收入的汇出和汇入等方面的所有限制;现金外汇市场也取消兑换数量限制,兑换时只需要出示护照即可。② 但是,企业在购汇及外汇汇出方面仍存较大障碍。外国企业难以将乌兹别克斯坦企业以当地货币(苏姆)支付的货款或利润及时兑换成美元,"调汇"时间长、换汇额度经常亏空;乌兹别克斯坦政府维持"强行结汇"制度,即对入账的外汇仅允许 50% 提现,另 50% 必须卖给国家(换成苏姆),且不得随意提取。③

2.1.2.4 金融监管体系

乌兹别克斯坦实行统一的监管体制,中央银行通过商业银行提供金融服务,拥有发行货币、制定国家货币政策等权力。所有商业银行的活动都由中央银行根据法律,通过对其规定经济指标并监督这些指标的执行情况来加以调节。

为应对 2008 年的世界金融危机,乌兹别克斯坦强调了国家对金融调控的重要性,认为政府支持银行系统,努力提高生产的工艺水平和技术创新能力,是克服危机的有效途径。2009 年,该国政府继续加强金融体系的支持和

① http://uz.mofcom.gov.cn/article/jmxw/201402/20140200485835.shtml.

② http://100dorog.ru/guide/articles/101826/.

③ http://uz.mofcom.gov.cn/aarticle/ddgk/zwjingji/201007/20100707025214.html.

监管力度。截至2009年年底,乌兹别克斯坦商业银行总资本约合20亿美元,比2007年前增长一倍。截至2013年4月1日,乌兹别克斯坦商业银行总资本约合31.5亿美元。2008年,基于银行金融系统的稳定性、本币的长期存款额度和外汇的长期存款额度等,乌兹别克斯坦银行系统获得世界权威评级机构"穆迪国际"的"稳定"评价。该机构在评价中说道:"对乌兹别克斯坦银行系统给予正面评价表明,乌兹别克斯坦的银行系统具有可靠的监督手段;乌兹别克斯坦的银行潜力在增长;乌兹别克斯坦的金融体系已发生结构性变化;乌兹别克斯坦的经济得到了发展。"①此外,其他两大国际评级机构对占乌兹别克斯坦银行资产总额90%的14家商业银行的评级展望均为"稳定",长期信用等级大都为"B"级。

2.1.2.5 金融环境体系

乌兹别克斯坦近几年比较成形的经济法律法规有《货币调节法》(2003年12月10日)、《保险法》(2006年8月25日)、《外资法》、《外国投资者保障及保护措施法》等,2008年1月,乌兹别克斯坦对国内税收项目进行了部分调整,实行新税法。

2.1.3 土库曼斯坦

2.1.3.1 金融企业体系

土库曼斯坦中央银行是银行主管机构。主要商业银行:土库曼斯坦对外经济活动银行、土库曼斯坦农业银行、元首银行、土库曼斯坦银行、工业银行、"黑沙"国际银行和卡拉库姆银行等。土库曼当地外资银行有巴基斯坦银行土库曼斯坦分行、土耳其—土库曼合资银行等。另外,土库曼斯坦无中资银行。

与中国国内银行合作较多的当地主要代理行是土库曼斯坦对外经济活动银行,其主要功能是作为土库曼政府的代理行吸引外国投资、接受外国援

---

① 乌兹别克斯坦总统卡里莫夫·乌兹别克斯坦应对世界金融危机的道路和措施[N/OL]. http://www.docin.com/p-220732652.html.

助用于本国社会经济领域优先发展项目的建设，此外还经营一般存贷款业务等。

2.1.3.2 金融市场体系

2.1.3.2.1 货币市场

土库曼斯坦货币为马纳特，于1993年11月开始流通。马纳特可自由兑换，在土库曼斯坦的任何金融机构和兑换点，马纳特和美元都可以随时互相兑换。人民币与马纳特不可直接兑换。

作为独立初期发行的货币，马纳特为土库曼斯坦巩固独立成果，发展经济起到了重要作用。但是，随着经济的不断发展，马纳特面额过大（最大面额为10000马纳特），币值较低（10000马纳特按现行汇率仅折合约0.7美元），以及汇率双轨制（官方汇率：1美元=5200马纳特。商业汇率：1美元=23800马纳特。2006年7月）[①]等问题越来越影响到经济统计和招商引资等工作，并进而影响到经济的持续健康发展。为改变这一情况，土库曼斯坦总统别尔德穆哈梅多夫于2007年年底率先从汇改入手，以行政命令形式宣布自2008年1月1日起美元兑马纳特的官方汇率调整为1:6250，商业汇率改为不超过1:20000。同年4月，土库曼斯坦政府又两次调整商业汇率，并最终于2008年5月1日宣布汇率并轨，并轨后汇率为1美元兑换14250马纳特。

在汇改进行当中，土库曼斯坦总统又于2008年4月签署命令，批准自2009年1月1日起在全国范围内发行新币。新币名称仍为马纳特，面值为1元、5元、10元、20元、50元、100元和500元不等，1元新币等值于1000马纳特旧币，在2009年，新旧货币可通用，也可到国家指定银行或兑换点将旧币兑换成新币，数额不限。当年9月，土库曼斯坦政府再次调整了币改政策，将马纳特新币与旧币的比率改为1:5000，新旧马纳特的兑换期限延至2010年年底，但旧币在2010年将仅限于兑换而不再流通，到2011年旧币将彻底退

① 驻塔吉克斯坦大使馆经济商务参赞处，http://tm.mofcom.gov.cn/article/ddfg/tzzhch/200608/20060802980703.shtml。

出历史舞台。

新马纳特面世以来，官方公布的美元兑新马纳特的汇率一直保持在1∶2.85（按美元与旧马纳特汇率1∶14250折算得出），没有发生任何变化，而土库曼斯坦各银行及兑换点也没有出现挤兑新币或集中换购外汇的情况，这标志着汇改和币改已基本成功实施。

汇率并轨属于土库曼斯坦外汇改革的重要内容之一，标志着土库曼斯坦汇率走向市场化，也将对未来经济的发展、走向产生深远意义，将有助于建立更加透明、更加统一和高效的外汇管理体系，有助于进一步改善贸易环境，推动土库曼斯坦经济与世界经济接轨。

2.1.3.2.2 信贷市场

土库曼斯坦银行规模小，贷款利率高，尤其是外资企业在土库曼很难融资。主要原因是：贷款审查极其严格，而且时间长。贷款利率高，平均年利率约10%。

2.1.3.2.3 证券市场

土库曼斯坦无证券市场。

2.1.3.2.4 保险市场

在土库曼斯坦独立近20年的发展中，依托国家高层领导的关注与重视，保险业在三大金融行业中成为发展时间较短、发展过程较好的新兴行业。2010年1月底，现任总统别尔德穆哈梅多夫又签署了“关于进一步完善和发展国家社会保险业”的决定，随后，该行业又被列为当年5月出台的《土库曼斯坦2011—2030年社会经济发展纲要》的重要领域。目前，土库曼斯坦国内保险行业中的主要经营机构是一家国有企业——土库曼斯坦国家保险公司，该公司旗下拥有40家独立子公司，几乎垄断了全国所有的保险业务。据有关部门统计，2009年国家保险公司筹集的财产险保费总金额约合1.086亿美元。

土库曼斯坦国家保险公司经过多年的发展，已经和国外某些知名的保险、再保险以及保险代理等公司之间搭建起良好的合作平台、形成密切的合作关系。近年来，土库曼斯坦国家保险公司充分利用再保险机制，力图将受理投保的风险分散、转移到欧洲和亚洲保险市场，不仅让自身的经营风险变小，还使公司业务在其他洲际或国家得到扩展。目前，土库曼斯坦国家保险公司再保险业务的很大一部分就是通过与伦敦保险市场最大的保险代理公司“MarshLtd”和“WillisLtd”的合作进行的。另外，土库曼斯坦现行的“开放”政策也为土库曼斯坦保险业向外国投资商提供保险服务创造了有利条件。现阶段，土库曼斯坦境内实施的重大基础设施和工业设施建设项目，其中绝大部分是通过吸引境外资金和外国企业来完成的。因此，土库曼斯坦国家保险公司的固定客户中很多都是在土库曼斯坦承建大型投资项目的外国企业，其经营范围涉及油气、纺织、建筑等多个领域。此外，还有一些其他经济领域的外国独资和合资企业也是土库曼斯坦国家保险公司的常年客户。①

2.1.3.3 金融调控体系

土库曼斯坦实行严格的外汇管理体制，国家成立了外汇委员会，由总统直接领导。为稳定本国货币，成立了外汇交易所，外汇牌价由中央银行确定，所有外汇业务必须经过有外汇业务经营权的委托银行进行，机关、企业所需外汇要通过委托银行在外汇交易市场购买。内阁有权优先在中央银行或委托银行获得外汇。

土库曼斯坦企业出口所得外汇须卖给国家，企业所需外汇必须经外汇委员会审批后才能获得。携带现金出入境时应向海关申报。从土库曼斯坦授权银行支取的外汇及入境时携带的外汇出境时不受限制。携带外汇入境不受限制。

2.1.3.4 金融监管体系

土库曼斯坦实行中央银行统一监管模式。在2011年4月4日的土库曼斯坦《中立报》上，全文刊登了《中央银行法》，该法旨在发展强化土库曼斯坦银行系统，同时，也明确规定了土库曼斯坦央行活动的法律依据、组织和经

① 驻土库曼斯坦大使馆经济商务参赞处，http://tm.mofcom.gov.cn/article/ztdy/201008/20100807066291.shtml。

济基础,以及与政府管理机构、地方政府机构、信贷机构的关系等。[①] 其中规定,央行有权调整利率、存款准备金率,以及根据土库曼斯坦法律规定进行外汇干预、控制货币供应量等,央行还可根据土库曼斯坦法律规定进行外汇市场调节和监督,央行将掌管国家外汇储备,有责任将国家外汇储备保持在适合的水平,以保证国家实施有效的货币信贷政策、外汇政策,及时进行国际支付清算。还规定,如果国家外汇储备水平下降,对实施有效的货币信贷政策和及时进行国际支付清算产生影响,央行有责任向总统报告原因,并提出改进建议。此外,央行还有责任就如何调整国家外汇储备结构及其投资经营向总统提出建议。

2.1.3.5 金融环境体系

土库曼斯坦金融体系的法律依据主要有《中央银行法》(2011 年 4 月)、《土库曼斯坦外国投资法》(2008 年 10 月 16 日)、《货币调节法》(2003 年 12 月 10 日)、《货币单位法》(1993 年 9 月 10 日)、《抵押法》(1993 年 10 月 1 日)等。

2.1.4 吉尔吉斯斯坦

2.1.4.1 金融企业体系

吉尔吉斯斯坦独立以来,金融业有了长足的发展,建立了以 National Bank of Kyrgyzstan(简称 NBKR,也叫"国家银行")为中央银行、各种经济成分并存的银行体系,银行业务的主要法律依据是《吉尔吉斯共和国银行及银行业务法》。截至 2013 年,全国共有商业银行 21 家,非银行金融机构 959 家。2014 年,《吉尔吉斯斯坦国别发展报告》没有明确的政策性银行,但是银联体成员行——结算储蓄公司是完全国有并具有很多政策性职能的商业银行。此外,国际金融机构世界银行、国际货币基金组织(IMF)、亚洲开发银行(ADB)、欧洲复兴开发银行(EBRD)等在吉尔吉斯首都比什凯克均设有代表

---

① 凤凰网. 土库曼斯坦颁布《中央银行法》[R/OL]. http://finance.ifeng.com/roll/20110420/3905573.shtml.

处。据统计，截至2011年5月，国际金融机构已累计对吉尔吉斯斯坦贷款15.4亿美元，占吉尔吉斯斯坦外债总额的60%。其中，世界银行和亚洲开发银行为吉尔吉斯斯坦最重要的合作伙伴，对吉尔吉斯斯坦贷款总额分别为6.6亿美元和6.3亿美元，国际货币基金组织对吉尔吉斯斯坦贷款总额为1.74亿美元，占第三位。截至2015年5月底，吉尔吉斯外债总额为33.67亿美元，占GDP比重约为44.2%。吉尔吉斯最大的五个债权方：①中国进出口银行，贷款余额11.05亿美元，占吉尔吉斯斯坦外债总额的32.8%；②世界银行下属的国际开发协会6.46亿美元，占19.2%；③亚洲开发银行5.6亿美元，占16.6%；④俄罗斯3亿美元，占8.9%；⑤日本国际协力机构2.23亿美元，占6.6%。[①] 目前，吉尔吉斯斯坦无中资银行。[②] 吉尔吉斯经济部部长萨利耶夫表示，吉尔吉斯斯坦政府将在2013年内组建吉尔吉斯国家开发银行。按计划，2013年7月1日前，吉尔吉斯斯坦政府将制定国家开发银行的章程，并就该银行注册资本的融资来源进行分析和建议。[③]

此外，吉尔吉斯斯坦保险市场初具规模，截至2015年年初，全国共有17家保险公司，实际运营的有6家。[④] 吉尔吉斯斯坦保险业市场对外完全放开，外国保险公司在吉尔吉斯斯坦境内既可独资也可合资经营。

2.1.4.2 金融市场体系

2.1.4.2.1 货币市场

吉尔吉斯斯坦是继俄罗斯之后，第一个在其领土上发行本国货币的原苏联加盟国家。吉尔吉斯斯坦的现行货币单位是索姆（сом），创始于1993年5月7日。从1991年8月31日宣布国家独立到1993年5月6日，吉尔吉斯斯坦一直留在卢布区内。这期间，吉尔吉斯斯坦遭遇难以遏制的通货膨胀。1993年第一季度，吉尔吉斯斯坦通货膨胀率创历史新高，达到36%。吉

① http://kg.mofcom.gov.cn/article/zxhz/201507/20150701053793.shtml.

② http://news.tawar.net/200910/24/5104.html.

③ 驻吉尔吉斯共和国大使馆经济商务参赞处，http://kg.mofcom.gov.cn/article/jmxw/201303/20130300046944.shtml。

④ http://ru.sputnik.kg/opinion/20150327/1014852037.html.

尔吉斯斯坦领导人认为，在这种严峻形势下，实行独立的经济政策，发行本国货币，退出卢布区，能有效缓解通货膨胀率高居不下的问题，是避免财政崩溃的有效途径。促使吉尔吉斯斯坦加快发行本国货币的另一个重要原因是，国际货币基金组织于1993年5月12日讨论给吉尔吉斯斯坦提供金额为2.6亿美元的贷款问题。该组织强调指出，提供贷款的条件之一，是吉尔吉斯斯坦必须发行自己的货币。于是，1993年5月3日，吉尔吉斯共和国最高苏维埃通过决议，决定吉尔吉斯斯坦退出卢布区，并从同年5月7日起发行本国货币。货币由吉尔吉斯斯坦中央银行以硬币和纸币的形式分发。[①]

吉尔吉斯斯坦索姆可自由兑换。2004年美元兑索姆的平均汇率为1:42.67;2005年美元兑索姆的平均汇率为1:40.85;2006年为1:40.16;2007年为1:37.31;2008年为1:36.57;2011年为1:46.14[②];2013年为1:48.44;2014年3月31日为1:54.48。人民币与当地货币不能直接结算。[③]

2.1.4.2.2 证券市场

吉尔吉斯斯坦股票交易市场规模较小，只有吉尔吉斯斯坦电信、玛纳斯国际机场、吉尔吉斯斯坦工业建筑银行等14家企业的股票在交易，交易量常年稳定在1亿美元左右。历年来，吉尔吉斯斯坦金融市场监管委员会累计发行2776笔有价证券，总额为827.98亿索姆，主要为股票和债券，其中股票总额为813.6亿索姆，债券金额为12.64亿索姆。吉尔吉斯斯坦媒体报道，吉尔吉斯斯坦金融市场监管委员会主席在新闻发布会上通报，2014年1—9月，吉尔吉斯斯坦共发行48笔有价证券，总额为158.4亿索姆(约合2.88亿美元)，较上年同期增长了131.13亿索姆。[④]

2013年1月，土耳其资本市场理事会代表团访问吉尔吉斯斯坦，并拟与吉尔吉斯斯坦国家金融监管局在吉尔吉斯斯坦—土耳其经贸合作委员会框架下签署“合作与技术援助纲要”，包括协助吉尔吉斯斯坦发展与调整资本

---

① 吉尔吉斯斯坦[M].社会科学文献出版社，2005.

② 驻吉尔吉斯共和国大使馆经济商务参赞处，http://kg.mofcom.gov.cn/article/ztdy/201301/20130100005445.shtml。

③ http://fx-currencies.ru/kgs/.

④ http://kg.mofcom.gov.cn/article/jmxw/201410/20141000771056.shtml.

市场、建立贵金属交易中心、提高国民金融意识等。此外，土耳其专家还提议，利用存托凭证吸引集体投资者，以在吉尔吉斯斯坦推行伊斯兰证券和伊斯兰保险等。①

2.1.4.2.3 信贷市场

吉尔吉斯斯坦国家银行（NBKR）为其中央银行，各种经济成分并存性质的商业银行有20多家，非银行金融机构近1000家。目前，吉尔吉斯斯坦没有明确的政策性银行。结算储蓄公司为银联体成员行，完全归为国有，在一定程度上承担政策性银行的职能。主要国际金融机构，如世界银行、国际货币基金组织、欧洲复兴开发银行、亚洲开发银行等均在吉尔吉斯斯坦设有代表处。目前，吉尔吉斯斯坦无中资银行。②

2.1.4.2.4 保险市场

吉尔吉斯斯坦保险业务主要的法律依据是《吉尔吉斯共和国保险法》。截至2015年年初，吉尔吉斯斯坦共有17家保险公司，真正运行的有6家。吉尔吉斯斯坦保险业市场实行完全对外放开政策，外国保险公司在境内既可独资也可合资经营。吉尔吉斯斯坦法律对外资保险公司实行国民待遇，对其在吉尔吉斯斯坦的经营险种和费率等没有限制。但是，吉尔吉斯斯坦现行法律禁止商业银行从事商务活动（包括进出口贸易）的保险业务，各保险公司也未开展进出口贸易保险业务。③

2.1.4.3 金融调控体系

吉尔吉斯斯坦在外汇管理方面主要根据《吉尔吉斯共和国外汇交易法》进行调控和管理，此外还根据吉尔吉斯斯坦政府与国际货币基金组织签署的有关规定作为补充管理支撑。吉尔吉斯斯坦实行浮动汇率制度，本国货币索姆在国内实行自由兑换。外汇管理政策也较为宽松，如在吉尔吉斯斯

① 驻吉尔吉斯斯坦共和国大使馆经济商务参赞处，http://kg.mofcom.gov.cn/article/ddgk/zwjingji/201301/20130100006169.shtml。

② http://ru.sputnik.kg/opinion/20150327/1014852037.html.

③ 驻吉尔吉斯斯坦共和国大使馆经济商务参赞处，http://kg.mofcom.gov.cn/article/ddfg/whzhch/200706/20070604804320.shtml。

坦注册的商业银行可在其境内和境外自由买进或卖出外汇。任何个人、机构、团体都可在商业银行、金融机构以及兑换点将索姆与美元进行自由兑换,无须任何手续,不受额度限制。

吉尔吉斯斯坦外汇交易市场开放度高,本国公民和外国居民均可自由携带自由兑换货币出境外,或将其汇出境外,不受《交易法》限制。同时,外资企业和商人可自由地将经营所得利润通过银行汇往国内或第三国,手续简便,还可通过电子支付方式进行国际汇款业务。目前,中吉两国商业银行之间汇路通畅,一些驻吉尔吉斯斯坦的中资企业和商人已开始利用其商业银行进行跨国汇款(汇进、汇出)业务,在提高支付安全性的同时,也保障了人身安全。

2.1.4.4 金融监管体系

吉尔吉斯斯坦实行中央银行统一监管模式。吉尔吉斯共和国国家银行(National Bank of the Kyrgyz Republic)是吉尔吉斯斯坦中央银行,根据《吉尔吉斯共和国银行法》的规定,中央银行负责制定和实施国家货币政策,履行货币发行、金融管理等职能。

2.1.4.5 金融环境体系

除针对银行业务的《吉尔吉斯共和国银行及银行业务法》,针对外汇管理的《吉尔吉斯共和国外汇交易法》,以及吉政府与国际货币基金组织签署的有关协定,保险业务的主要法律依据是《吉尔吉斯共和国保险法》。此外还有《吉尔吉斯斯坦融资租赁法》(1998 年 11 月 29 日)、《吉尔吉斯斯坦投资法》(2003 年 2 月 7 日)等。

2.1.5 塔吉克斯坦

2.1.5.1 金融企业体系

依照塔吉克斯坦 1998 年 5 月 23 日通过的《银行和银行活动法》规定,银行系统实行二级管理体制:民族银行及商业银行。民族银行也称为国家银行,履行中央银行的职责,即协调借贷关系,刺激信贷业务发展,发行货币，调整银行的外经活动。商业银行利用自有或筹集的资金开展资产和负债业务，可在央行账户上保存自有资金，独立决定吸收和使用资金的程序。[①]

截至2014年年初，塔吉克斯坦有商业银行共16家，其分支机构共299家，非银行金融机构1家及120家小型信用机构。塔吉克斯坦中央银行是唯一的国有银行，是国家货币发行机关、中央储备银行；16家商业银行中，农业投资银行、外经银行、储蓄银行、东方银行等4家银行总资产占全部银行资产的80%左右。国家没有政策性银行，也不对任何银行补贴。国家资本对银行业没有控制力，股份化和民营化是发展趋势[②]。

2012年，塔吉克斯坦银行存款47亿索莫尼（约合10亿美元），同比增加5.4%。其中，本币存款占30.8%，外币存款占69.2%。本币平均利率为16%，外币平均利率为13.6%。2012年，塔吉克斯坦发放各类贷款总额68亿索莫尼（约合14亿美元），同比增长4.6%，至2012年年底贷款余额为53亿索莫尼（约合11亿美元），其中本币贷款占40.2%、外币贷款占59.8%。本币平均贷款利率为21.4%，外币平均贷款利率为24.5%。[③] 截至2013年1月底，塔吉克银行存款余额同比增长6.6%，其中：法人存款余额为17.22亿索莫尼，约合3.62亿美元，占36.6%；个人存款余额为29.83亿索莫尼，约合6.26亿美元，占63.4%，个人存款余额同比增长26.7%。2013年1月，塔吉克本币年存款利率为15.21%，外币年存款利率为10.54%。[④]《2012独联体国家银行体系分析报告》指出，塔吉克斯坦银行体系发展水平还处于初

---

① 驻塔吉克斯坦大使馆经济商务参赞处，http://tj. mofcom. gov. cn/article/ztdy/200208/20020800035094. shtml。

② 商务部. 投资国别（地区）指南塔吉克斯坦（2014）[R/OL]. http://fec. mofcom. gov. cn/gbzn/guobiezhinan. shtml? COLLCC = 1097857261&.

③ 驻塔吉克斯坦大使馆经济商务参赞处，http://tj. mofcom. gov. cn/article/jmxw/201301/20130100010956. shtml。

④ 驻塔吉克斯坦大使馆经济商务参赞处，http://tj. mofcom. gov. cn/article/jmxw/201303/20130300044162. shtml。

级阶段,银行资产总额为20亿美元,其人均银行资产只有俄罗斯的1/36。[①]

2.1.5.2 金融市场体系

货币市场。塔吉克斯坦是原苏联最后一个共和国,直到1994年还在使用卢布,1995年5月10日发行本国货币——塔吉克卢布,2001年产生了一个新的塔吉克斯坦货币——索莫尼。[②] 2013年2月末,美元兑索莫尼汇率已跌至1∶4.85。塔吉克斯坦国民银行表示,2013年美元兑索莫尼汇率将达到1∶5。另据统计,截至2012年9月,共有4180万美元在塔吉克斯坦市场流通。[③] 人民币与索莫尼不能直接结算。

证券市场。目前塔吉克斯坦无证券交易机构。国家每年发行少量国债,发行对象是机构投资人。

2.1.5.3 金融调控体系

塔吉克斯坦于1995年11月4日颁布了《外汇调节和外汇管制法》,规定塔吉克斯坦卢布同美元可自由兑换,居民和非居民可在国内外汇市场按照外汇调节和管制机关规定的办法进行自由的外汇买卖。居民和非居民可以在指定银行中设立外汇账户,居民在塔吉克斯坦境内进行经常项目的外汇业务不受限制,并可按国家银行规定的办法进行资本流出、带出和转寄出在塔吉克斯坦境内根据塔吉克斯坦法律合法获得的外汇。外汇买卖通过授权银行和其他授权信贷机构及其兑换点、法人和自然人兑换点以及外汇交易所进行;外汇资本流动业务根据塔吉克斯坦国家银行的规定执行。塔吉克斯坦有外汇业务权的授权银行能与英国、德国、美国、瑞士、荷兰、阿联酋、日本等国的银行进行包括转汇在内的外汇业务。中塔两国银行没有直接的业务结算关系,通常通过第三国银行实行外汇的转汇及信用证等业务。[④]

---

① 驻塔吉克斯坦大使馆经济商务参赞处,http://tj.mofcom.gov.cn/article/jmxw/201304/20130400084348.shtml。

② http://www.goodkurs.ru/spravochnik_valit/tjs/。

③ 驻塔吉克斯坦大使馆经济商务参赞处,http://tj.mofcom.gov.cn/article/jmxw/201303/20130300044164.shtml.

④ http://news.tj/ru/news/v - tadzhikistane - nablyudaetsya - povyshenie - kursa - inostrannoi - valyuty.

根据塔吉克斯坦最新颁布的《投资法》规定，投资者完税后有权将塔吉克斯坦本国货币自由兑换成其他货币，同样可认购其他外币用于支付境外业务。投资者和外国工作人员有权将合法投资和经营中所得外币收入和工资汇出境外，无须缴纳特别税金，携带现金出入境需要申报，数额规定是3000美元以上。

2.1.5.4 金融监管体系

塔吉克斯坦对银行系统实行分级管理机制：一级银行是民族银行，二级银行为商业银行。民族银行又称为国家银行，履行中央银行的职责，即协调借贷关系、刺激信贷业务发展、发行货币、调整银行外经活动等。商业银行利用自有或筹集的资金进行资产和负债业务，可在央行账户上保存自由资金，独立决定吸收和使用资金的程序。

塔吉克斯坦《民族银行法》赋予了民族银行极高地位，其地位远在塔吉克斯坦财政部之上。央行独立行事，任何国家机关不得干涉其活动。与我国央行不同的是，塔吉克斯坦央行不仅行使监管职能，还承办各种具体的银行业务。外汇管理方面，央行作为国家外汇调整和检查者，依照塔吉克斯坦外汇调节和外汇监督法行使对外汇业务的管理职能。在有关外汇业务方面，塔吉克斯坦央行既是执法者，同时又是经营外汇业务的银行，这样监者自监的制度设计存在一定的漏洞，易产生风险盲点。

2.1.5.5 金融环境体系

塔吉克斯坦金融体系的法律依据主要有《塔吉克斯坦外汇调节与监督法》（2003年12月10日）、《塔吉克斯坦融资租赁法》（1998年1月29日）、《塔吉克斯坦银行法》（1990年12月2日）、《塔吉克斯坦保险法》（2001年5月12日）等。

2.2 中亚各国金融法律制度

在日常经营中，银行及非银行金融机构因进行金融活动必然会与其他金融主体产生各种各样的经济关系，这种通常建立在银行信用的基础上并与货币流通相关联的关系就是金融关系，而对金融关系进行调整和约束的法律法规统称为金融法。金融法律制度从内容上可以分为四类，即金融主体法律制度、金融市场法律制度、金融监管法律制度和金融调控法律制度。

中国与中亚国家有效开展金融合作的前提是我国的行为主体要了解、熟悉中亚各国的金融法律制度，本课题在该部分对中亚五国出台的金融法律制度中能够影响中国与中亚金融合作的法律规章做一详细介绍。

2.2.1 哈萨克斯坦金融法律制度

哈萨克斯坦的金融法律体系相对完备。哈萨克斯坦自独立以来陆续颁布了《哈萨克斯坦共和国国家银行法》《哈萨克斯坦共和国银行和银行业务法》《哈萨克斯坦共和国开发银行法》《金融市场及金融机构监管法》《有价证券市场法》《哈萨克斯坦共和国外汇管理和外汇监督法》《哈萨克斯坦共和国外商投资法》《哈萨克斯坦投资法》《哈萨克斯坦外汇使用许可证制度条例》《税收法》《保险法》《股份公司法》《哈萨克斯坦共和国会计核算标准》等多部服务于国家发展经济并有效保护投资者利益的法律，并多次对这些已出台的法律法规进行补充和修订。

2.2.1.1 金融主体法律制度

金融主体法律制度是调整和规范金融组织和机构的法律规范的总称。哈萨克斯坦的金融主体由银行体系和非银行金融机构组成。银行体系由中央银行、二级银行和政策性银行构成；非银行金融机构主要包括保险公司、养老金管理公司、投资基金管理公司、证券公司和租赁公司等。苏联解体后，哈萨克斯坦对本国的银行业进行了深入的改革，经过多年的努力，哈萨克斯坦目前已经建成了一套较为完备的银行系统。哈萨克斯坦银行系统由中央银行、二级银行、非银行金融机构（典当行、信贷公司、审计机构等）构成。哈萨克斯坦实行两级银行体系。哈萨克斯坦国家银行在其国内银行系统中处于最高地位，作为中央银行负责履行货币发行、金融管理等职能。其他银行为二级银行。

哈萨克斯坦的金融主体法律制度主要包括调节银行经营业务的各银行

法和约束非银行金融机构的其他法律。《哈萨克斯坦共和国国家银行法》颁布于1995年3月30日,该法律规定了国家银行为该国的中央银行,并对其责任和业务范围进行说明,2014年6月10日哈萨克斯坦对该法律进行了最新修订。1995年8月31日颁布了《哈萨克斯坦共和国银行与银行业务法》,以明确二级银行的种类、法律地位、开业手续、职能和停业手续等,并于2014年7月2日对该法律进行了最新修订。除此之外,2001年4月25日还颁布了《哈萨克斯坦共和国开发银行法》,该法律也于2014年3月9日进行了最新修订。

2.2.1.1.1 哈萨克斯坦共和国国家银行法

哈萨克斯坦国家银行前身为哈萨克苏维埃社会主义共和国国家银行,正式成立于1993年4月13日。根据相关法律,哈萨克苏维埃社会主义共和国国家银行变更为哈萨克斯坦共和国中央银行,成为独立的和直接隶属于总统的国家机构,取消了与苏联中央银行有关的条款,细化了央行的功能、权力、职责和责任。国家银行是哈萨克斯坦的中央银行,处于其银行系统的最高级。国家银行在其法定权限内独立运作,但不以营利为目的,行长和副行长由总统任免,组织结构、人员编制和薪酬制度由总统批准,章程、年度报表、发行货币的设计式样由总统批准。对外,它代表哈萨克斯坦同其他国家的中央银行以及各种国际金融组织发展合作关系。

《哈萨克斯坦共和国国家银行法》规定:“哈萨克斯坦国家银行是负责制定和执行国家货币政策,确保支付系统正常运行,实施货币调控和国家监管,保证金融系统的稳定性的国家机构。”国家银行可办理发放贷款、吸收存款、对外汇市场进行干预、发现国家银行短期票据、买卖国家发行的有价证券、商业票据贴现等业务。

关于哈萨克斯坦国家银行的基本目标和具体任务在《哈萨克斯坦共和国国家银行法》第7条中列出:

哈萨克斯坦国家银行的基本目标是确保该国物价的稳定。

为了达到该目标,法律规定哈萨克斯坦国家银行应完成如下任务:

(1)制定和执行货币政策;

（2）确保支付系统的正常运作；

（3）实施货币调控与货币监管；

（4）促进并保障金融系统的稳定性。

《哈萨克斯坦共和国国家银行法》第8条规定了哈萨克斯坦国家银行的职能与权力共计19条，内容涉及国家金融活动的诸多方面，比如：规定国家银行是哈萨克斯坦共和国国家纸币和硬币的唯一发行机构，并组织哈萨克斯坦共和国境内的现金流转；依照协定内容参与国家公债业务；作为最终债权人有权向其他银行和企业提供贷款；建立哈萨克斯坦共和国支付系统，并监督其正常运作；管理和监督银行间资金转账系统，银行间清算支付系统及其他保障资金流转和正常使用的支付系统；提供电子银行业务；控制并监督外汇市场；向从事零售贸易并使用外币结算的外贸公司发放许可证；参与保证纸币、硬币和其他贵重物品的安全运输和储存；制定统计方法并编制列表、表格以反映现金流通，货币和银行统计，国际收支，外债，国际投资头寸，财政稳定的主要统计数据；确定并发布哈萨克斯坦共和国本国货币和外币的官方汇率；汇总和发布的金融市场、货币与银行统计审查、国际投资头寸及对外债务余额的统计信息，并参与国际收支的预测评估，等等。

哈萨克斯坦国家银行的最高行政权力机构是董事会，由9人组成，成员包括1名董事会主席（行长）、5名董事会成员（副行长）、1名总统驻行代表、2名政府驻行代表（通常由财政部长、经济和预算规划部长两人担任）。董事会下设有包括研究与战略分析部、国际收支与社会管理统计部、货币市场操作及资产管理部等在内的共计29个执行机构。研究与战略分析部负责财务状况分析、货币政策研究、经济指标预测、经济发展评估等事务；国际收支与社会管理统计部负责监管现行货币政策，合理控制货币供应量，编制宏观经济指标等事务；哈萨克斯坦主权财富基金、执行央行最终贷款人职能、为政府提供财务顾问服务等工作则由货币市场操作及资产管理部负责。除此之外，还设有负责央行财务核算、提供央行财务报告、监管金融机构财务状况等工作的会计部；负责开发、调节、维护国内支付系统运行的支付系统开发与管理部；负责开展国际结算和外汇资金转移，管理客户资产及提供交易经纪服务的财务会计与财务运行监管部；以及银行监管部、保险市场法规部、证券市场监管部和金融组织检查部等一系列服务于国家金融活动的部门。

2.2.1.1.2 哈萨克斯坦共和国银行与银行业务法

二级银行是依据银行法规定获得授权办理银行业务的商业机构。二级银行的任务、经营活动、经营原则、法律地位以及经营权限由哈萨克斯坦共和国宪法、银行法、其他法律法规、哈萨克斯坦共和国参加的国际协定、国家银行和金融监督署的行政法规予以规范。

《哈萨克斯坦共和国银行与银行业务法》是哈萨克斯坦专门针对二级银行出台的法律，旨在明确二级银行的种类、法律地位、开业手续、职能和停业手续等。根据该法第1条，银行是指根据总统令有权作为商业组织经营银行业务的法人，经金融监督署批准开业，以银行资格在司法部办理法人登记，并领有国家银行核发的银行业务营业执照者，方可确立其银行的法定地位。任何一个不具备银行法定地位的法人都不能以“银行”命名。银行董事会的所在地即为银行所在地。

该法第3条明确规定，哈萨克斯坦国家银行是银行系统最高一级的银行，国家银行的任务、业务的原则、法律地位和职权由《哈萨克斯坦共和国国家银行法》确定，除此之外的其他一切银行均为二级银行。根据该条款，哈萨克斯坦的二级银行分为五类：

（1）国立银行。是指根据哈萨克斯坦共和国政府相应法令或决议设立的二级银行，政府是其注册资本的唯一所有人。

（2）储蓄银行。是指有权吸收存款并经营本总统令所不禁止的其他银行业务的二级银行。

（3）投资银行。是指主要业务是直接投资和有价证券投资的二级银行。

（4）外资银行。指50%以上股份为下列人掌握、拥有和管理的二级银行：①非定居于哈萨克斯坦共和国者；②定居哈萨克斯坦共和国的法人，但其50%以上股份（投资资金）为非定居哈萨克斯坦共和国者所掌握、拥有和管理或者为与其类似的定居哈萨克斯坦共和国的法人所掌握、拥有和管理；③定居哈萨克斯坦共和国者，但为非定居哈萨克斯坦共和国者或本款②分款所指法人的资产管理人(受托人)。

⑤跨国银行。是指根据国际条约(协议)设立的银行,其注册资金所有者为哈萨克斯坦共和国政府和签约国(一个或多个国家)政府。

所有银行的组织形式必须为股份公司,即使只有一个股东的独资银行也必须以股份公司形式注册并发行股票,股票需交由中央证券登记结算股份公司托管。国立银行必须在国家所有制的基础上设立,其他二级银行可在任何形式的所有制基础上设立。依据相关法律,由哈萨克斯坦金融市场与金融机构监督管理署对各类金融机构的市场准入、业务经营品种、金融机构管理人员任职资格审核和批准。

二级银行的设立,应当由法人或自然人向主管机关(即哈萨克斯坦金融市场与金融机构监督管理署)提出申请,申请书应用哈萨克文或俄文书写,并附下列证件和材料:拟设银行的开办文件(包括开办合同、银行章程、讨论银行章程和任命或选举银行机构的记录);有关开办人的资料(按国家银行确定的格式);审计部门对开办人资信状况的结论;拟设银行董事会董事长的资料;拟设银行其他主管人员的资料;拟设银行的具体组织结构;拟设银行内部稽核部门工作条例;拟设银行信贷部门工作条例;拟设银行的商业计划,该计划应反映经营策略、经营方针和范围、财务前景、经营计划(银行客户的构成)、吸收劳动力计划;开办人根据上述商业计划开展准备工作的报告;证实申请人有权代表开办人提交申请书的证明,该证明应是经过公证的或具有其他法律效的。主管机关从接到资料之日起开始审核设立银行的申请书,最长审核期限为从递交申请书之日起的6个月。审查结果将以书面形式下达,主管机关将对通过审查的申请出具批准书。开办人应在接到批准书后的1个月内到司法部办理登记注册手续。在完成国家注册后的1年内,银行应达到开业所需的各项条件,向金融监管署提交获得经营银行业务许可证的申请。金融监管署需在收到申请后的1个月内完成对申请的审核。银行在获得金融监管署发放的许可证后,即可正式开业。

根据《哈萨克斯坦共和国银行与银行业务法》规定,银行的注册资本通过注册股票,以哈萨克斯坦共和国国家货币支付。新设立银行的注册资本,在银行注册时股东必须支付50%的注册资本，自注册日起的一年内，需支付全部注册资本。银行注册资本和自有资本的最低限额与核算方法由监管机关确定。自2009年7月1日起，新开办银行的最低注册资本需达到50亿坚戈，已设立银行的自有资本需达到50亿坚戈；自2011年7月1日起，银行的最低自有资本需达到100亿坚戈。

关于银行分行和代表机构的设立，本法律第29条做出了规定：

(1)分行是指不具备法人资格，不设在银行所在地，在银行授权范围内代表银行经营银行业务的银行分支机构。分行的注册资本应与其总行一致，应使用与总行完全一致的名称。

(2)银行设立分行以及与分行合并，必须征得国家银行的同意。国家银行应在3个月的期限内审理完设立分行的问题。

(3)设立分行的申请书应附下列文件和资料：①分行状况，包括分行受权经营的银行业务种类；②根据本法要求书写的关于拟任分行第一负责人和主任会计师的资料。

(4)在哈萨克斯坦共和国境内设立总行、分行或代表机构，无须征求地方代表机构和执行机构的同意。

该法律针对在哈萨克斯坦共和国境内设立和经营的外资银行有下列补充要求：①境内外资银行的总注册资本不得超过哈萨克斯坦所有银行全部注册资本的25%；②外资银行监事会内必须有1名或1名以上具有相应资格的哈萨克斯坦公民，该成员需在哈萨克斯坦境内银行担任过主管工作，且工作时间不少于3年；③外资银行应按国家银行规定的数额和程序将资金纳入内部资产。外资银行的内部资产是指投放在哈萨克斯坦共和国境内的坚戈和外汇，其中包括纸币、硬币和支付凭证；外设银行在哈萨克斯坦境内银行对应往来账户和其他账户主的资金；哈萨克斯坦共和国政府和常驻企业的有价证券；提供给哈萨克斯坦共和国政府和常驻企业的贷款。国家银行有权向外资银行索取有关其机构组成、经营银行业务种类、执行硬性标准和报表制度情况的资料。

2.2.1.1.3 哈萨克斯坦共和国开发银行法

哈萨克斯坦开发银行于2001年5月31日注册成立，位于阿斯塔纳市，是哈萨克斯坦政府全资拥有的国家开发机构和唯一的国有政策性银行，也是哈萨克斯坦境内重大项目的金融组织协调机构，在北京、莫斯科等外国城市设有代表处。该银行于2005年10月加入上海合作组织银联体。

《哈萨克斯坦共和国开发银行法》是专门针对哈萨克斯坦开发银行颁布的总统令，全篇分为六章，共计28条。第一章为总则，具体阐述了开发银行的性质、地位、主要业务目标、职能与权力。第3条明确规定了哈萨克斯坦开发银行的业务目标、业务范围和主要工作。作为哈萨克斯坦唯一的开发银行，该银行以促进本国投资发展、协助吸引国外资本为主要目标。根据该条款，该银行的主要任务是在其他银行无法满足庞大的投资需求或在一般银行无法涉及的投资领域中进行投资，确保投资项目的顺利开展，并通过这些投资项目促进国民经济全面均衡发展。

哈萨克斯坦共和国开发银行在哈萨克斯坦整个银行体系中占有特殊的地位，相比其他二级银行，该银行在投资与开发国家级项目上具有优先选择权。《哈萨克斯坦共和国开发银行法》第5条规定开发银行具有如下权力：

(1)实行特有的信贷政策；

(2)根据银行对贷款人的资信分析结果判断投资项目及出口租赁项目的合理性；

(3)为进行银行鉴定聘请专家和顾问；

(4)从国家和地方吸收资金并将包括债务在内的闲置资金投入国内外市场；

(5)选择投资项目；

(6)进行担保业务；

(7)与国内外银行和其他金融机构进行借贷业务。

2.2.1.2 金融市场法律制度

哈萨克斯坦的金融市场较为完善，银行信贷市场和证券市场发展较快。伴随着1993年11月15日本国货币坚戈的发行，哈萨克斯坦证券交易所

(KASE)正式成立。哈萨克斯坦证券交易所是一个集外汇交易、股票交易和金融衍生品交易于一体的综合性金融市场。目前,该交易所共有6类会员,会员资格代码分别为A、B、C、K、P、H,会员总数100多家,会员可根据资格代码从事相应类型的金融交易。A类会员可以从事设于KASE的阿拉木图区域金融中心(RFCA)特别交易平台中所有交易品种的交易;B类会员可以从事KASE的外汇交易;C类会员可以从事KASE的期货合约交易;K类会员可以从事KASE的哈萨克斯坦政府债券交易;P类会员可以从事KASE的上市公司债券、国际金融组织债券和外国政府债券交易;H类会员可以从事允许在KASE交易的非上市债券、国家持有的私营公司股份的交易。截至2013年4月1日,哈萨克斯坦共有证券公司80多家,注册上市公司2200多家,成份指数公司7家。

为规范和调节有价证券市场,哈萨克斯坦于2003年7月2日颁布《有价证券市场法》。2004年12月24日,哈萨克斯坦政府决定在阿拉木图市筹建区域金融中心,规定金融中心在自己的区域内实行专门的法规,实施特别优惠办法。2006年6月5日,《阿拉木图区域金融中心法》正式实施;同年,"哈萨克斯坦共和国阿拉木图市区域金融中心管理署"正式成立运作。针对外汇的使用和交易,哈萨克斯坦从2005年6月13日起开始实施《外汇管理和外汇监督法》。除此之外还有《哈萨克斯坦外汇使用许可证制度条例》等相关法律法规。

《有价证券市场法》包括21章,总计117条。其中第一章为总则,主要对法律文本中涉及的基本概念进行解析,论述了该法律的立法基础并概括地介绍了有价证券市场及其国家调控。其他章节分别对各种有价证券的国家注册、发行、流通、管理,证券市场主体的各种交易活动,以及对市场主体的监督进行了规定。

颁布《有价证券市场法》的目的是调节在有价证券和其他金融衍生产品的发行、流通和偿兑过程中产生的所有金融关系及有价证券市场主体的行为,为保证有价证券市场安全、公开有效地运作,保护有价证券持有者和投资者的权益,并且促进有价证券市场参与者的良性竞争而确立针对该市场的调控、监督和管理准则。根据该法律第 5 条的规定,有价证券市场的主体包括个体投资人,投资机构,发行人,证券市场的专业人士,竞买组织者和股票市场专业参加者自调组织。

《有价证券市场法》第 3 条规定:"由哈萨克斯坦国家银行对有价证券市场进行国家监管。"国家银行有权在其权限内,根据哈萨克斯坦的相关法律以及与政府的各项协定参与证券市场的构建和开发,对有价证券市场及其参与者进行监管,并保障投资者的权利与利益。

2.2.1.3 金融监管法律制度

金融监管是指国家和有关金融管理部门为保障整个金融市场有序运作、各金融主体依法经营,对所有金融机构进行经常性的监督和管理。国家以及有关管理部门进行金融监管所依照的法律法规即为一国的金融监管法。

2003 年年底以前,哈萨克斯坦实行高度集中的金融监管体制,国家银行作为中央银行,独自行使金融监管职能。2003 年 12 月 31 日,哈萨克斯坦发布总统令,对国家银行进行了改组,将其对金融市场和金融机构进行监督管理的职能从国家银行分离出来,设立"哈萨克斯坦共和国金融市场与金融机构监督管理署",专门负责对金融市场和金融机构的监督管理工作。但在实际运作中,目前国家银行仍保留对金融机构外汇管理业务的监管职权。

金融监管署由哈萨克斯坦总统直接管理,署长由总统任命。其最高权力机构是管理委员会,下设署长办公室、战略与分析部、法律事务部、银行监管部、证券市场及养老金监管部、保险市场及其他金融机构监管部、金融机构破产清算部、许可证管理部、金融服务消费者权利保障部、后勤保障部、会计部、信息科技部、地方代表处管理部和驻阿斯坦纳联络办管理部。

2003 年 7 月 4 日,哈萨克斯坦颁布了《金融市场与金融机构国家监管法》,该法律自 2004 年 1 月 1 日起施行。该法律授予哈萨克斯坦共和国金融市场与金融机构监督管理署(以下简称"金融监管署")对金融市场和金融机构实施统一监管的职能和权利。

该法律全篇共分为三章,总计 17 条。其中第一章为总则,包括 1 ~6 条,主要是对法律文本中涉及的概念进行解析，并论述了该法律的立法基础。第7～15条为第二章，分别列举了金融监管署作为国家金融机构的法律地位、职责和权利等，其中第10～13条分别对银行监管、保险机构监管、有价证券市场养老保险金的监管进行了具体的阐述。最后一章为补充条款。

根据《金融市场与金融机构国家监管法》第8条的规定，金融监管署的职责包括：采取措施防止违反法律和侵害金融服务消费者合法权益的情况，为各类金融机构的良性竞争建立相应的平等条件，提高对金融机构监管的标准，采取措施确保金融机构完整地履行自己承担的义务。该法律第9条规定，金融监管署以对金融市场和金融机构实施统一监管为目标，有权行使如下职权：

(1)发放与撤销开办各类金融机构的许可证；

(2)对各类金融机构管理人员任职资格进行审核和批准；

(3)建立发放、暂停和撤销从事专业金融活动许可证的程序；

(4)出台法律规范以督促金融机构及其他参与金融服务的企业法人和消费者履行自身义务；

(5)针对金融机构确立审慎规则及其他强制性法规；

(6)确定金融机构及其分支机构提交各项报告的清单、规则、期限和程序；

(7)对各类金融机构遵守本国会计核算标准和财务报告标准的情况进行监管；

(8)监管金融机构及其分支机构的运作情况；

(9)制定并运用相应的限制措施对金融机构进行制裁和处罚；

(10)根据与哈萨克斯坦政府的协定有权在特定情况下决定强制赎回金融机构的股份；

(11)对金融机构清理委员会的运作进行监管；

(12)公开发布除受法律保护的机密外的有关金融机构的信息。

金融监管署依据相关法律制定并发布了一系列行政法规，涉及银行监管的主要有《银行审慎指标的规定》《银行风险管理和内部控制指引》《银行资产分类和提取准备金的指引》等。

2.2.1.4 金融调控法律制度

国家对经济发展总是有着某种预期,政府通常会为本国国民经济的发展提前确立一个或多个目标,并制定出相应的经济发展战略。为保障本国货币币值稳定、国民经济健康发展,国家需要运用宏观调控手段对金融业进行必要的调控。实施金融调控主要是通过制定和执行货币政策来进行。

金融调控法是金融法中一个独立的分支,具有一套完整的体系。一般来说,中央银行法是金融调控法律体系的核心。中央银行法赋予央行依法进行宏观调控的权利,在其权限内借助利率、准备金比例等金融杠杆对货币的流通进行调控,尽可能地把控整个国民经济的走向。中央银行法作为金融调控法律体系的核心和基础,指导整个金融调控法律体系的构建。除此之外,货币法也是金融调控法的重要组成部分,具有调控货币关系的职能。货币法还可细分为通货法、外汇法和金银管理法,这些法律的出台充分保证了国家宏观调控的有效性。

根据上述内容,哈萨克斯坦金融调控法律体系的核心是《哈萨克斯坦共和国国家银行法》,国家银行作为哈萨克斯坦共和国国家纸币和硬币的唯一发行机构,依法行使职权,对金融市场进行干预和调控,通过对货币的调节实现宏观调控,从而影响整个国民经济的走向。哈萨克斯坦的货币法中针对外汇的法律居多,现行的外汇法包括《哈萨克斯坦共和国外汇管理和外汇监督法》《哈萨克斯坦共和国办理外汇业务的条例》《哈萨克斯坦外汇使用许可证制度条例》《哈萨克斯坦投资、税收、外汇管理》等。这些法律法规的主要作用包括稳定本币币值,平衡国际收支和保护本国市场。

《哈萨克斯坦共和国外汇管理和外汇监督法》是哈萨克斯坦金融调控法律体系中比较重要的一部法律,该法律颁布于2005年6月13日,最近一次修订于2012年12月24日。该法律调节外汇管理过程中所有的社会关系,并规定了进行外币管理和外汇监督的目的、任务和具体程序。该法律分为6章,分别对外汇管理、外汇交易的基本原则、资本流动以及外汇监督进行了规定。

《哈萨克斯坦共和国外汇管理和外汇监督法》第4条明确规定,实行外汇管理的目的是通过影响国家政策实现可持续的经济增长并保障经济安全。而实行外汇管理的任务包括3点:①建立哈萨克斯坦共和国外汇流通的程序;②为本国经济进一步融入世界经济创造条件;③保障外汇交易和资金流动的信息平台正常运作。该法第5条明确了在哈萨克斯坦有权对外汇进行管理的主要机构为国家银行,此外还包括哈萨克斯坦政府和其他参与外汇调控的国家机关。国家银行和国家政府有权根据本法规定制定规范性法律行为标准以管理居民和非居民的金融活动。

该法中有关外汇监督的内容主要在第5章,其中第27条规定,外汇监督的目的是为了确保居民与非居民在本国货币交易中遵守相关法律法规。第28条具体阐述了外汇监督的目标:①确定外汇交易的合法性;②检查外汇交易的支付是否有效及所需文件是否完整;③检查外汇交易中核算方法的公平性。

2.2.2 乌兹别克斯坦金融法律制度

目前乌兹别克斯坦现行的金融法律制度主要有《乌兹别克斯坦共和国中央银行法》《乌兹别克斯坦共和国银行与银行活动法》《乌兹别克斯坦共和国微型金融组织法》《乌兹别克斯坦共和国保险活动法》《乌兹别克斯坦共和国货币监管法》《乌兹别克斯坦共和国有价证券法》《乌兹别克共和国金融租赁法》《乌兹别克斯坦共和国反洗钱和资助恐怖主义法》等。

2.2.2.1 金融主体法律制度

乌兹别克斯坦现行的主要金融主体法律制度是《乌兹别克斯坦共和国中央银行法》《乌兹别克斯坦共和国银行与银行活动法》。

2.2.2.1.1《乌兹别克斯坦共和国中央银行法》

《乌兹别克斯坦共和国中央银行法》颁布于1995年12月21日。该法是乌兹别克斯坦中央银行开展业务和活动的法律依据。该法规定,中央银行的法律地位、任务、职能、权力、组织和活动原则是由宪法、本法和其他法律规定。中央银行是法人,归国家所有。中央银行可以自由支配自己的收入,在经济上是独立的机构。中央银行的法定资本为20亿苏姆。根据该法的规定,央行法定股本的增加应由乌兹别克斯坦共和国议会上议院决定,并且中央银行的法定资本不得转让或用于抵押担保。

该法规定了乌兹别克斯坦中央银行的宗旨和主要任务。中央银行的宗旨是确保本国货币的稳定。主要任务:制定、采纳和实施货币政策及货币调控领域的政策;组织和保障乌兹别克斯坦支付体系的有效运行;许可和调节银行、信用社,小额信贷组织,典当行和信贷机构的活动,对银行,信用社,小额信贷组织,典当行和信贷机构实施监督,审批许可有价证券的发行形式;存储和管理乌兹别克斯坦共和国的国家黄金外汇储备,其中包括协定的政府储备;与国家财政部共同组织国家预算的现金决算。

乌兹别克斯坦中央银行在其职权范围内的决策以及在承担债务方面均具有独立性。如该法规定:中央银行在其职权范围内独立做出决定。国家不承担中央银行的债务,中央银行也不承担国家的债务,除非双方接受了彼此的债务关系,或者另有法律规定。

中央银行在对外经济活动中可代表乌兹别克斯坦行使相关权力,维护本国利益。如该法规定:中央银行有权在其他国家的中央银行、国际银行和其他金融信贷机构中,代表乌兹别克斯坦共和国的利益;开展金融业务,包括向外国政府、外国央行和货币信贷管理机构,以及向有乌兹别克斯坦参与的国际组织提供金融服务;在国外设立代表机构;对在乌兹别克斯坦共和国境内的外资银行代表机构实施认证。中央银行与外国银行及外国信贷机构之间的相互关系由乌兹别克斯坦共和国签署的国际条约,以及银行同业间协议进行调节。

2.2.2.1.2《乌兹别克斯坦共和国银行与银行活动法》

《乌兹别克斯坦共和国银行与银行活动法》颁布于1996年,是乌兹别克斯坦境内银行活动的法律依据。该法规定,银行活动的主体是所有在乌兹别克斯坦境内开设的银行。银行活动应遵照本法、《乌兹别克斯坦共和国中央银行法》和其他法律法规。

根据该法的规定,银行活动实行许可证制度。具体而言,就是银行,包括外资银行，要在取得由乌兹别克斯坦共和国中央银行发放的许可证后，才能在乌兹别克斯坦境内开展业务活动，许可证中应当注明银行的业务清单。未经许可的银行活动将被视为违法行为，其经营所得应被没收。

该法规定，银行可以在乌兹别克斯坦开设分支机构，国外银行开设分行需经中央银行审批。银行可以开设分支机构、分行和代表处，经中央银行批准后可在国外开设银行。

2.2.2.2 金融市场法律制度

乌兹别克斯坦主要的金融市场法律制度有《乌兹别克斯坦共和国保险活动法》《乌兹别克斯坦共和国货币监管法》和《乌兹别克斯坦共和国有价证券法》。

《乌兹别克斯坦共和国保险活动法》的目的是调节保险业的关系，为本国境内从事保险业的主体提供法律依据。该法明确规定了保险的领域及形式、保险活动的主体、保险业注册资本等。该法规定，乌兹别克斯坦共和国内阁规定的特别授权国家机构实施对保险活动的监管。

2.2.2.3 金融调控法律制度

乌兹别克斯坦自独立以来，其货币政策和外汇管理政策几经改变，其对货币市场进行调节的法律依据是《乌兹别克斯坦共和国货币监管法》。

2003 年，乌兹别克斯坦金融体系改革有所深化，外汇管制逐步放开。2003 年 10 月 15 日，乌兹别克政府宣布，接受国际货币基金组织协议第 8 条的有关内容，实现汇率并轨和经常项目下自由兑换。目前，乌兹别克斯坦已取消在进出口结算、外汇买卖、利润及收入的汇出和汇入等方面的所有限制；允许中介贸易公司购买外汇；允许向境外支付教育和医疗费用；允许自然人进行私人汇款；现金外汇市场也取消兑换数量限制，兑换时只需要出示护照即可。

2.2.2.4 金融监管法律制度

乌兹别克斯坦中央银行是该国金融体系的主要监管机构。乌兹别克斯坦现行法律中涉及金融监管的法律制度主要有《乌兹别克斯坦中央银行法》

和《乌兹别克斯坦银行及银行活动法》。

2.2.2.4.1 银行监管法律制度

《乌兹别克斯坦银行及银行活动法》规定，中央银行依法对银行活动实施监管。为了实施监管，央行有权要求银行提供信息并采取其他行动。并且针对银行的检查活动和监督活动也应按照中央银行所规定的程序进行。

《乌兹别克斯坦中央银行法》在法律层面确定了中央银行的监管地位。如该法第 50 条规定：为了维护金融银行系统的稳定，保护存款人、借款人和贷款人的利益，并对其遵守内部控制法规情况进行监督，以及向特别授权的国家机构提供有关与打击非法犯罪所得合法化和恐怖主义融资相关的信息，中央银行应对银行、信用社、小额信贷组织、典当行和信贷机构进行管理和监督。

2.2.2.4.2 外汇监管法律制度

《乌兹别克斯坦中央银行法》规定，中央银行是国家外汇的监管机构。中央银行有权制定与外汇调控相关的法规，乌兹别克斯坦共和国境内的所有人必须遵守；为从事外汇业务的银行、其他法人和自然人发放和撤销牌照，并对其活动实施监管；确定公开外汇头寸限额，以及为银行制定其他经济法规；确定本国货币对外国货币的兑换比率；拥有并管理乌兹别克斯坦共和国的国际储备。

2.2.2.4.3 微型金融组织的监管法律制度

随着近年来微型金融组织在乌兹别克斯坦的快速发展，为了规范微型金融组织的活动，加强对本国境内微型金融组织的监督，乌兹别克斯坦中央银行制定了一系列有关监管微型金融组织的法律文件，这些规范性法律文件包括《商业银行向农业经济和建立法人从事其活动的其他小商业主体提供小额贷款程序》《小额贷款组织办理金融业务的规则》《〈小额贷款组织办理金融业务的规则〉的修订和补充》《小额贷款组织活动许可条例》《〈小额贷款组织活动许可条例〉的修订和补充》《小额贷款组织进行会计核算的指导》《〈小额贷款组织进行会计核算的指导〉的修订和补充》《乌兹别克斯坦共和国中央银行对商业银行、信贷联盟（信用社）违法反洗钱和资助恐怖主义法适用的措施和制裁的条例》等。

2.2.3 土库曼斯坦金融法律制度

2.2.3.1 金融主体法律制度

《土库曼斯坦中央银行法》颁布于2011年3月25日,该法律的立法基础是《土库曼斯坦宪法》。该法律为土库曼斯坦中央银行的业务运作奠定了法律、组织及经济基础,规定了土库曼斯坦中央银行与国家政权机关与管理机关、地方政权机关、信贷机构之间的关系,旨在巩固与发展土库曼斯坦银行系统。

土库曼斯坦中央银行是该国的国家银行,直接对土库曼斯坦总统负责。土库曼斯坦中央银行主席是银行最高领导人,银行主席和副主席由总统指定。其总行位于阿什哈巴德市。

《土库曼斯坦中央银行法》第5条规定:中央银行的目标是确保本国货币马纳特的币值稳定并发展和强化本国银行系统。该条法律明确指出获取利润不是中央银行经营的目标。中央银行的主要任务包括:

(1)建立必要的法律条件以保障土库曼斯坦银行系统的运行;

(2)实行单一有效的国家货币政策;

(3)组织现金流转;

(4)确保支付系统正常运作;

(5)进行银行管理和监督;

(6)保持物价稳定;

(7)保护信贷机构债权人和储户的利益;

(8)反对通过非法途径取得收益的合法化以及向恐怖分子提供资金;

(9)有效管理土库曼斯坦的国际储备(黄金,外汇资产),包括黄金的国家储备。

2.2.3.2 金融市场法律制度

土库曼斯坦金融市场不完善,并且发展缓慢。土库曼斯坦没有证券市场,信贷市场规模小,贷款利率高,融资困难,相比之下,保险市场发展较快。

法律体系方面也相对滞后,针对金融市场的法律条文比较少。

2014 年 8 月 16 日,土库曼斯坦颁布了《土库曼斯坦对外经济活动法》。颁布该法律的主要目的是为土库曼斯坦融入世界经济一体化创造有利条件,在进行对外经济活动的同时促进国民经济发展,并保障本国的经济安全。

根据该法律,对外经济活动是国家权力机关和组织以及土库曼斯坦其他法人或个人为同其他国家政府、法人、个人或国际组织建立和发展互惠互利的经济关系而进行的实践活动的总称。土库曼斯坦同其他国家的对外经济关系是建立在遵守公认的国际法原则和准则的基础上,在进行对外经济活动时,土库曼斯坦采取措施保护国内市场和本国生产商的利益,促进本国商品对外出口。根据相关法律法规和国际协定,土库曼斯坦有权在自愿的基础上参与自由贸易区或其他国际经济活动。

《土库曼斯坦对外经济活动法》第 5 条规定了该国对外经济的 8 项基本原则,具体如下:

(1)遵守相关法律,保护参加对外经济活动主体、国内生产商和商品消费者的合法权益;

(2)互利互惠;

(3)对外经济活动主体自主经营,经济独立;

(4)所有对外经济活动主体地位平等,不歧视;

(5)不干涉对外经济合作国家的内政;

(6)认真完成对外经济合约中所规定的义务;

(7)确保土库曼斯坦的经济安全;

(8)遵守公认的国际法准则。

2.2.3.3 金融调控法律制度

土库曼斯坦实行严格的外汇管理体制,国家成立了外汇委员会,专门进行外汇调控。《土库曼斯坦外汇调剂法》颁布于 1993 年 10 月 8 日。该法确定了土库曼斯坦在国内经济流通和国际结算中经营外汇业务的总原则,国家机构调剂外汇和管理外汇资源的权力和职能,居民与非居民持有、使用和分配外汇的权利和义务,以及外汇监督方向和违反外汇法规应承担的责任。

《土库曼斯坦外汇调剂法》规定,由中央银行负责制定确定外汇兑换汇率的程序,根据该程序确定的外汇兑换汇率适用于土库曼斯坦的所有外汇业务。土库曼斯坦的所有外汇业务均应通过指定银行实施。指定银行有责任保障客户经其中介实施外汇兑换业务的合法性。指定银行可以根据土库曼斯坦中央银行制定的程序在土库曼斯坦境内外自由买卖外汇。

《土库曼斯坦外汇调剂法》第三章就进行外汇业务的指定银行的许可制度作了规定。其中第14~15条规定:根据本法和在本法基础上制定条例的规定,土库曼斯坦中央银行可以在任何条件下、采取任何限制措施、向任何银行提供外汇业务经营权。如果指定银行不遵守许可证、本法及在本法基础上制定条例的规定,土库曼斯坦中央银行可以限制或取消指定银行外汇业务经营权。

2.2.3.4 金融监管法律制度

土库曼斯坦实行中央银行统一监管模式,没有专门的金融监管法。《土库曼斯坦中央银行法》第10章为银行的监督与管理,就相关内容作了规定。

根据该法第46条,中央银行负责银行的监督与管理,并有权监管所有在土库曼斯坦注册的信贷机构。银行监管的目的是维持土库曼斯坦银行系统的稳定性,保护债权人和储户的利益,确保各机构遵守本国法律。但中央银行无权干涉信贷机构的业务活动。

中央银行实现银行监管的任务:

(1)建立信贷机构进行银行业务和会计审核的法定准则,根据财务报告的国家标准制定编制财务报告的标准,制定编制数据报表和组织内部监管的标准;

(2)对信贷机构及其会计账簿等其他文件进行检查;

(3)建立信贷机构的许可程序,规定信贷机构的经济标准并监督其实施;

(4)制定信贷机构负责人和其他管理人员的资格要求标准;

(5)建立成立基金的程序及基金的使用机制。

2.2.4 吉尔吉斯斯坦金融法律制度

吉尔吉斯斯坦的金融业发展至今,已经形成了较为完备的金融体系。截至目前,吉尔吉斯斯坦国内从事金融活动的主体主要有两大类:银行机构和非银行金融机构。吉尔吉斯斯坦的银行体系是由吉尔吉斯共和国国家银行和商业银行两级银行体系构成。其非银行金融机构包括国有保险公司、私有保险公司、投资基金、证券交易所、典当行、外汇兑换处、国家养老基金、私人养老基金、专门信贷机构、信用社以及其他金融机构。自金融体系建立以来,为了有效约束和规范各金融主体的业务和行为,吉尔吉斯斯坦政府已经相继出台了多部金融法律。吉尔吉斯斯坦现行的金融法律主要有《吉尔吉斯共和国银行和银行业务法》《吉尔吉斯共和国国家银行法》《吉尔吉斯共和国外汇流通法》《吉尔吉斯共和国保险法》《吉尔吉斯共和国金融租赁法》《吉尔吉斯共和国有价证券法》《吉尔吉斯共和国投资基金法》《吉尔吉斯共和国保密法》《吉尔吉斯共和国会计核算法》等。

2.2.4.1 金融主体法律制度

吉尔吉斯斯坦的金融主体法律制度明确了各金融主体在市场经济中的职能,为各金融主体开展业务活动提供了依据。吉尔吉斯斯坦的主要金融主体法律制度有《吉尔吉斯斯坦共和国国家银行法》和《吉尔吉斯斯坦共和国银行和银行业务法》。

2.2.4.1.1《吉尔吉斯共和国国家银行法》

《吉尔吉斯共和国国家银行法》颁布于1997年7月29日,是吉尔吉斯斯坦中央银行开展业务和运行的法律依据,具体规定了吉尔吉斯共和国国家银行的宗旨、基本任务、职能、业务、活动的组织、国家货币、与银行的关系等。如《吉尔吉斯共和国国家银行法》第一章第一条第一款明确规定:吉尔吉斯共和国国家银行(中央银行)是吉尔吉斯共和国的银行,归吉尔吉斯共和国所有。该法确立了吉尔吉斯共和国国家银行作为中央银行的法律地位。

吉尔吉斯共和国国家银行位于吉尔吉斯斯坦首都比什凯克,在吉尔吉斯斯坦各地设有分支机构和代表机构。该法对吉尔吉斯共和国国家银行活动的宗旨和主要任务做出了明确的界定。第二条确定了吉尔吉斯斯坦中央银行活动的宗旨:吉尔吉斯共和国国家银行的宗旨是根据本法通过实施相关的货币政策,实现和维持物价稳定。第三条规定了吉尔吉斯共和国国家银行的基本任务:保持本国货币的购买力,保证银行体系和国家支付系统的效率、安全性和可靠性。

该法第四条阐述了吉尔吉斯共和国国家银行的职能:确定并执行在吉尔吉斯共和国的货币信贷政策;制定并实施统一的外汇政策;具有发行纸币的专有权;依照本法是银行的最终贷款人;为银行体系建立执行银行业务、会计核算和报告的规范;根据共和国法律为法人开展银行业务、抵押活动、在存款付息条件下吸收民间资本发放许可证,并对颁发的许可证进行登记;对获得吉尔吉斯共和国国家银行许可证的银行及金融信贷机构进行管理和监督;促进支付系统的有效运作和实施银行同业支付;进行外汇监管,包括制定外汇管理业务规范、根据国家法律进行外汇买卖和兑换业务的规范;依照本法拥有并管理国家外汇储备;与国家统计委员会共同制定吉尔吉斯共和国的支付平衡表;代表吉尔吉斯共和国参与有关货币政策和银行政策的国际会议、论坛和国际组织,并代表吉尔吉斯共和国的利益;根据吉尔吉斯共和国法律行使其他职能和权力。

该法还对货币信贷政策做出了相关规定。例如,该法规定:吉尔吉斯共和国的货币信贷政策是由吉尔吉斯共和国国家银行制定并与吉尔吉斯共和国政府合作执行。为了执行货币信贷政策,吉尔吉斯共和国国家银行有权发行有价证券并按照国际惯例开展各种业务。

2.2.4.1.2《吉尔吉斯共和国银行及银行业务法》

《吉尔吉斯共和国银行及银行业务法》颁布于1997年7月29日,是吉尔吉斯斯坦银行业运行的法律依据,涉及银行体系、银行建立、银行监督和管理、银行业务开展等与银行事物相关的所有方面。

该法明确规定了吉尔吉斯斯坦的两级银行体系。例如,该法第三条“吉尔吉斯斯坦银行体系”规定:吉尔吉斯斯坦银行体系由吉尔吉斯共和国国家银行(中央银行)和商业银行构成。该法规定了吉尔吉斯共和国国家银行的任务、活动原则、法律地位和权限。银行活动由本法、《吉尔吉斯共和国国家银行法》、吉尔吉斯斯坦其他法律文件、吉尔吉斯斯坦银行法律规范及银行章程调节。

该法对吉尔吉斯斯坦的银行种类进行了明确的划分。该法规定:根据业务形式可将银行分为综合性银行和专业性银行。综合性银行,拥有所有形式的银行业务,包括投资。专业性银行,仅拥有一定范围内的银行业务。专业性银行的活动主要依据本法,以及其他调节其活动的单独法律文件。根据所有权形式可将银行分为国有银行和私有银行。跨国银行的建立应当以法定程序批准的吉尔吉斯斯坦国际条约为基础。

该法除了对传统银行的定义进行划分之外,还涉及伊斯兰银行的相关规定,在法律层面上确立了伊斯兰银行在吉尔吉斯斯坦的地位。例如,在该法第一条中,就对伊斯兰银行、有“伊斯兰窗口”的银行、沙利亚委员会、沙利亚标准、伊斯兰银行业务和融资原则等术语做了概念性阐述,在其他条款中还对伊斯兰银行在吉尔吉斯斯坦境内的运作、业务、资金、组织和活动原则做了相关规定。例如,该法规定:伊斯兰银行是指获得吉尔吉斯共和国国家银行相关许可,根据伊斯兰银行业务和融资原则开展活动的银行。伊斯兰窗口,是按照伊斯兰银行业务和融资原则开展业务的银行的相关部门

该法对吉尔吉斯共和国国家银行、其他银行及吉尔吉斯共和国三者之间的关系做了明确界定。例如,该法第五条规定:银行不承担吉尔吉斯共和国的债务,同样,吉尔吉斯共和国也不承担银行的债务,除非国家自行接受了银行的债务;银行不承担吉尔吉斯共和国国家银行的债务,吉尔吉斯共和国国家银行也不承担其他银行的债务。

吉尔吉斯斯坦的不同银行之间可根据需要成立银行协会及银行联盟。该法第七条第一款规定:吉尔吉斯斯坦的银行为了协调各自的活动、保护共同利益、实施共同计划和共同完成其他任务,可以成立联盟、协会和其他团体,外国银行也可加入联盟或协会。这些组织应按照其创立文件组织活动,并且无须吉尔吉斯斯坦国家银行的许可。

该法第二十四条还规定:在按照伊斯兰银行业务和融资原则开展银行业务的银行中,应当建立沙里亚委员会,该委员会负责使银行交易(合同)符合沙里亚标准。沙里亚委员会的成员应当遵守吉尔吉斯共和国国家银行规定的要求。银行的沙里亚委员会批准按照伊斯兰银行业务和融资原则进行银行交易(合同)的标准合同。

该法规定,银行在吉尔吉斯斯坦境内开设分行,需按照吉尔吉斯共和国国家银行规定的银行开立法规预先告知吉尔吉斯共和国国家银行。要在国外开设分行的,应得到吉尔吉斯共和国国家银行的许可。该法还明确规定,外资银行可在吉国境内设立分行。该法第十九条第五款规定:准许具有良好财务状况和优良商业信誉的外资银行在吉尔吉斯共和国境内开设分行。

2.2.4.2 金融市场法律制度

吉尔吉斯斯坦的主要金融市场法律有《吉尔吉斯共和国有价证券法》和《吉尔吉斯共和国保险法》。

吉尔吉斯斯坦的证券市场是在长期工业下滑,经济衰退,金融体系分化,完全缺乏市场关系的经验,以及缺乏相应法律的条件下产生的。吉尔吉斯斯坦独立后实施的国有资产非国有化和私有化的政府计划为证券市场的形成提供了基础。为了规范证券市场和监督股份制公司的活动,根据吉尔吉斯共和国政府1991年6月2日颁布的第323号决议,创建了吉尔吉斯共和国内阁证券业务监管局。吉尔吉斯共和国上议院于1991年12月通过了《吉尔吉斯共和国有价证券法》。1996年12月,为了加快证券市场的发展,增强国家调控的效率和为证券市场建立现代化的组织和技术设施,吉尔吉斯共和国发布了《关于进一步完善有价证券市场的调节》的总统令。2000年,吉尔吉斯共和国内阁有价证券业务监管局被改组为隶属于共和国总统的国家有价证券市场委员会。

吉尔吉斯斯坦的公司有价证券市场由吉尔吉斯斯坦政府国家有价证券市场委员会管理。国家有价证券市场由财政部和吉尔吉斯共和国国家银行管理。《吉尔吉斯共和国有价证券法》规定:对证券市场实施监管的国家授权机构是国家管理机构,该机构执行统一的证券市场政策、对被监管主体实施监管、保障投资人的利益，以及执行吉尔吉斯共和国法律所规定的其他任务。

吉尔吉斯斯坦保险业的主要法律依据是《吉尔吉斯共和国保险法》。截至2006年7月1日，吉尔吉斯斯坦共有15家保险公司。吉尔吉斯斯坦保险业市场对外完全开放。该法规定，外国保险公司在吉尔吉斯斯坦境内既可独资也可合资经营。吉尔吉斯斯坦法律对外资保险公司实行国民待遇，对其在吉尔吉斯斯坦经营险种和费率等没有限制。但是，吉尔吉斯斯坦现行法律禁止商业银行从事商务活动（包括进出口贸易）的保险业务，各保险公司也未开展进出口贸易保险业务。

2.2.4.3 金融调控法律制度

金融调控法律制度为各金融主体之间的关系调节提供法律依据。在吉尔吉斯斯坦，《吉尔吉斯共和国银行及银行活动法》和《吉尔吉斯共和国国家银行法》主要调节该国银行体系内的相互关系，对银行的职能、中央银行的权限，以及银行、央行和国家三者之间的关系都做出相应规定；《吉尔吉斯共和国有价证券法》是该国证券市场运行的基本法律依据，其调节领域包括证券的发行、证券流通、证券市场的参与主体、证券市场的监督等；《吉尔吉斯共和国外汇交易法》是该国外汇市场运行以及执行外汇政策的主要法律依据。该法规定，吉尔吉斯斯坦实行浮动汇率制度，本国货币索姆在国内实行完全可兑换。在吉尔吉斯斯坦注册的商业银行可在其境内和境外自由买进或卖出外汇。任何个人、机构、团体都可在商业银行、金融机构以及兑换点将索姆与美元进行自由兑换，无须任何手续，不受额度限制。吉尔吉斯斯坦中央银行每天根据银行间外汇市场的交易情况发布当日平均汇率，并以此作为确定商务交易价格和进行结算的依据。

2.2.4.4 金融监管法律制度

金融监管法律制度是国家对金融机构实施监管、规范各金融主体的活动、保障金融体系平稳运转的法律依据。

2.2.4.4.1 银行监管法律制度

吉尔吉斯共和国国家银行(中央银行)是该国银行体系的监管机构,履行对银行及银行活动的监管职能。《吉尔吉斯共和国银行及银行业务法》第三十九条第一款规定:吉尔吉斯共和国国家银行为了履行在其职权范围内对银行活动进行监督和法律调节的职能,颁布了一系列法律法规,所有银行、法人、自然人以及国家权力机关都必须严格执行。吉尔吉斯共和国国家银行负责对该行所许可和管辖的银行及金融信贷机构的活动实施检查。《吉尔吉斯共和国国家银行法》第四条明确规定了国家银行的监督职能:对获得吉尔吉斯共和国国家银行许可证的银行及金融信贷机构进行管理和监督。

《吉尔吉斯共和国国家银行法》第三十条有关银行业监督管理的条例规定:吉尔吉斯共和国国家银行是该行所许可的银行及其他金融信贷机构的监管机构,对其活动实施常态监测,目的是维护金融体系稳定,保障存款人及其他债权人的利益,遵守吉尔吉斯共和国的法律和吉尔吉斯共和国国家银行的法律规范。

2.2.4.4.2 货币信贷监管法律制度

吉尔吉斯共和国的货币信贷政策是由吉尔吉斯共和国国家银行制定并与吉尔吉斯共和国政府合作执行。《吉尔吉斯共和国国家银行法》规定,吉尔吉斯斯坦国家银行对货币信贷实施监管。该法第二十条有关流通中的货币监管相关条例规定,吉尔吉斯共和国国家银行运用以下工具对货币供应量及其结构进行监管:①买卖由吉尔吉斯共和国政府发行和担保的有价证券;②买卖由吉尔吉斯共和国国家银行发行和担保的有价证券;③买卖外汇;④改变由吉尔吉斯共和国国家银行提供的贷款量及其利率;⑤变更存放于吉尔吉斯共和国国家银行的法定存款准备金规模;⑥其他国际惯例通行的手段和方法。

2.2.4.4.3 保险业监管法律制度

吉尔吉斯斯坦保险业的监管法律依据是《吉尔吉斯斯坦共和国保险法》,1998 年吉尔吉斯共和国上议院通过该法,并于同年 7 月 23 日由吉尔吉斯斯坦总统签署确认。该法第五章明确了吉尔吉斯斯坦国家机构对保险业实施监管的相关规定。该法规定,吉尔吉斯共和国国家保险监管机关对本国境内的保险活动实施监管,对保险活动的相关问题进行调节,吉尔吉斯共和国国家保险监管机关的主要职能应当由经吉尔吉斯共和国政府规定确定。

吉尔吉斯共和国的保险监管机关具有的权力职能包括:

(1)获取保险机构编制的保险活动报表和其财务状况的信息。

(2)对保险机构遵守法律情况及其提供的报表真实性进行检查。

(3)按照吉尔吉斯共和国政府规定的程序对保险机构的活动进行检查。

(4)保险机构违背保险活动的法律规范时,应责令保险机构改正;拒不改正的,应当暂停或限制保险机构的牌照,直至其纠正违法行为,或者对其做出撤销牌照的决定。

(5)一旦保险机构资不抵债,应当按照破产法启动清算程序。

2.2.5 塔吉克斯坦金融法律制度

塔吉克斯坦经济基础薄弱,经济结构单一,其金融业起步较晚。目前,塔吉克斯坦现行的主要金融法律制度有《塔吉克斯坦共和国投资法》《塔吉克斯坦共和国银行活动法》《塔吉克斯坦国家银行法》《塔吉克斯坦微型金融组织法》《塔吉克斯坦共和国保险活动法》《塔吉克斯坦共和国外汇管理和监督法》《塔吉克斯坦共和国有价证券市场法》《塔吉克斯坦共和国信用社法》《塔吉克斯坦共和国典当行法》《塔吉克斯坦共和国银行接管和破产法》《塔吉克斯坦共和国自然人存款保护法》《塔吉克斯坦共和国信用记录法》和《塔吉克斯坦共和国反洗钱和资助恐怖主义法》等。

2.2.5.1 金融主体法律制度

塔吉克斯坦目前现行的主要金融主体法律制度有《塔吉克斯坦国家银行法》和《塔吉克斯坦银行活动法》。

2.2.5.1.1《塔吉克斯坦银行活动法》

《塔吉克斯坦银行活动法》是塔吉克斯坦银行体系中各主体开展银行及相关金融业务的法律依据。该法在第一章总则中明确规定了塔吉克斯坦银行体系的构成,塔吉克斯坦银行体系是由塔吉克斯坦国家银行和该国运行的信贷机构组成。该法规定:信贷机构是经过塔吉克斯坦国家银行的许可,开展本法所规定的所有或个别银行业务,并且以营利为目的的法人(包括银行和非银行信贷机构)。因此,塔吉克斯坦国家银行和目前运行的各类信贷机构成为塔吉克斯坦金融活动的主体。

塔吉克斯坦共和国有关银行活动的法律都是依据宪法制定,包括《塔吉克斯坦银行活动法》《塔吉克斯坦国家银行法》和其他塔吉克斯坦承认的国际法律。

《塔吉克斯坦银行活动法》对于其金融主体与国家之间的关系做了明确界定。该法规定:信贷机构不承担国家的债务,国家也不承担信贷机构的债务,除非信贷机构和国家相互接受了彼此的债务关系。信贷机构不承担塔吉克斯坦国家银行的债务,塔吉克斯坦国家银行也不承担信贷机构的债务,除非彼此接受了对方的债务关系。该法还规定,国家行政机关无权干涉信贷机构的活动。

《塔吉克斯坦银行活动法》对于在该国境内建立信贷机构分支机构以及分支机构开展相关业务等方面均做了规定,要在塔吉克斯坦境内建立信贷机构及其分支或代表处,以及任命信贷机构的领导人员,均不需要当地政府执行机构的许可。国内信贷机构须在获得塔吉克斯坦国家银行的书面同意后,其分支机构才能开展业务活动。该法还规定,塔吉克斯坦国家银行可允许外国银行在塔吉克斯坦共和国境内开设分支机构,开展银行业务。

2.2.5.1.2《塔吉克斯坦国家银行法》

《塔吉克斯坦国家银行法》是该国的中央银行开展业务和有序运转的法律依据。该法对塔吉克斯坦国家银行的性质、宗旨、职能等都做了规定。塔吉克斯坦国家银行是塔吉克斯坦共和国的中央储备和发行银行,归塔吉克斯坦共和国所有,并对塔吉克斯坦共和国议会下议院负责。塔吉克斯坦国家银行是一个独立的法人实体,其标志上印有塔吉克斯坦共和国的国徽印章和银行名称。塔吉克斯坦国家银行位于杜尚别市。塔吉克斯坦国家银行可自行决定在国内和国外设立办事处和代表机构。

该法对于塔吉克斯坦国家银行和塔吉克斯坦共和国的关系做了明确要求:除非塔吉克斯坦共和国总统或议会下议院批准同意,否则塔吉克斯坦共和国将不对塔吉克斯坦国家银行的债务承担责任。塔吉克斯坦国家银行将不会承担未经国家银行批准同意的塔吉克斯坦共和国债务。

该法第三条规定了塔吉克斯坦国家银行的基本目标:在职权范围内保持物价稳定;发展和加强国家银行体系;促进支付系统的有效和顺利运行;塔吉克斯坦国家银行不以营利为目的。

塔吉克斯坦国家银行作为该国的中央银行,依据本法履行其央行职能。该法规定,塔吉克斯坦国家银行履行以下职能:制定并执行塔吉克斯坦共和国的货币政策;是国家的银行委托人和金融代理人;进行经济和货币分析,并基于分析结果向塔吉克斯坦共和国政府提案,将分析结果公之于众;为银行及非银行信贷机构发放开展银行业务的牌照,并对其活动实施监管;是信贷机构的最终贷款人;建立塔吉克斯坦共和国的支付、清算、结算体系和货币服务体系,并对其活动实施监管;垄断货币发行,组织货币流通和货币回笼;保存和管理其所拥有的国际外汇储备;在塔吉克斯坦共和国所参与的有关银行和货币关系的国际组织活动中,按照国际条约,代表塔吉克斯坦共和国履行义务和完成业务;制定国际收支平衡表;执行法律所规定的其他银行业务和职能。

该法第四十条在涉及外汇业务时,明确了塔吉克斯坦国家银行在外汇业务方面的相关规定和权限,是塔吉克斯坦开展外汇业务的法律依据。该法规定,塔吉克斯坦国家银行有权:①按照塔吉克斯坦国内现行法律和银行业国际通行惯例,在塔吉克斯坦共和国境内和境外开展所有外汇业务;②购买和出售由外国或国际金融机构发行或担保的国库券和其他有价证券,以及开展其他不违背塔吉克斯坦法律和银行业国际惯例的交易;③在外国的中央银行及金融机构开立账户;④为外资银行、中央银行和国际金融机构开立账户,并代表其在塔吉克斯坦共和国的利益;⑤塔吉克斯坦国家银行可以以自己的名义或根据国家机关的授权,与其他国家的中央、公共或私人清算机构签署支付和清算协议或其他类似条约。

2.2.5.2 金融市场法律制度

塔吉克斯坦的主要市场法律制度有《塔吉克斯坦共和国保险活动法》和《塔吉克斯坦共和国有价证券市场法》。

2.2.5.3 金融调控法律制度

在塔吉克斯坦的金融法律制度中,《塔吉克斯坦银行活动法》和《塔吉克斯坦国家银行法》是调节金融主体之间相互关系的主要法律。

颁布于 1995 年 11 月 4 日的《塔吉克斯坦共和国外汇管理和监督法》是调节塔吉克斯坦货币市场的法律依据。根据该国外汇法的规定,本地居民在本国境内可以使用外汇自由结算。非本地居民在本国境内获得和使用外汇的办法由国家银行根据该国法律做出规定。本地和非本地居民带进和带出、汇进和汇出外汇或以外汇表示的有价证券时,根据塔吉克斯坦国家银行和财政部国家海关委员会共同制定的有关办法执行。

国家保护本地居民和非本地居民持有外汇。本地居民可以在塔国外汇市场依照国家银行有关规定自由买卖现金外汇和非现金外汇。

根据该法规定,塔吉克斯坦国家银行行使外汇调节的主要职能:制定外汇和以外汇表示的有价证券流通范围和办法;发布相关的法律法规和制定外汇业务运作规则;依法开展各种外汇业务;制定外汇汇入办法;确定并公布官方外汇牌价;制定统一的银行和其他信贷机构外汇业务许可证发放制度;制定统一的外汇业务报表、单据制作和统计办法。

2.2.5.4 金融监管法律制度

塔吉克斯坦金融系统的监管机构是塔吉克斯坦国家银行。根据《塔吉克斯坦银行活动法》的规定,塔吉克斯坦国家银行按照相关程序对塔吉克斯坦信贷实施综合监管。《塔吉克斯坦国家银行法》中也明确规定了国家银行可根据需要对信贷机构实施监管。该法第四条规定:塔吉克斯坦国家银行为了依法打击犯罪所得合法化和资助恐怖主义的行为,可以采取必要措施,对信贷机构实施监督和管理。该法第四十二条规定:塔吉克斯坦国家银行拥有对信贷机构的活动实施监督和管理的专有权。

2.2.5.4.1 货币信贷市场的监管

塔吉克斯坦国家银行负责制定和落实塔吉克斯坦共和国的信贷政策。为了贯彻落实货币政策，塔吉克斯坦国家银行设立了信贷政策委员会，该委员会是跨部门咨询机构，其任务和活动流程由董事会的决议决定。塔吉克斯坦国家银行每年于11月1日前向塔吉克斯坦共和国议会下议院提交塔吉克斯坦共和国下一年度的货币信贷政策的预测报告。

《塔吉克斯坦国家银行法》还规定，塔吉克斯坦国家银行是国家的货币调控和货币管理机构，并依据《塔吉克斯坦货币调控和货币管理法》及其他法律履行其调控管理职能。

2.2.5.4.2 支付系统的监管

根据《塔吉克斯坦国家银行法》的规定，塔吉克斯坦国家银行为了确保支付系统的可靠性，可以对信贷机构或货币服务提供者所提供的服务实施监督和管理，包括支付订单和支票的开具、处理和接收，现金汇款和客户证券账户之间的转账等服务。

2.2.5.4.3 微型金融组织的监管

为了进一步规范塔吉克斯坦境内的微型金融组织活动，2012年4月16日，塔吉克斯坦总统签署了该国第二部《微型金融组织法》。同时，为了加强对微型金融组织的监管，塔吉克斯坦先后颁布了一系列相关的监管法律。塔吉克斯坦国家银行制定的监管微型金融组织的规范性法律文件包括《塔吉克斯坦国家银行授权的代表对信贷组织和小额贷款存款组织及其分支机构实施稽查的程序指导》《小额贷款存款组织活动管理程序指导》《小额贷款组织活动管理程序指导》《小额贷款基金会活动管理程序指导》和《微型金融组织提供小额贷款程序指导》等。这些法律文件为监管微型金融组织及其活动提供了详尽的法律依据。

2.3 中国与中亚国家的金融往来

2.3.1 中国与中亚国家金融合作现状

中国与中亚国家的金融合作，主要是指“上海合作组织”（简称“上合组织")框架内中国与中亚国家开展的多边和双边金融合作。

2.3.1.1 上合组织框架下的区域金融多边合作

上海合作组织框架下的区域金融合作包括政府和商业企业两个层面。政府层面的区域金融合作缘起于上海合作组织共同反恐的需要。2001 年 9 月,中国与俄罗斯、哈萨克斯坦、塔吉克斯坦、乌兹别克斯坦联合签署《打击恐怖主义、分裂主义和极端主义上海公约》,反恐的重要内容之一就是打击洗钱和恐怖融资,并且随着经济金融全球化的不断发展,越来越没有国界之分。对于中国、俄罗斯和中亚地区,共同受到三股势力的侵扰,需联合起来共同打击洗钱和恐怖融资行为。2004 年 10 月,中国、俄罗斯、哈萨克斯坦、塔吉克斯坦、吉尔吉斯斯坦和白俄罗斯等 7 国作为创始成员国于莫斯科成立了"欧亚反洗钱与反恐融资小组(EAG)"。同时,接纳乌兹别克斯坦和上海合作组织为该组织观察员。2004 年 12 月,EAG 在莫斯科举行第一次全会,标志该组织在打击洗钱和恐怖融资合作方面开始实质性运作。

上海合作组织成员均为发展中国家,该区域经济重建、区域基础设施项目需要大量资金,但国家财政资金普遍匮乏。为了改善资金短缺问题,更好地落实上海合作组织区域经济协作项目,2005 年 10 月,上海合作组织银行联合体(银联体)正式成立,成员包括中国国家开发银行、哈萨克斯坦开发银行、吉尔吉斯共和国结算储蓄公司、俄罗斯对外经济银行、塔吉克斯坦国民银行、乌兹别克斯坦共和国国家对外经济银行。银联体的基本合作方向是为成员国政府支持的项目提供融资和金融服务。支持重点领域是基础设施、基础产业、高科技领域、扩大出口及其他区域性合作项目。

需要指出的是,银联体在实际运行中类似于"银行联合协会"性质,主要采取银团贷款等形式支持相关项目的融资需求,但是并不受上合组织支配,也不受某一政府的强制命令,自主对项目评估后决定是否对项目融资。

2.3.1.2 上合组织框架下中国与中亚各国区域金融双边合作

中国与中亚国家的双边合作可以概括为以下几种形式:

第一,互设互认银行金融机构。比如:中国与哈萨克斯坦签订《银行合作协定》,成立中哈银行合作分委会,两国商业银行互设代表处和分行——中国银行和中国工商银行在哈萨克斯坦设立了全资子银行,哈萨克斯坦人民储蓄银行公开股份公司在北京设立了代表处,哈图兰·阿列姆银行股份公司在上海设立了代表处;2005 年中国银监会与吉尔吉斯斯坦签署双边监管合作谅解备忘录,内容包括信息交换、市场准入和现场检查中的合作,人员交流和培训、监管信息保密、监管工作会谈等,

第二,本币互换。中国与哈萨克斯坦和乌兹别克斯坦分别在 2011 年签署双边本币互换协议,互换金额分别为 70 亿元和 7 亿元人民币。

第三,对具体项目进行融资支持。该合作形式主要通过中国的国家开发银行与对方的开发银行共同融资合作,对投资项目进行支持,主要集中在基础设施和重要产业领域。

2.3.2 中国与中亚国家金融合作评价

从上海合作组织成员之间已经开展的各项金融合作来看,双边合作居多,多边合作较少;签订的合作协议居多,建立的合作实体较少;政策性的项目开发较多,商业性的项目开发较少;非约束型的合作平台居多,紧密型的合作平台较少。究其原因,主要有以下几点:

(1)中亚国家的金融体系仍然存在薄弱环节。独立后,中亚各国都进行了金融改革,但改革取得的成效不同,中亚国家尚未形成完善的金融市场,开放程度低,普遍存在进入壁垒。以哈萨克斯坦为例,哈萨克斯坦限制外资银行进入本国银行业,对外资参股银行的持股比例和员工结构都有严格的限制。其他金融领域也存在进入壁垒。哈萨克斯坦规定:所有合资非人寿保险公司的总资本份额不得超过哈萨克斯坦国内非人寿保险市场总资本的 25%;合资人寿保险公司的总资本份额不得超过人寿保险市场总资本的 50%。这一规定实质上禁止了后期进入哈萨克斯坦国内保险市场的其他外国保险公司的投资。

中亚国家较为封闭的金融管理模式阻碍我国与其金融合作的深化,要实现区域金融合作的深化,加大中亚各国金融市场开放是必要前提。

(2)我国与中亚国家的金融合作受到西方大国和俄罗斯的影响。中亚各国均是资金缺乏的国家,不具备资本输出的能力或资本输出的能力弱,他们更希望通过金融合作推动本国的发展或改善贫穷的状况。

(3)区域金融中心尚未形成。金融中心的本质在于构建发达的融资和投资体系,形成有效的融资和投资转化机制,从而推动经济增长。金融中心承担了金融中介的功能,是金融机构和金融中介集中交易的场所,是"中介的中介",是合理、高效配置金融资源的场所。区域金融中心在为周边国家、城市融通资金、提供有效金融服务的同时,还将稳定所在区域的金融秩序,完善金融市场,扩大金融开放程度,在融入区域经济一体化的进程中,使得区域内金融合作实现良性互动。

(4)上海合作组织银联体是区域内金融合作级别最高的机构,但目前还只是一个由各国银行代表组成的协调机构,并不拥有独立的资产,也缺乏独立决策能力,仅仅为各国银行发放联合贷款提供一个沟通平台,势必影响其功能的发挥。在2010年的上合峰会上,中国曾提议提供100亿美元作为区域发展基金,帮助中亚国家克服金融危机,而银联体只有成为一个独立的金融实体机构才将有助于基金的运作。

总体来看,目前我国与中亚国家的金融合作主要是银行结算,融资性合作水平低、数量少。货币市场、证券市场的合作还未展开。区域金融合作处于初级阶段,还不能满足促进经贸合作和能源合作的需求。资金融通是丝绸之路经济带建设的核心内容之一,中亚国家又属于丝绸之路经济带的核心区域,拓展中国与该区域金融合作的深度和广度,意义重大。

3 中国与中亚国家开展金融合作必要性、可行性及重点领域

3.1 中国与中亚国家开展金融合作必要性

3.1.1 共同应对国际金融动荡的需要

中亚国家经济发展受金融危机冲击影响巨大。金融危机对中亚地区金融层面的影响,主要是银行国际金融市场融资能力和银行业短期偿债能力下降,金融投资环境下滑,落实到实体经济中,表现为从银行获得贷款投放减少,能源价格迅速下跌,对中亚资源型国家的经济增长造成严重打击①。

3.1.1.1 对哈萨克斯坦的影响

金融危机冲击下,哈萨克斯坦的经济经历了 10 多年的快速增长后,在 2008 年形成发展拐点,2009 年各项经济指标全面下降,2009 年 GDP 为 1153 亿美元,比 2008 年(1334 亿美元)绝对减少 181 亿美元②。与此同时,2009 年中国对哈萨克斯坦的出口和进口与 2008 年历史高位③相比,全面下降。不过 2010 年中国对哈萨克斯坦的进口迅速回升,并且达到新的历史高位 110.3 亿美元。2010 年中国对哈萨克斯坦出口与 2009 年相比有所回升,达

---

① 陈文新,谢婷婷. 中国新疆与中亚国家金融合作的可行性及对策[J]. 会计之友:上旬刊,2010(4).

② 世界银行数据库,当年美元。

③ 2008 年中国对哈萨克斯坦出口额为 98.2 亿美元,进口为 77.3 亿美元;2009 年这两个数据分别为77.48亿美元和 62.56 亿美元。数据来源于中国海关统计数据库。转引自参赞网。

到92.8亿美元,但仍低于2008年水平。2011年中国对哈萨克斯坦进口与2010年相比继续回升,中国对哈萨克斯坦出口与2010年相比继续回升,达到95.7亿美元,但仍低于2008年水平。2012年,中国对哈萨克斯坦进口与2011年相比有所回落,同比下降12.8%;中国对哈萨克斯坦出口继续回升,并达到历史高位110美元。总结一下,2009年中国对哈萨克斯坦进出口额达到低谷,自2010年以来随着全球经济的逐步回暖,虽然中国对哈萨克斯坦进出口额稳步上升,但中国对哈萨克斯坦出口直到2011年才与2008年水平接近,中国对哈萨克斯坦进口虽然一直保持较高额度,但期间也有波动。

金融危机短期内造成哈萨克斯坦在中国进出口格局中的相对地位全面下降(见图3-1),中国对哈萨克斯坦的出口占中国出口总额的比重由2008年的0.69%下降到2009年的0.65%,到2010年下降到0.59%,2011年比重持续下降至0.5%,2012稍有上升为0.54%,2013年升至0.57%;进口由0.68%下降到0.63%,但是该数字2010年迅速回升到0.80%,2011年为0.88%,2012年为0.90%,2013年降至0.82%。说明金融危机对哈萨克斯坦造成的巨大冲击,严重削弱了该国的购买力,造成该国的出口在中国对外格局中相对下降,但是随着石油价格的大幅回升,其在中国总的进口格局中的相对地位上升。

与中国相反,金融危机的发生使中哈贸易在哈萨克斯坦对外开放格局中的相对地位有较大提升。金融危机发生后,哈萨克斯坦对中哈贸易的各种依存度呈全面上升的态势。哈萨克斯坦对中国的出口占其总出口额的比重由2008年的10.67%上升到2009年的13.63%,再到2010年的17.68%,2011年的19.55%,2012年稍有下降为18.61%,2013年为17.5%(联合国贸易数据库数据计算得出),这六年,哈萨克斯坦从中国的进口占总进口的比重分别为19.82%、20.09%、21.54%、25.17%、24.7%和26.94%(联合国贸易数据库数据计算得出),总体来看也在不断上升。说明随着金融危机的发生,提升了中国在哈萨克斯坦对外经济往来中的地位。

哈萨克斯坦在中亚五国中是经济开放度较高、对外金融联系最密切、近年来发展势头最好的经济体,因此也是受金融危机冲击最早、受影响最深的中亚国家。国际金融危机对哈萨克斯坦的冲击和影响大致可分为两个阶段。

第一阶段：对银行业和房地产业的影响

2007年下半年，美国次贷危机引发了全球主要金融市场的动荡，首先使哈萨克斯坦银行业受到很大冲击。这是由该国金融市场“银行业核心模式”特征决定的。在哈萨克斯坦金融市场中，银行业占绝对主导地位，保险市场、养老金市场相对弱小，证券市场极不发达（见图3－1）①。

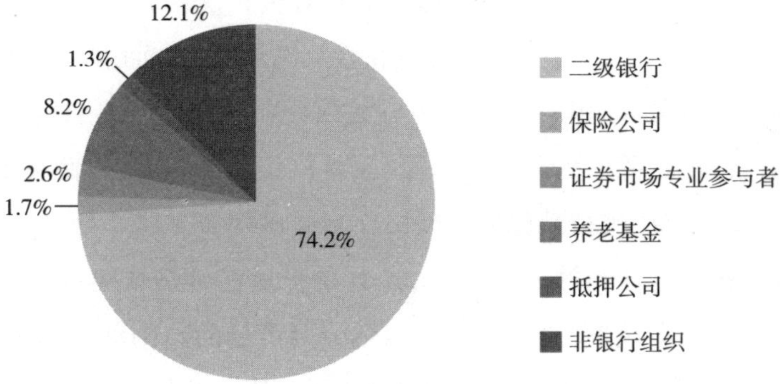

图3－1

哈萨克斯坦银行业由一级银行和二级银行组成。截至2008年，一级银行1家——指哈萨克斯坦国家银行（Национальный Банк Республики Казахстан，央行），二级银行35家——指所有商业银行，再加上哈萨克斯坦政策性银行1家——指哈萨克斯坦开发银行（Банк развития Казахстана），共37家银行。近几年，哈萨克斯坦经济增长迅速，平均增幅约为10%，使得其主权评级一度很高，经济发展潜力被热捧。在此背景下，国际资本纷纷涌入哈萨克斯坦金融市场。2004—2010年，哈萨克斯坦外债总规模以每年100亿美元的速度递增，至2010年年底外债总额达1192.43亿美元，占到GDP总值的82%（2010年哈萨克斯坦国民生产总值为1460亿美元）②；2013年年

① 哈萨克斯坦国家银行．哈萨克斯坦金融稳定报告2008［R/OL］．英文版：43．http://www.nationalbank.kz/index.cfm?uid=9D44A6A1－802C－E8F0－E1C0D2886537C4DC&docid=536.

② 中国驻哈大使馆经商参赞处，http://kz.mofcom.gov.cn/aarticle/jmxw/201103/20110307476726.html。

底,外债总额为 1385.23 亿美元,占到中亚五国总外债比重的 88%。在此过程中,哈萨克斯坦银行资产规模得到了超常规发展,商业银行获纯利总额、银行自有资本总额均有大幅增长。哈萨克斯坦银行业资产快速扩张的主要资金是来自于从国际金融市场的大举借债。伴随着经济繁荣和信贷评级提高,哈萨克斯坦商业银行纷纷从国际金融市场大举借债,再转贷或投资到国内的建筑、房地产、股市、个人消费等领域赚取利差,从而形成了依靠外国中短期贷款来扩张国内长期贷款的“银行业核心模式”。

2014 年,哈萨克斯坦银行业的结构特性从正负两个方面没有改变,最大的问题是坏账比例太高,2013 年末达 32%,建筑业和房地产业所占比例最高。

随着国际资本的涌入和国际能源、原材料价格的飞涨,哈萨克斯坦房地产、汽车等消费市场被拉动起来。国民在享受国际资本带来好处的同时,通货膨胀和房地产泡沫也被不断放大,尤其是房地产价格扶摇直上。2007 年下半年美国次贷危机发生后,引发了国际金融市场的急剧动荡和银根紧缩,哈萨克斯坦从国际金融市场的融资大幅减少,触发了其银行体系的流动性危机。由于难以筹措到新的外来资金,到期的中、短期债务,特别是短期债务又须偿还,迫使哈萨克斯坦紧缩银根,缩小信贷规模。投资风险增加和融资困难,又使国际评级机构下调了该国主权信贷等级和银行贷款信用等级,从而进一步降低了投资机构对偿债能力的信心,使国外融资更加困难,从而导致恶性循环,加剧其银行紧缩银根。金融危机暴露了哈萨克斯坦商业银行过度依赖国外融资的脆弱性,催生了该国银行业贷款质量恶化及流动性不足的严重问题,使该国整个银行业的资产增速大幅下降,利润大幅降低。2008 年,哈萨克斯坦银行业利润降低了 93%。更为严重的是,银行业陷入了融资困难——偿债能力下降——银根紧缩——信贷规模缩小——生存困难——融资更加困难的恶性循环之中,由此引发了银行业被迫兼并、重组及被收购的剧烈变化。更引人注目的是,2009 年 2 月 2 日,哈萨克斯坦政府宣布收购国内两大商业银行——图兰·阿列姆银行(BTA)和联合银行(Alliance)——各 70% 多的股份,成为这两个银行的控股方。图兰·阿列姆银行是哈萨克斯坦国内最大、独联体国家内总排名第七、私人银行排名第一的商业银行，截至2008年10月1日，该银行总资产额为30832亿坚戈（约合257亿美元），占哈萨克斯坦所有商业银行总资产的24.7%。联合银行是哈萨克斯坦国内第四大银行、在独联体国家银行中排名第22位。哈萨克斯坦政府、中央银行和金融监管署发表的共同声明中称：图兰·阿列姆银行违反了关于流动性限额和自有资本金充足率的规定。而图兰·阿列姆银行的原董事长穆合塔尔·阿布列扎夫却发表了《官员们在剥夺他人创造的生意》的声明，认为是政府利用金融危机之机强行剥夺原本属于私人的银行财产[①]。由此可见，在哈萨克斯坦政府的这一银行收购案中已掺杂了政治斗争的复杂因素。当时受这种金融危机影响最直接和最深刻的首数房地产业和建筑业，由于资金链断裂使房地产业贷款呆坏账迅速增加，房地产价格和建筑材料价格暴跌。哈萨克斯坦可列为第一批遭受美国次贷危机冲击较为严重的国家之一，但对其的影响主要集中在银行业和与银行业关联度较高的房地产等行业，这是与哈萨克斯坦银行业过度依赖国外融资的结构特点密切相关的。

第二阶段：从金融业到实体经济的影响

2008年9月以后，由美国次贷危机所引发的世界金融市场的动荡，演变成了严重的国际金融危机，由此形成了对哈萨克斯坦的第二轮冲击，所造成的影响就更深刻、更全面了。

随着世界金融危机蔓延和加深，危机对哈萨克斯坦实体经济的冲击也日益加深。2009年1月，固定资产投资同比减少13.9%[②]；2010年，固定资产投资323.9亿美元，比2009年下降0.5%[③]。由于危机导致国际石油市场价格暴跌（从2007年的最高点149美元/桶一路跌至40多美元/桶，最低点曾跌至36.7美元/桶）和国际矿产品市场价格普遍下挫和需求减少，造成哈萨克斯坦政府石油收入大幅缩水，主要的矿业公司纷纷停产或减产。如：哈

---

① Мухтор Аблязов. Чиновники отбирают бизнес, котоый не создавали. 载哈萨克斯坦《Свобода слова》报，2009－02－05，第5版。

② 中国驻哈萨克斯坦使馆经济商务参赞处．哈萨克斯坦1月份固定资产投资同比减少13.9%［EB/OL］．http://kz.mofcom.gov.cn/static/tjsj/ddgk/tjsj.html/1.

③ 中国驻哈萨克斯坦使馆经济商务参赞处．哈萨克斯坦2010年宏观经济指标一览表［EB/OL］．http://kz.mofcom.gov.cn/accessory/201005/1273637088357.pdf.

阿赛洛－米塔尔公司宣布,自2008年11月1日起锌厂停产;著名有色金属矿业巨头哈萨克梅斯公司宣布,旗下的哈最大铜—金矿“Нурказган”停产;2008年1—9月哈萨克斯坦汽车进口和生产大幅下降①。哈萨克斯坦的中小企业更是生存艰难。目前,哈萨克斯坦银行的贷款利率一般维持在18%左右。这对于中小企业和农业部门来说都是难以承受的,即便是这样高的利率贷款,一般中小企业也难以得到。企业的大规模减产、停产、破产必然会导致大量失业,2008年第一季度,哈萨克斯坦失业率高达6.9%②,2010年仍达5.5%③。失业率居高不下影响了其社会稳定。

宏观经济指标纷纷下挫,宏观经济形势出现恶化趋势,主要表现为:

(1)银行业资产质量持续恶化。据哈萨克斯坦金融监管局公布的统计数字,截至2009年6月1日,银行业总收入2.46万亿坚戈,总支出4.49万亿坚戈,净亏20329亿坚戈,与2008年同期的盈利581亿坚戈形成鲜明对照。银行自有资本已成负数。2009年8月银行业总资产额比5月下降11.8%。随着经济减速负面影响的不断蔓延,贷款违约比例增加,迫使哈萨克斯坦银行大量增提坏账拨备。到2009年6月1日,全行业计提坏账准备金2.985万亿坚戈,占到贷款总存量的29.2%。④

(2)经济增长明显放缓。2006年哈萨克斯坦GDP(810.04亿美元)增幅为10%,2007年(1049亿美元)减为8.9%,2008年(1334亿美元)减为3.3%。2009年(1092亿美元)更是减为1.2%。2010年(1469.1亿美元)GDP增长虽然达7.0%⑤,但仍未达到危机前的水平,2014年降至4.3%。

---

① 中国驻哈萨克斯坦使馆经济商务参赞处,今年1—9月哈萨克斯坦汽车进口和生产大幅下降[EB/OL]. http:// kz. mofcom. gov. cn/ aaticle/static/column/ddgk/tjsj. html/1.

② 金融界.2008年一季度哈萨克斯坦宏观经济指标[EB/OL]. http://roll. jrj. com. cn/news/2008－05－21/000003671556. html.

③ 中国驻哈萨克斯坦使馆经济商务参赞处,哈萨克斯坦2010年宏观经济指标一览表[EB/OL]. http://kz. mofcom. gov. cn/accessory/201005/1273637088357. pdf.

④ 杨玉国.哈萨克斯坦金融业发展前景喜中有忧[EB/OL].新闻－国际在线. http://gb. cri. cn/27824/2009/08/31/3245s2607899. htm.

⑤ 中国驻哈萨克斯坦使馆经济商务参赞处,哈萨克斯坦1991—2010年GDP一览表[EB/OL] http://kz. mofcom. gov. cn/accessory/201104/1303626758726. pdf.

(3)国家债务增加。截至2010年年底,哈萨克斯坦国家债务总额为1192.43亿美元,占GDP总值的82%(2010年哈萨克斯坦国民生产总值为1460亿美元)。2010年国家债务总额比2009年(债务总额为1117.3亿美元)增加了75.13亿美元,增幅为6.72%;比2008年(债务总额为1077.13亿美元)增加了115.30亿美元,增幅为10.7%;比2007年(债务总额为968.93亿美元)增加了223.50亿美元,增幅为23.07%①。

(4)黄金外汇储备由升转降。受惠于能源和其他矿产原材料出口产品价格上涨,哈萨克斯坦的黄金外汇储备一直在小幅上升,但在国际金融危机的冲击下,黄金外汇储备开始由升转降。哈萨克斯坦的黄金外汇储备,包括国家银行的外汇储备和国家基金积累的资金,2009年3月减少了2.6%,自年初以来减少了13.7%,还剩409亿美元,2013年年底只有246.92亿美元。由于国际市场黄金价格下降了2.3%,黄金资产减少了2.3%(自年初以来增加了6.8%)。2009年3月,国家银行的净黄金外汇储备减少了4%,为188亿美元(自年初以来减少了5%)②,2013年年底为55.65亿美元。

(5)国家货币大幅贬值。2009年2月4日,哈萨克斯坦央行突然宣布不再维持本币坚戈对美元的原有汇率,国家货币坚戈瞬时贬值25%。这一天被哈萨克斯坦媒体称为"黑色星期三"。在此之前,坚戈对美元的汇率稳定在1美元兑120坚戈左右,持续有3年时间,哈萨克斯坦政府为维持这一汇率的稳定做了大量努力,仅从2008年10月(第四季度)至2009年1月就耗去外汇储备60多亿美元(仅2009年1月就达27亿美元),但到2009年2月4日终于开始大幅贬值本国货币。截至2014年年底,根据世界银行公布的哈萨克斯坦官方汇率时期平均值,美元兑坚戈为1∶179.19。

3.1.1.2 对乌兹别克斯坦的影响

乌兹别克斯坦是与哈萨克斯坦常常明争暗斗争当中亚领头羊的中亚大

① 中国驻哈萨克斯坦使馆经济商务参赞处,1995—2010年历年哈萨克斯坦外债余额一览表[R/OL]. http://kz.mofcom.gov.cn/aarticle/ddgk/tjsj/fazzn/201104/20110407514387.html.

② 黄婷婷.哈萨克斯坦的黄金外汇储备减少[J].中亚信息,2009(5). http://wuxizazhi.cnki.net/Article/XXYZ200905049.html.

国。它在中亚国家中人口最多,达2500万之众,又位于中亚的中心。但是,乌兹别克斯坦与哈萨克斯坦相比,其经济体系要相对封闭许多。正因为如此,国际金融危机对乌兹别克斯坦的影响要小许多。当然,在国际金融危机的冲击下,乌兹别克斯坦不可能独善其身,只不过危机对其影响和作用有自己的特点罢了。

首先,乌兹别克斯坦的经济结构决定了其国家财政收入很大程度上依赖于棉花、天然气、黄金等有色金属和矿产品的出口,因此,危机导致国际市场原材料价格全面下挫必然会对其财政收入产生重大影响。按照乌兹别克斯坦总统卡里莫夫的说法:"国际金融危机,特别是它的严重后果,正在影响着乌兹别克斯坦经济的效率和发展。由于世界市场对乌兹别克斯坦一些产品,比如对贵金属、有色金属、棉花、铀、石油产品和化肥等的需求减少,导致这些商品的出口价格下降,进而造成经营企业和投资者的收益减少,并最终影响到国家的经济增速和宏观经济指标。""我要再次强调的是,国际金融危机对乌兹别克斯坦的影响,是由于外部需求减少和国内主要出口产品的世界市场价格下降而导致出口导向型企业及其相关产业受到牵连,同时这种影响也将不利于乌兹别克斯坦经济保持稳定和效率,对实行早先制定的计划和实现确定的目标设置了障碍。"①

其次,乌兹别克斯坦近些年的经济收入在很大程度上还依赖于境外劳工的劳务收入汇回国内。政治评论家塔什布拉特·尤尔塔舍夫认为:"据官方资料,在境外的打工者达550万人,实际数据大概达到700万人。这支劳动大军通过银行系统汇回祖国的外汇金额从10亿到20亿美元,而我认为实际上劳务打工汇回的金额达70亿美元。如果这个来源因为金融危机而干涸,那时人民将会感受强烈。"②中亚—阿拉木图经济战略研究所的分析师玛丽娅·奇谢诺娃认为:"境外劳务汇款占到乌兹别克斯坦国民总收入(ВВП)

① 伊斯拉姆·卡里莫夫.乌兹别克斯坦应对世界金融危机的途径和措施[J].俄罗斯中亚东欧市场,2009(7):2-3.

② ДмитрийАляев.. Мировой кризисобойдет узбекистан стороной. http://www.dw-world.de/dw/article/0,3760458,00.html.

的20%。"[①]随着俄罗斯、哈萨克斯坦金融危机的加深,生产萎缩必然会使大量的外来劳务人员失去或找不到工作岗位,这对乌兹别克斯坦这样一个严重依赖境外劳务外汇收入的国家将是灾害性的消息,不幸的是这一切正在变为现实。

最后,同样按照政治评论家塔什布拉特·尤尔塔舍夫的观点:"如果危机没有明显地影响乌兹别克斯坦的经济,不是因为乌兹别克斯坦经济的强大,而是因为乌兹别克斯坦经济的封闭。乌兹别克斯坦对于世界来说是一个封闭的国家。尽管上合组织国家和中国都在努力打开它的经济边界,乌兹别克斯坦也正在接受过境服务的建议,但是乌兹别克斯坦的内部市场对这些国家是不开放的。所有的银行和国家经济体系都受政府监督,外汇汇率受政府调控。因此,危机的影响将是不显著的。"[②]我们赞同上述观点。

3.1.1.3 对吉尔吉斯斯坦和塔吉克斯坦的影响

国际金融危机对吉尔吉斯斯坦和塔吉克斯坦的影响有较高的相似性。2008年10月,在俄罗斯莫斯科召开的联合国关于中亚经济专题的国际会议上,专家们讨论了国际金融危机背景下中亚的发展问题。会后联合国欧洲和独联体国家区域局首席经济学家宾·斯列依曾有这样一段谈话,总体上对2008年冬季和2009年初期中亚经济发展的预测是悲观的。他认为:"首先,哈萨克斯坦的经济在国际金融危机恶化的条件下最易被攻破。在土库曼斯坦或者是乌兹别克斯坦,国际金融危机并没有产生很大影响,这是因为这两个国家的经济是处在严重的孤立状态。然而,对于吉尔吉斯斯坦和塔吉克斯坦更严重的问题不是国际金融危机,而是内部问题和威胁,如电力安全保障问题。尽管他们也需要和国际金融危机做斗争。"[③]我们赞同这样一个基本的判断。事实上,在国际金融危机发生前,吉尔吉斯斯坦和塔吉克斯

---

① Источник – Eurasianet,2008 – 11 – 10. Центральная Азия: кыргызстантадтикистаниузбекистан стоят на пороге финансового кризиса. http://www. ia – centr. ru/expert/2940/.

② Источник – Eurasianet,2008 – 11 – 10. Центральная Азия: кыргызстантадтикистаниузбекистан стоят на пороге финансового кризиса. http://www. ia – centr. ru/expert/2940.

③ БеседвалМихаилБушуев. Эксперты обсуждают проблемы развитияЦентральной Азии в условиях мирового кризиса. http://www. dw – world. de/dw/article/0,3727557,00. html.

坦的经济就一直深陷于“危机”的泥潭中，国际金融危机只是又加重了这种“危机”的程度，可谓是雪上加霜。我们暂时撇开近些年吉尔吉斯斯坦和塔吉克斯坦经济发展的宏观数据不谈，每一个在严冬季节去过这两个国家的人都会感到格外的寒冷，因为塔吉克斯坦已连续十多年绝大部分居民都是在没有电力照明和暖气供应的严酷条件下度过漫长冬季的。2009 年“由于国家电力供应状况持续恶化，多个城市的居民区出现完全断电现象，杜尚别市的供电时间也由每天 15 小时缩减至 11 小时”①。吉尔吉斯斯坦近几年也开始时常断电、断气，尤其是严冬季节缺电现象更为严重。显然，这种电力供应严重短缺和持续的旱灾威胁不能归咎于国际金融危机。

我们认为，当前国际金融危机对吉尔吉斯斯坦和塔吉克斯坦的影响主要集中在如下三方面：

首先，吉尔吉斯斯坦和塔吉克斯坦的经济支撑严重依赖对外举债和外来投资，金融危机首先对世界发达经济体产生了严重冲击，势必使吉尔吉斯斯坦和塔吉克斯坦的借债更为困难，外来投资和援助都将减少。

其次，吉尔吉斯斯坦和塔吉克斯坦的出口产品本来就缺乏竞争力，且品种单一。如塔吉克斯坦严重依赖铝和棉花出口，吉尔吉斯斯坦的主要出口产品是电力和其他一些矿产品和农副产品。金融危机导致世界原材料市场价格普遍下跌，市场需求萎缩自然会使吉尔吉斯斯坦和塔吉克斯坦的出口形势更为严峻。

最后，最直接的影响是吉尔吉斯斯坦和塔吉克斯坦的国民收入都严重依赖大规模境外劳务打工的外汇收入，国际金融危机使俄罗斯和哈萨克斯坦这两个主要接纳吉尔吉斯斯坦和塔吉克斯坦劳务打工的国家也深受冲击，特别是房地产业等大量需要外来务工的行业大幅萎缩，使大量的劳务打工者失去了工作岗位，失去了经济来源，对吉尔吉斯斯坦和塔吉克斯坦来讲意味着成千上万个靠境外劳务打工汇款维持生计的家庭失去了经济收入来

---

① 闫午. 俄罗斯中亚东欧经贸动态[J]. 俄罗斯中亚东欧市场：国际金融危机专刊，2009(4)：61.

源,国家也丧失了重要的外汇收入来源。这一重要经济收入来源的缩减和丧失对吉尔吉斯斯坦和塔吉克斯坦最直接的影响就是加剧了贫困和增加了失业。由此,必然会引发一系列复杂而难以解决的社会问题。

3.1.1.4 对土库曼斯坦的影响

在中亚五国中,土库曼斯坦可以被认为是最封闭的经济体。长期以来,土库曼斯坦依靠极其丰富的天然气资源出口换回了巨额外汇收入,支撑着国家较为完善的福利经济体系和国民经济的高增长。国际金融危机虽未能对土库曼斯坦的金融体系产生大的直接影响和冲击,但金融危机导致了国际能源市场需求量减少和价格大幅下挫,使主要依靠天然气出口创汇的土库曼斯坦出口收入锐减,国民经济增长速度放缓。

3.1.1.5 对中国的影响

(1)对金融系统和金融资产的影响。由于中国资本市场没有开放,中资银行虽然购买了一些美国的次级债券,但所占比例很低,这方面的直接冲击很小,反倒是金融危机先是造成了实体部门的亏损,国家采取的降息政策使银行系统的利润大幅下降。金融危机以前中国股票市场的泡沫已经很大,外资热钱的撤出加速了中国股市泡沫的破裂。总体来说,整个金融系统比较稳定。

现在比较尴尬的是中国外汇储备的安全问题。中国外汇储备60%以上是美元,美国政府不断出台的通过印钞票刺激经济的方案对中国庞大的外汇储备价值造成很大的威胁。

(3)对实体经济的影响。危机背景下,全球流动性短缺,外资回流,中国引进外资的难度加大。中国的外资结构以直接投资为主,不能说撤就撤,但新增投资的速度明显放缓。热钱的回撤使2008年股市和房市的泡沫破裂,中国家庭的财富价值大幅缩水。

(3)对出口企业的冲击。我国经济的出口依存度高达35%,当其他国家特别是占我国出口60%左右的欧美市场出现衰退,出口企业就会受到很大影响。中国社会科学院数量经济与技术经济研究所研究员李雪松的一项研究认为，美国的增长率如果下降1%，中国的出口增长率将会下降5.2%[①]。在美元持续贬值的情况下，更加剧了出口企业的困境。实际上，自次贷危机爆发以来，东南沿海许多中小型的出口加工企业已经破产。

经济增长的“三驾马车”中的出口明显下降，由于经济预期不明朗，股市低迷，企业的投资意愿下降，居民对收入的预期比较悲观，与缩水的财产等因素相结合，通过收入效应与财富效应的共同作用，私人消费增长放缓。三个因素使我国的经济增长面临很大的压力。随之就是就业压力变大、大学生就业难、农民工返乡等问题，对社会的稳定也是个挑战。

总之，我们认为，金融危机对中国的实体部门冲击最大，金融体系因为开放程度低，目前受影响不大，但未来情况如何，要看实体经济的进一步发展，如果实体经济衰退严重，最终会导致不良贷款上升，贷款质量下降，金融系统受到拖累。目前，中国大量的出口企业难以为继，消费低迷，投资意愿微弱，经济增速放缓，失业加剧。

3.1.1.6 国际金融危机迫使中国和中亚国家加强金融合作，增强金融稳定性

此次金融危机暴露出中国和中亚国家在经历1998年金融危机后，金融系统仍存在一定脆弱性，并且区域协调机制不够完善。在金融危机迫使下，中国和中亚国家各自采取一系列措施应对危机，并以上海合作组织为主要平台加强区域间金融合作。在后金融危机时代，中国和中亚国家还有必要进一步加强区域间金融合作，完善危机防范与资本支持机制，并且在政策对话的基础上，逐步形成具有实质内容的政策协调机制，从而增强中亚地区金融的稳定性。

2009年年初，上海合作组织为应对金融危机专门召开“建立‘上合发展基金’问题专家组会议”。同年6月16日，上海合作组织叶卡捷琳堡元首理事会继续将应对经济危机列为峰会主要议题，共同签署和发表了《叶卡捷琳堡宣言》及联合公报等重要文件。同年10月，上海合作组织第八次总理会

---

① 吴敬琏. 金融海啸与中国经济[J]. 新华文摘，2009(8).

议以“应对国际金融危机和全球及地区性挑战”为主题，强调深化上合框架内的经济和人文等领域的合作，在应对危机中进一步推动上海合作组织健康、平稳、向前发展。此外，中国银监会还逐步与上合组织中亚地区成员签署了双边监管合作谅解备忘录。为有效应对金融危机，中国以“贷款换石油”方式分别向俄罗斯、哈萨克斯坦和塔吉克斯坦等国提供了贷款支持，还提供100亿美元的信贷支持，帮助上合组织成员应对金融危机。

2013年，国际金融危机对全球经济造成的负面影响仍然存在，总体来看，全球经济仍处于低速复苏阶段，尚未形成明显的新增长力和增长区域；另外，新兴的市场经济体由于受政策瓶颈约束，存在资本外流和金融不稳定问题，因此难以作为经济引擎的动力；欧债危机对欧洲乃至全球经济的拖累呈现常态化，在短期内难以大幅改善①。2013年7月9日，国际货币基金组织（IMF）做了《世界经济展望》最新预测报告，预计2013年全球增长仍将处在略高于3%的疲弱水平，与2012年情况相同，2014年全球增长为3.75%，继续保持低速增长态势。全球经济的低迷对国际贸易影响凸显，由此，在国际金融危机的大背景下，中国仍有必要进一步加强与中亚国家的金融合作，为促进经济快速恢复增添助力。

3.1.2 维护我国经济安全的战略需要

3.1.2.1 中国对中亚国家巨大的能源需求需要加强与中亚地区金融合作

我国资源丰富，许多资源储量排名世界前列。但是，随着我国经济的高速发展，对资源尤其是能源资源需求量与日俱增，大宗矿产资源供需缺口日益加大，资源制约问题日益凸显。据估算，截至2020年，中国重要金属和非金属矿产资源可供储量的保障程度，除稀土100%外，铁矿石为35%，铜为27%，铝土矿为27.1%，铅为33.7%，石灰石可采年限为30年，磷为20年，硫不到10年，钾盐目前需求已经远远超过供给，石油和天然气的对外依存度

① 王海燕.后金融危机时期中亚国家对外经济合作的形势与前景[J].新疆社会科学，2013(3):82.

分别超过50%和40%[①]。中国能源矿产资源的短缺除通过建立节约型社会减少消耗外,很重要的解决途径就是通过开展国际合作,利用国外资源的进口来弥补国内资源的短缺。

我国石油进口的主要来源地一直是中东地区和非洲,但近年来现有的几条海上能源通道存在一定的风险隐患,因此,拓展稳定的能源合作对象和保障,开辟陆路能源通道极为必要[②]。近年来,我国能源进口依存度不断提高,根据世界银行数据,我国能源净进口占能源消费的比重也从2000年的3%提高到2012年的13%(见表3-1),而中亚国家拥有丰富的石油天然气和煤炭等传统能源,堪称第二个中东,因此我国有必要加强与能源资源丰富又具有地缘优势的中亚国家大力开展能源合作。

表3-1　我国能源净进口占能源消费比重(%)

2000年	2001年	2002年	2003年	2004年	2005年	2006年	2007年	2008年	2009年	2010年	2011年	2012年
3	0	1	2	5	4	6	6	6	8	11	11	13

资料来源,http://data. worldbank. org/indicator/EG. IMP. CONS. ZS/countries? page = 2&display = default.

3.1.2.2 世界大国在中亚国家的战略布局迫使中国加强与中亚地区金融合作

众所周知,金融业是现代经济的核心,金融合作可有效整合区域内的金融资源,产生巨大的经济效应,掌控了一国的金融资本就相当于控制了该国的经济命脉,乃至成为影响国家政局的重要因素。虽然在经贸领域我国与中亚国家的合作有显著提升,但还落后于政治领域的合作。目前,世界大国尤其是西方国家已经通过多种方式参与中亚国家金融体系,它们通过向中亚国家提供一系列经济技术援助,对中亚国家经济金融领域进行渗透,并影响其金融市场发展。例如,吉尔吉斯斯坦、塔吉克斯坦和乌兹别克斯坦的中小银行已基本被外国资本所控制;哈萨克斯坦银行资本中,外国资本已占到

① 秦放鸣. 中国与中亚国家区域经济合作研究[J]. 科学出版社,2010:115.
② 柴利. 中亚经济研究[J]. 新疆财经,2013(1):62.

了10%以上;美元、欧元、英镑等占据了中亚国家货币市场的50%。[①] 因此,有必要建立由我国主导的中亚金融合作体系,形成与国际资本的竞争均衡,对促进我国的地缘政治稳定,确保国家能源安全和经济安全具有极其重要的意义。

3.1.3 实现中国与中亚国家全面经济合作的需要

近年来,中国与中亚五国间贸易增长迅速。中国和中亚五国的贸易联系开始于20世纪90年代初,贸易由最开始的易货贸易发展到一般贸易、加工贸易、租赁贸易、工程承包等多种形式。2001年以来,中国和中亚五国的贸易规模呈现出高速增长态势。2001—2013年,中国和中亚五国的贸易规模年均增速达38.8%,明显高于中国对外贸易总额年均增速,个别年份对乌兹别克斯坦、哈萨克斯坦等国增速甚至超过800%。《2013年中国海关统计年鉴》显示,2013年,中国和中亚五国的双边贸易总额总计高达420亿美元,比2001年增长约26.8倍。

中国和中亚五国的投资合作晚于贸易合作,起点较低,发展较快。总的看来,次贷危机以后,中国对中亚五国直接投资规模总额呈现快速增长态势。根据2006—2013年《中国对外直接投资统计公报》,从流量上看,2006—2013年,中国对中亚五国ODI(Outward Direct Investment,ODI,对外直接投资)流量整体呈快速上升趋势,但个别国家波动较大。其中,中国对乌兹别克斯坦的ODI流量相对于其他4个国家处于较低水平,尤其是2012年还出现近2679万美元的撤资;中国对土库曼斯坦的ODI波动较大,2008年之前投资水平很低,每年流量不足150万美元,此后随着天然气大型能源项目陆续落地,投资额逐渐增加,2010年高达4.5亿美元的投资成为当年整个中亚五国之最,随之2011年就出现3.8亿美元的巨额撤资,2013年的ODI又为负值,但规模大幅减少仅为3200万美元;中国对哈萨克斯坦、塔吉克斯坦、吉尔吉斯斯坦三国的ODI呈现稳定增长趋势,流量峰值都在2012年出

---

① 郑旭东,饶国平,朱永兵. 加强与中亚五国金融合作支持向西开放战略的实施[J]. 新疆金融,2008(9):9.

现。从整体看，2006—2013 年，直接投资规模年均增长 53%。

从存量上看，2006—2013 年，中国对中亚五国 ODI 存量上升趋势明显。其中，哈萨克斯坦作为中亚五国中经济实力最强的国家，吸引中国的 ODI 也最多，2013 年达到 69.6 亿美元，占中国对中亚五国 ODI 存量的 78%。中国对土库曼斯坦的 ODI 存量的峰值出现在 2010 年，达到 6.6 亿美元，此后一路震荡下行。在 2008 年金融危机后，中国对塔吉克斯坦的 ODI 呈下滑趋势，直到 2012 年才转为增长，中国对吉尔吉斯斯坦、乌兹别克斯坦的 ODI 增速也出现同步放缓迹象。2013 年，中国对中亚五国直接投资的流量（单位：千万美元）分别为哈萨克斯坦 81.1、吉尔吉斯斯坦 20.3、塔吉克斯坦 7.2、土库曼斯坦 -3.2、乌兹别克斯坦 4.4。

一国的金融体系完善程度直接影响该国经济的发展程度，金融危机暴露出中国和中亚国家金融体系的脆弱性，通过金融合作可以增强各经济体抵御风险的能力；同时，金融合作是经济合作的一种高级形式，经济合作的不断深入是产生金融合作需求的前提条件，金融合作的开展又反作用于经贸领域，促进经贸合作的进一步发展。

3.1.3.1 促进中国和中亚国家贸易便利化需要开展金融合作

从贸易规模看，中国与哈萨克斯坦的贸易发展迅速，由 1999 年进出口总额 5.496 亿美元增加到 2012 年的 217 亿美元，年均增幅 31.57%。其中，2000—2012 年进口年均增长 38.89%，出口年均增长 30.07%。可见，中国与哈萨克斯坦贸易上的相互依赖在不断加深，具体见表 3-2。

表 3-2　1999—2012 年哈萨克斯坦与中国双边贸易统计

年份	出口			进口			进出口总额		贸易差额（+/-）
	金额（亿美元）	金额占比（%）	增幅（%）	金额（亿美元）	金额占比（%）	增幅（%）	金额（亿美元）	增幅（%）	
1999	4.698	8.0	—	0.798	2.2	—	5.496	—	+3.9
2000	6.737	7.6	43.4	1.51	3.0	89.2	8.247	50.0	+5.227
2001	6.596	7.6	-2.1	1.72	2.7	13.9	8.316	0.84	+4.876
2002	10.23	10.6	55.1	3.13	4.7	82.0	13.36	60.7	+7.1

续表

年份	出口			进口			进出口总额		贸易差额（+/-）
	金额（亿美元）	金额占比（%）	增幅（%）	金额（亿美元）	金额占比（%）	增幅（%）	金额（亿美元）	增幅（%）	
2003	16.531	12.8	61.6	5.237	6.2	67.3	21.768	62.3	+ 11.29
2004	19.673	9.8	19.0	7.582	5.9	44.8	27.255	25.2	+ 12.09
2005	24.239	8.7	23.2	12.518	7.2	65.1	36.757	34.9	+ 11.72
2006	35.925	9.4	48.2	19.249	8.1	53.8	55.174	50.1	+ 16.67
2007	56.396	11.8	57.0	35.073	10.7	82.2	91.469	65.8	+ 21.32
2008	76.766	10.8	36.1	45.65	12.0	30.3	122.42	33.8	+ 31.12
2009	58.89	13.6	-23.3	35.7	12.6	-21.8	94.59	-22.7	+23.2
2010	101.2	17.7	71.9	39.6	16.5	11	140.9	48.9	+61.6
2011	162.9	18.5%	60.9%	50.21	13.2%	26.8%	213.1	51.1%	+112.7
2012	142	16.5%	-12.8%	74	16.1%	47.4%	217	1.8%	+68
2013	143.34	17.4%	+0.74%	81.93	16.8%	10.04%	225.27	+3.94%	+61.41
2014	98.15	13.4%	-34.71%	73.67	27.5%	-11.92%	171.82	-24.42%	+24.48
2015.1—5	21.58	—	—	—	22.02	—	43.6	—	+0.44
2000 — 2012 年平均增幅			30.07	—	—	39.89	—	31.57	—
2000 — 2014 年平均增幅			26.02%	—	—	34.57%	—	27.34%	—

资料来源：数据为哈萨克斯坦统计，原始数据来源于哈萨克斯坦统计署2003—2009年统计年鉴，月度经济与社会发展报告；2008—2012年哈萨克斯坦海关统计。转引自哈萨克斯坦商务参赞网。

http://kz.mofcom.gov.cn/aarticle/zxhz/hzjj/201102/20110207388771.html.

http://kz.mofcom.gov.cn/accessory/201003/1267724477551.pdf.

http://www.mofcom.gov.cn/aarticle/i/jyjl/m/201202/20120207981585.html.

从表3-3可以看出，中国及中亚五国的对外贸易依存度一般超过50%。其中，吉尔吉斯斯坦连续多年外贸依存度高达100%，是区域内对外贸易依存度最高的国家①。2013年中国的对外贸易依存度达20.26%；塔吉克斯坦达87.51%；哈萨克斯坦为64.95%；乌兹别克斯坦比较稳定，为59.27%；土库曼斯坦2012年突破100%。上述数值表明，中国和中亚各国

① 李翠花，中国（新疆）与中亚深化金融合作的可行性及制约因素[J].新疆农垦经济，2013.(6)88.

经济的对外开放度都较高，这种高度开放的特征非常需要各国深化金融合作，从而维持汇率及经济的稳定。

表 3-3 中国及中亚各国的对外贸易依存度（%）

年份	中国	哈萨克斯坦	吉尔吉斯斯坦	塔吉克斯坦	土库曼斯坦	乌兹别克斯坦
2001	43.35	67.57	63,47	121.3	146.2	56.56
2002	42.70	76.02	67.00	121.2	123.3	58.76
2003	51.86	69.16	68.32	104.9	94.72	66.23
2004	59.78	76.16	75.77	109.1	93.28	72.24
2005	63.00	79.16	74.76	97.33	105.9	66.96
2006	66.23	76.45	57.14	110.7	74.76	67.06
2007	62.09	76.76	107.9	105.4	105.5	70.40
2008	56.55	81.76	111.8	92.16	105.3	68.46
2009	44.29	65.57	100.0	72.00	98.92	64.63
2010	50.59	62.24	115.2	67.86	85.31	56.93
2011	48.08	68.59	94.92	67.69	56.87	56.29
2012	47.02	78.39	149.43	82.12	117.67	58.28
2013	50.26	64.95	143.09	87.51	-	59.27

资料来源：数据来源于《国际统计年鉴》《中国统计年鉴》，世界银行数据库，http://data.worldbank.org.

从中哈贸易依存度看，如表 3-4 所示，不管用哪个比重表示，均呈明显上升趋势，说明中哈之间的依赖呈全面加强、不断深化态势。中国对哈萨克斯坦出口比重由 2000 年的 0.24% 上升到 2013 年的 0.56%，说明随着哈萨克斯坦的经济恢复和社会发展，其逐渐成为中国重要的国际市场之一。虽然对哈萨克斯坦出口在总出口中的比重不高，但是基于两方面的原因，对哈萨克斯坦市场却是非常重要的。第一，我国对哈萨克斯坦出口的省份主要集中在新疆，哈萨克斯坦的市场状况对新疆的外贸以至经济发展起着关键作用，直接影响到新疆跨越式发展的实现问题。2011 年，新疆同哈萨克斯坦的进出口贸易额为 106 亿美元，占新疆进出口总额的 46.5%，哈萨克斯坦是新疆的第一大贸易伙伴；新疆对哈萨克斯坦贸易额占到中国对哈萨克斯坦贸易额的42.5%①。2013年，新疆对哈萨克斯坦口岸进出口贸易总值为228.2亿美元，同比增长13.4%。通过这些口岸，新疆对哈萨克斯坦出口99.6亿美元，同比增长12.8%；自哈萨克斯坦进口128.6亿美元，同比增长13.8%。阿拉山口口岸是新疆对哈萨克斯坦贸易最大的口岸，占新疆口岸对哈萨克斯坦贸易总值的71.2。②新疆对哈萨克斯坦贸易的重要性可见一斑。第二，随着俄白哈关税同盟的建立，进入哈萨克斯坦市场，就意味着进入俄罗斯、哈萨克斯坦、白俄罗斯3个国家的市场。哈萨克斯坦传统上是以农牧业和资源采掘业为主的国家，轻工产品和机械制造产品仍然贫乏。该国成立之初，亟须基本的生活资料，中国当时廉价的劳动密集型产品满足了这种需求。随着哈萨克斯坦大规模的基础设施建设，中国的建材、机电等产品在哈萨克斯坦市场也受到欢迎。所以，在对外依存度指标中，对我国产品的进口占该国进口的比重上升最快，由2000年的6.67%上升到2012年的24.7%。

表3-4　中国与哈萨克斯坦贸易依存度（%）

项目＼年份	2000	2001	2002	2003	2004	2005	2006	2007	2008	2009	2010	2011	2012	2013	2014
中国对哈萨克斯坦出口占中国总出口的比重	0.24	0.12	0.18	0.36	0.37	0.51	0.49	0.61	0.69	0.65	0.59	0.50	0.54	0.56	0.54
中国对哈萨克斯坦出口占中国GDP的比重	0.05	0.02	0.04	0.10	0.11	0.17	0.18	0.21	0.22	0.16	0.16	0.13	0.13	0.14	0.12
中国对哈萨克斯坦进口占中国总进口的比重	0.43	0.39	0.46	0.42	0.41	0.44	0.46	0.67	0.68	0.63	0.80	0.88	0.91	0.82	0.497
中国对哈萨克斯坦进口占中国GDP的比重	0.08	0.07	0.09	0.10	0.12	0.13	0.13	0.18	0.17	0.13	0.19	0.21	0.20	0.17	0.09

① 原始数据来源于中国海关统计，转引自中国驻哈商务参赞处，http://kz.mofcom.gov.cn/aarticle/zxhz/hzjj/201202/20120207968453.html。

② http://kz.mofcom.gov.cn/article/jmxw/201402/20140200485123.shtml.

续表

项目 \ 年份	2000	2001	2002	2003	2004	2005	2006	2007	2008	2009	2010	2011	2012	2013	2014
哈萨克斯坦对中国出口占哈萨克斯坦总出口的比重	9.27	9.43	11.71	11.51	10.11	9.53	8.68	12.39	10.12	13.07	17.10	17.47	17.86	18.75	13.45
哈萨克斯坦对中国出口占哈萨克斯坦GDP的比重	5.24	4.34	5.50	5.58	5.30	5.09	4.45	6.13	5.79	5.46	7.47	8.26	8.22	6.18	4.63
哈萨克斯坦对中国进口占哈萨克斯坦总进口的比重	6.67	3.15	5.18	11.84	11.69	15.30	14.45	16.55	19.82	20.09	21.54	25.17	24.70	26.94	27.38
哈萨克斯坦对中国进口占哈萨克斯坦GDP的比重	3.27	1.48	2.44	5.10	5.13	6.82	5.86	7.10	7.36	6.79	6.25	5.13	5.49	3.53	3.47

资料来源：原始数据中的中国与哈萨克斯坦贸易额按中方统计，数据来源于相应年份的《中国统计年鉴》。哈萨克斯坦 GDP 来源于世界银行统计数据库。中国 GDP 来源于历年《中国统计年鉴》。其中，2012 年数据来自联合国数据库 http://comtrade.un.org。

从金融对一国贸易的影响看，“世界经济论坛”在 2013 年发布的《全球贸易便利化报告2012》中列举出影响哈萨克斯坦出口的主要因素，共包含10项因素，以百分比排序，贸易金融不完善占 9.9%，位于第六位；影响中国出口的主要因素中，贸易金融不完善在主要影响因素中位列第五位。因此，为了促进中国和中亚地区贸易便利化，开展金融合作极为必要。

3.1.3.2 促进中国和中亚国家投资便利化需要开展金融合作

中亚国家独立后都经历了痛苦的转轨过程，经济大规模衰退，迫切需要资本投入以推动本国经济的发展，但国内资本极度短缺；同时，中亚国家区域内丰富的自然资源，尤其能源资源是吸引外资的关键因素，资源禀赋决定了中亚国家吸引外资的能力强度。由表 3－5 可见，哈萨克斯坦和土库曼斯坦是中亚地区吸引外资最多的国家，其中：哈萨克斯坦已探明可采石油储量 4.8 亿吨（世界排名第 10 位），占中亚地区总储量的 80%；土库曼斯坦天然气储量占中亚地区储量的 56% 。相比之下，自然资源有限、高昂的运输成本、远离市场潜在的政治风险导致塔吉克斯坦、乌兹别克斯坦、吉尔吉斯斯坦三国吸引外资的能力明显较弱。总体来看，中亚国家吸引外资的能力日渐增强。①

表3－5　中亚五国吸引外商直接投资　　单位：百万美元

年份／国家	2000	2001	2002	2003	2004	2005	2006	2007	2008	2009	2010	2011	2012	2013
哈萨克斯坦	10078	12917	15464	17587	22376	25607	32879	44590	59035	71846	82648	95426	106920	195323
土库曼斯坦	949	1119	1395	1621	1975	2393	3124	3980	5257	9810	13441	16840	19999	23020
吉尔吉斯斯坦	432	427	479	532	582	627	1256	983	1380	1429	1698	2413	2758	3470
塔吉克斯坦	136	146	182	213	251	306	645	1013	862	993	1016	993	1282	2534
乌兹别克斯坦	698	781	846	929	1106	1297	1471	2176	2888	3730	5358	6761	7855	8510

资料来源：数据来源于联合国贸发委，http：//unctadstat. unctad. org/TableViewer/tableView. aspx4.

如表3－6所示，中国引进哈萨克斯坦投资2000—2013年总体呈上升趋势，期间有所波动；中国对哈萨克斯坦的投资也是呈上升趋势，且波动较小。据中国海关统计，2012年中哈双边贸易额为257亿美元，中方出口110亿美元，进口147亿美元。中国已经成为哈萨克斯坦的第一大贸易伙伴。中国对哈萨克斯坦直接投资已经超过200亿美元，哈萨克斯坦已成为中国在海外第三大投资目的地国，对哈萨克斯坦各类形式的金融信贷超过300亿美元，在哈萨克斯坦注册的各类企业达3000家。（2013年中哈双边贸易额为285.9亿美元，中方出口125.5亿美元，进口160.5亿美元。中国是哈萨克斯坦第二大贸易伙伴，截至2013年年末，中国对哈萨克斯坦直接投资存量为69.57亿美元，在哈萨克斯坦注册中资企业2800家，在哈萨克斯坦外企总数中居第三位）可见，中哈之间的贸易投资往来日益增多。

贸易和投资是两国经济交往的主要渠道，这两项是相辅相成的，同时又具有一定的替代性。目前，对于中国，能源进口贸易具有更现实和迫切的意义；对于哈萨克斯坦，吸引外资到本国，实现本地资源的深加工，使产业结构全面优化是更迫切的愿望。从中方角度考虑，能源矿产资源稳定的进口需要

① 秦放鸣，张力民，毕燕茹．从投资角度看中国与中亚国家区域经济合作[J]．开发研究，2012(2)：1.

表 3－6　中哈直接对外投资情况

项目＼年份	2000	2001	2002	2003	2004	2005	2006	2007	2008	2009	2010	2011	2012
中国引进 FDI 总额[1]（当年美元，亿美元）	407.1481	468.7759	527.4286	535.05	606.3	603.25	630.21	747.68	923.95	900.33	1057.35	1160.1	1117.2
中国引进哈萨克斯坦 FDI（当年美元，万美元）[1]	73	33	276	70	196	233	333	159	663	2240	155	1127	555
中国引进哈萨克斯坦占引进总额比重	0.0179295	0.000703	0.005232	0.001308	0.003233	0.003862	0.005284	0.002127	0.007176	0.02488	0.001466	0.009714	0.004968
中国对外投资总额[1]（万美元）	—	—	—	285465	549799	1226117	1763397	2650609	5590717	5652899	6881131	7465404	8780353
中国对哈萨克斯坦 FDI 投资总额（当年，亿美元，哈萨克斯坦统计）[2]	0.901	2.119	0.647	2.468	3.878	2.161	3.629	3.582	6.925	7.087	12.22	11.618	—
中国对哈萨克斯坦投资占对外 FDI 总额比重	—	—	—	8.645543	7.053487	1.762475	2.05796	1.351388	1.23866	1.253693	1.775871	1.5562	—
哈萨克斯坦引进 FDI 总额（亿美元，哈方统计）[2]	27.812	45.566	41.064	46.245	83.173	66.186	106.236	184.53	197.6	196.69	173.53	198.5	—
哈萨克斯坦引进中国 FDI 占总的比重	3.23960880	4.650397	1.575589	5.336793	4.662571	3.265041	3.41598	1.941148	3.504555	3.603132	7.04201	5.8528	—
哈萨克斯坦对外 FDI 总额（百万美元，当年美元）[3]	4.36287	−25.61036	426.3890	−121.335	−1278.95	−145.86	−384.688	3153.133	1203.851	3118.065	7805.884	19927.37	20979.10
哈萨克斯坦对中国 FDI 占总额比重	16.7321052	−1.288541	0.647296	−0.57692	−0.15325	−1.59742	−0.86564	0.050426	0.550733	0.718394	0.019857	0.05655	0.02645

注：标“1”数据来源于历年《中国统计年鉴》，标“2”数据来源于中国驻哈萨克斯坦商务参赞处网站数据并整理，标“3”数据来源于联合国贸发委数据库。

中方积极参与到哈方能源矿产资源开发中，以投资的扩大保证能源进口的稳定，这是金融危机发生后我国对哈贸易和投资都已较大幅度增加的主要动因。

我国对哈贸易和对哈投资相比，投资发展程度相比贸易发展水平有些滞后，这既有大国在哈萨克斯坦博弈造成的原因，也与中哈金融合作滞后具有很大关系。因为对能源矿产资源的前期投资规模巨大，投资风险很高，如果没有金融合作和金融支持，多数企业面临无法承受的资金链压力和投资风险。因此，要促进中国和中亚投资便利化必须加强金融合作。

3.2 中国与中亚国家开展金融合作可行性

3.2.1 地缘优势为金融合作提供便利条件

从地理位置上看，中亚五国都是内陆国家，均无出海口，远离海洋，缺少与其他国家的海运联系，区位劣势成为中亚五国经济发展的瓶颈之一；但其位于亚欧大陆的结合部，经过中亚五国的交通线可以大大缩短太平洋与印度洋、太平洋与大西洋之间的运输距离，进而加强亚洲与欧洲甚至亚洲与非洲的经济联系。中国新疆地区作为中国向西开放的桥头堡，与中亚五国中的哈萨克斯坦、塔吉克斯坦、吉尔吉斯斯坦接壤，还与乌兹别克斯坦、土库曼斯坦邻近，为中国与中亚五国贸易投资便利化的推进节省了空间距离。近年来，经过新疆通向中亚的铁路基础设施建设不断完善，例如，被誉为“新丝绸之路”的“渝新欧”铁路于 2011 年 3 月正式投入运营，较航空货运成本节约 50% 左右，较海运时间大约节省 70%，缩短了中国西部地区同国际接轨的时空距离，成为连接亚欧两大经济体的国际铁路联运大通道。2012 年 12 月，中国霍尔果斯口岸与哈萨克斯坦阿腾科里口岸铁路顺利接轨，这是继新亚欧大陆桥阿拉山口口岸站之后，中国第二条向西开放的国际铁路通道正式开通。2014 年，兰新高铁投入运营，不仅使青藏高原告别无高铁的历史，还能够大大提升亚欧大陆桥铁路通道的运输能力。

从民族关系看，中国与中亚各国共有同源跨国民族 9 个，具体包括哈萨克族、维吾尔族、俄罗斯族、回(东干)族、柯尔克孜(吉尔吉斯)族、塔吉克族、乌兹别克(乌孜别克)族、塔塔尔族和汉族,这些民族都是中国新疆维吾尔自治区的主体民族。中国与中亚跨国民族的存在,促进了一种特有的跨国民族文化共有观念的形成,形成中国与中亚各国相关地区开展合作的独特人文资源优势①。

从经济发展态势看,如表 3-7 所示,除了吉尔吉斯斯坦之外,中国和中亚各国的 GDP 增长速度都比较快。从总量和发展态势看,中国可以在资金与技术上作为中亚各国的输出国。中亚国家经济的恢复与发展,为中国与中亚国家双方互惠互利的经贸合作关系奠定了有利的经济基础。

表 3-7　中亚国家国内生产总值增长率(%)

年份 国别	2000	2001	2002	2003	2004	2005	2006	2007	2008	2009	2010	2011	2012	2013	2014
中国	8.4	8.3	9.1	10.0	10.1	11.3	12.7	14.2	9.6	9.2	10.4	9.3	7.8	7.7	7.4
哈萨克斯坦	9.8	13.5	9.8	9.3	9.6	9.7	10.7	8.9	3.3	1.2	7.35	7.52	5.11	6	4.3
乌兹别克斯坦	3.8	4.2	4.0	4.2	7.7	7.0	7.3	9.5	9.0	8.1	8.5	8.3	8.2	8	8.1
塔吉克斯坦	8.3	10.2	10.8	11.0	6.7	7.0	8.0	8.0	8	3.9	6.5	7.4	8	7.4	6.7
土库曼斯坦	5.5	4.3	0.3	3.3	5	13	11	11.1	14.7	6.1	9.2	14.7	11.1	10.2	10.3
吉尔吉斯斯坦	5.4	5.3	-0.0	7.0	7.0	-0.2	3.1	8.5	8.4	2.88	-0.5	5.95	-0.9	10.9	3.6

数据来源:世界银行数据库,http://data.worldbank.org.

3.2.2 经济互补为金融合作提供基础条件和发展动力

一方面,中亚五国加工制造业水平低、能源资源优势明显。“产业分工”是苏联时期各个加盟共和国产业结构的最主要特征。考虑到各加盟共和国的经济发展水平和资源禀赋不同,苏联将全国分为 19 个基本经济区来保证苏联经济有计划、按比例地协调增长。在每个基本经济区内,根据各地区(基本经济区内的不同地域)的气候条件、资源储量、生产力水平、人口数量、民族分布,采取“地域生产综合体”形式组织生产。地域生产综合体的建立依托于交通条件、人口密度、能源资源的富集程度等因素,着重发展原材料

① 秦放鸣.中国与中亚国家区域经济合作研究[M].科学出版社,2010:115.

开采工业和能源工业，并在此基础上进一步发展加工工业。从生产部门的性质来看，每个基本经济区内都有三类部门：具有全局意义的专业化部门、为专业化部门服务的配套部门以及满足自身消费的自给性部门。地域生产综合体彼此之间都相互制约，相互联系，形成有机的整体。换句话说，“每个基本经济区既有自己相对完整的工业体系，同时也是全国生产分工的一部分”①。

苏联解体后，原有的分工协作关系打破了，中亚五国的经济又陷入彼此孤立的局面。时至今日，中亚五国以能源资源开采加工为主的经济结构使得经济发展极易受外部国际市场波动的影响。这些国家每年都需要进口大量外国制成品，而本国产品在国内市场占有率极低。中亚五国加工制造企业的生产能力和竞争能力过低的原因主要体现在以下几个方面：①企业设备总体比较落后。以五国中工业基础相对较好的哈萨克斯坦为例，从2011年相关统计数据可以看出，该国生产效率和能源综合利用率比较低，冶金工业的单位能耗高出发达国家大约3倍，全国电网损失量平均为15%，约31%的高压电线已经工作30~40年，约26%超过40年，热力网中有60%的管线超过服役年限。②固定资产投资陷入恶性循环。加工制造业竞争力差、效益低，企业缺乏追加投资的积极性。五国中，固定资产投资率最高的哈萨克斯坦也仅为15%左右，这几个国家均陷入“竞争力低—市场需求弱—经济效益低—再投资率低—竞争力更低”的恶性循环。③劳动力素质不高，企业科技研发能力弱。相关的教学、科研、培训的投入严重不足，本国的科技人才队伍和技能型工人队伍没有成长起来，很多本土企业和合资企业宁愿直接雇佣外籍员工也不愿投资培训本国的劳动力，薪酬较高的技术和管理工作大多由外籍员工从事。工业领域的科研投入占总投资比重过低，比例最高的哈萨克斯坦也仅为4%左右。④产品质量达不到国际标准的要求。中亚五国产品的国家标准已经落后于当今国际通行的技术设备和材料要求，致

① 东北师范大学地理系、中国科学院地理研究所. 苏联经济地理[M]. 北京：科学出版社，1987，17.

使很多企业采用行业标准而放弃国家标准，但同时又无力广泛执行欧盟标准或国际标准。

中亚五国还拥有多种能源资源。哈萨克斯坦煤炭探明可采储量达336亿吨，用于核燃料和制造核武器的铀的产量排世界第一位，钨储量居世界首位，铬和磷矿石储量居世界第二位，铜、铅、锌、钼和磷的储量占亚洲第一位。乌兹别克斯坦资源丰富，探明有近100种矿产品，铀矿探明储量居世界第二位，黄金探明储量居世界第四位，棉花产量和出口量居世界前列并有“白金之国”的美誉。塔吉克斯坦、吉尔吉斯斯坦的矿产资源储量虽不及哈萨克斯坦、乌兹别克斯坦、土库曼斯坦丰富，但水力资源极其丰富。例如，塔吉克斯坦水力资源位居世界第八位，人均拥有量居世界首位，占整个中亚的一半左右。

另一方面，中国加工制造业能力强，能源资源对外依存度高，中国和中亚五国之间的经济互补性强。改革开放以来，中国加工制造业生产能力迅速提高，彻底改变了长期困扰经济生活的工业品紧缺局面，市场供给由萧条、短缺走向繁荣和富足。工业主要产品产量居世界前列，2013年中国制造业有200多种产品产量居于世界首位，中国如今已成为一个名副其实的工业制造大国。中国产业门类齐备，目前已拥有39个工业大类、191个中类、525个小类。一些新兴的工业部门如电子工业、航空航天工业、汽车工业等也从无到有，迅速发展起来。中国政府积极面对“经济新常态”，着力推动加工制造业向中高端迈进，战略性新兴产业和服务业的支撑作用逐步增强，经济增长方式将从依靠要素投入的粗放模式向依靠科技进步的集约模式转变。《国家创新指数报告2013》显示，中国创新能力稳步上升，国家创新指数排名在全球40个主要国家中升至第19位。知识服务业增加值居世界第三位。中国发明专利的申请数已连续三年超过美国，处在世界第一位。仅以2013年为例，中国科技界就取得了多项“诺奖级”成就：嫦娥三号登陆月球，神舟十号飞船和天宫一号交会对接，实现量子反常霍尔效应，成功研发世界第一个半浮栅晶体管，研发出世界运算速度最快的计算机“天河2号”，等等。“中国制造”正逐步向“中国智造”转化。

1980年至今，中国年均GDP增速达到9.8%，经济规模已居世界第二位。经济的快速增长带来了资源环境的巨大压力，能源资源安全问题已成为经济可持续发展的主要瓶颈。与世界上资源丰富的国家相比，中国煤炭资源地质开采条件较差，石油、天然气总量和人均占有量较低。根据2012年《BP能源统计年鉴》数据，化石能源结构中，煤炭探明可采储量10345亿吨，占世界的13%；石油探明可采储量20亿吨，占世界的0.89%，人均探明可采储量相当于世界平均水平的10%；天然气探明可采储量3.1万亿立方米，占世界的1.5%，人均探明可采储量相当于世界平均水平的5%。另据中国海关总署统计，2013年中国原油进口量突破2.8万吨达到2.82万吨，对外依存度达到57.39%，较2012年的56.42%有近1个百分点的提升；天然气进口515亿立方米，进口依存度30.5%，相较2012年25.5%的进口依存度增加5个百分点。

经济结构决定贸易结构，出口产品结构通常是一国（地区）经济结构的指示器，反映该国（地区）的经济结构特点和发展水平。以哈萨克斯坦为例，根据哈萨克斯坦统计委员会统计，哈萨克斯坦对中国出口的主要产品是矿产品，2013年出口额为100.6亿美元，占哈萨克斯坦对中国出口总额的71%，为哈萨克斯坦对中国出口的第一大类商品。出口额较大的还有贱金属及制品，出口额为25.6亿美元，占哈萨克斯坦对中国出口总额的18.1%。此外，化工产品对中国出口额为13.3亿美元，占哈萨克斯坦对中国出口总额的9.4%。哈萨克斯坦自中国进口的主要商品为机电产品，2013年进口额为34亿美元，占自中国进口总额的41.5%。贱金属及其制品进口13.2亿美元，占哈萨克斯坦自中国进口总额的16.2%。此外，运输设备进口6.5亿美元，占哈萨克斯坦自中国进口总额的7.9%。

表3-8　中亚五国主要出口商品及中国从中亚五国主要进口商品目录

国别	进出口商品目录
哈萨克斯坦	出口：矿产品、初级产品、石油、天然气、煤和石油产品、小麦和棉花等
	中国进口：原油、铁/铬矿、铜矿矿石、加工产品、燃油、铀、皮革制品等毛织物

续表

国别	进出口商品目录
吉尔吉斯斯坦	出口:黄金为主的贵金属、部分矿产品、玻璃制品、塑料、皮革原料/制品和牲畜等
	中国进口:废钢、废铝、废铜、铝材、畜皮和毛等
塔吉克斯坦	出口:非贵重金属及其制品、纺织原料及纺织制成品、矿产品、车辆和机械设备等
	中国进口:初级铝产品、棉花、皮毛、蚕丝等
土库曼斯坦	出口:天然气、成品油、原油、液化气、电力、化工产品、皮棉、棉纱及其他纺织品等
	中国进口:天然气、石油、皮棉、棉纱及其他棉纺织品
乌兹别克斯坦	出口:能源载体(天然气、金属铀)、黄金、棉花、汽车及设备、有色金属、化工产品等
	中国进口:原棉、蚕茧、棉机织物、有色金属、皮革、化工品等

资料来源:《对外投资国别产业指引(2011)》。

总之,中国与中亚五国之间存在着较强的贸易互补性。体现在,一方面中亚五国是中国经济发展所需能源和其他矿产资源的主要进口国;另一方面,中亚五国制造业较为薄弱,同时也是中国工业制成品的重要消费市场。可以预见,中国与中亚五国的经济结构差异在短期内不会出现根本性改变,双边贸易和投资合作潜力将进一步得以释放。

3.2.3 上海合作组织为开展金融合作提供平台

自 2001 年 6 月 15 日上海合作组织成立以来,区域经济合作经历了 10 余年的发展历程,金融合作逐渐成为区域经济合作的重要组成部分。金融领域的功能合作范围主要体现在双边金融机构的合作、成员间边贸本币结算、银联体合作和优惠贷款四个方面。经过近 20 年的发展,投资上合组织成员金融领域的中国金融机构逐渐增多,主要有中国银行、中国工商银行、中国国家开发银行等,在俄罗斯、哈萨克斯坦、吉尔吉斯斯坦等国设立了分支机构。

边境贸易间的本币结算,即在两国毗邻地区允许双方企业使用本国货币进行商品交易和贸易行为,也允许两国现钞进入对方国家市场流通。实现本币结算有利于减少结算环节和交易成本,规避两国汇率风险。2005 年 12 月 14 日,中国人民银行与哈萨克斯坦中央银行签署了双边本币结算协议;之后,中国银行股份有限公司与哈萨克斯坦人民储蓄银行股份有限公司也签署了合作协议书。这些都标志着上合组织成员间金融合作进展到较高阶段,为推动区域金融进一步合作起到了重要作用①。

上海合作组织银联体于2005年10月成立,旨在按照市场化原则,依托成员国政府推动作用和企业广泛参与,创建适合本地区特点的多领域、多样化融资合作模式,共同为上合组织框架内的合作项目提供融资支持和金融服务。上海合作组织银联体自成立以来,在项目投融资、机制建设和人员交流培训等方面开展了务实合作,以市场化融资支持上合区域经济社会发展。2010年10月,上合银联体成立满五周年之际,银联体的六家成员行(哈萨克斯坦开发银行、中国开发银行、吉尔吉斯斯坦结算储蓄银行、俄罗斯开发与对外经济银行、塔吉克斯坦国家储蓄银行和乌兹别克斯坦对外经济活动银行)就进一步加强多边金融合作达成共识。将大力推动银联体重点工作,完善银联体制度基础,更广泛地发挥银联体作为上海合作组织框架下支持经济增长和创新的金融投资合作机制的潜力。上海合作组织成立至今,在对成员信贷支持、改善各国经济体系、促进基础设施建设、优化投资环境等方面,中国的贡献不容忽视。②

3.3 中国与中亚国家金融合作重点领域

在中国与中亚国家的区域经济合作中,金融合作是一个关键性和基础性的领域,然而又是一个长期发展滞后的领域。众多学者对此研究达成了基本共识:中国与中亚国家区域金融合作还处在初级阶段。我们认为,国际金融危机在中亚的蔓延和加深,对其区域金融合作的深化提供了新的机遇。

国际金融危机并没有改变中亚对我国的重大战略价值和战略地位。中亚仍然是中国和平崛起和中国新疆稳定发展的直接战略屏障和外部战略依托;是中国获取油气等战略性资源的重要来源地;是中国扩大开放的西大门,中国通往西亚与欧洲的陆路通道;是中国实施“外贸多元化”和“走出去”

① 王海燕.上海合作组织金融领域的制度安排与功能合作[J].国际贸易,2010(2):43-44.
② 姜睿.上海合作组织成员国金融合作:新进展与前景展望[J].上海金融,2012(8):35-36.

战略应重点开拓的新兴市场。同时,随着国际金融危机引发世界政治、经济格局的新变化,中亚对于我国的战略价值和战略地位还会得到进一步提升。

2009 年 3 月和 2011 年 6 月,在中国南海和周边发生的一系列争端事件已经表明,中国在亚洲的经济实力还未能和其战略利益达成一致。在中亚,我国同样存在经济和政策工具不能够和战略利益达成一致的问题。在国际关系的很多方面,金融和经济往往是最有效的武器。中国如果在中亚不能拥有强大的经济渗透力,那么不仅经济利益得不到保障,而且其战略利益也会受到威胁。①

在国际金融危机冲击的严峻条件下,如何尽快地摆脱经济危机,走向恢复性增长,是摆在中亚各国政府和中国政府面前的首要任务。因此,当前深化中国与中亚国家的区域经济合作,必然要和携手共同抵御金融危机联系在一起。在国际金融危机持续恶化的艰难条件下,双方携手共克时艰肯定是符合共同利益的。加强经济合作肯定也有助于共同克服危机,共渡难关。此时,中国作为最有可能最早摆脱金融危机影响的新兴经济体,应以更高、更远的战略眼光看待与中亚国家的区域经济合作,应捕捉机遇、注重实效,夯实与区域经济合作的基础,特别是在一些基础性的合作领域,如金融和能源合作领域取得新突破,以提高我国对中亚经济的渗透力和影响力,保障我国在中亚战略利益的最大实现。为此,我们对后危机时代中国与中亚国家开展金融合作的五个重点领域进行分析探讨。

3.3.1 推动中国与中亚国家的跨境人民币结算

人民币能否成为国际结算货币,由经济实力、币值稳定程度、政策环境及金融市场的广度和深度等因素决定。一国货币要成为国际结算货币,首先需要货币发行国具备强大的经济实力。中国在经过改革开放 30 多年持续、快速和稳定的发展之后,经济实力已经能够支撑跨境贸易人民币结算。而且,根据世界贸易组织(WTO)发布的 2014 年和 2013 年贸易统计报告,

① 王晓光. 国际金融危机背景下的中俄区域经济合作研究[D]. 吉林大学博士论文,2011.

2013年和2012年中国货物出口额连续两年位居世界第一位；根据2013年《对外直接投资公报》，中国连续两年位居全球第三大对外投资国，巨大的贸易和投资额也为人民币国际化提供了强有力的支持。

中亚国家对跨境贸易人民币结算可接受程度日益提升。中国与中亚国家在贸易结算方面已经开展了初步合作。2005年，中哈两国政府和两国中央银行签订了《中国人民银行和哈萨克斯坦国家银行关于边境地区贸易银行结算协议》，可使用人民币和坚戈进行结算；2011年6月13日，中国人民银行与哈萨克斯坦共和国国家银行在哈萨克斯坦首都阿斯塔纳签署了金额为70亿元人民币的双边本币互换协议；2011年4月19日，中国人民银行与乌兹别克斯坦共和国中央银行在北京签署了金额为7亿元人民币的双边本币互换协议。这些举措在一定程度上促进了中国尤其是中国新疆地区与中亚国家的贸易发展，缓解了人民币流出渠道有限、境外存量不足的问题。

当前，我们应以开展中哈跨境贸易人民币计价结算试点工作为主要目标和突破口，尽快完善人民币计价结算的政策措施，积极争取相关方面的政策支持，逐步稳妥地扩大人民币计价结算范围，从而进一步扩大与中亚各国边境贸易人民币计价结算规模。在中央新疆工作座谈会召开、全国19个省市对口援疆全面启动、新疆经济社会面临跨越式发展的历史机遇下，我们应以喀什、霍尔果斯成立特殊经济开发区为切入点，在当前尤其应以中哈霍尔果斯国际边境合作中心封关运行为有利契机，以点带面，积极开展人民币计价结算试点工作。

3.3.2 创建面向中亚的风险投资基金

中亚国家的能源资源尤其是油气资源十分丰富，被誉为第二个波斯湾，对未来我国的能源需求至关重要，某种程度上是我国打破“马六甲困局”、确保能源安全的必然选择。从现代金融体系的视角来审视国家利益和产业提升层次的能源金融，建立面向中亚的国家能源专项发展基金就显得非常必要，它能够有效地促进能源产业和金融资本的对接。

中亚各国高新技术产业同我国一样均面临融资难问题，加之中亚各国国内风险投资基金发展较为滞后,亟须引入新的合作伙伴、吸引更多投资者(特别是机构投资者)、扩大和发展本国风险投资基金,从而为各国国内经济发展服务。中国面向中亚的风险投资基金的建立无疑扩展了中亚各国高新技术产业的融资渠道,为其产业的发展提供了新的契机。对中亚国家来说,与中国在风险投资基金上的合作也将进一步间接开启中亚各国跨国间的产业合作,为中亚各国在理财管理服务、信息知识获取以及人才引进等方面提供有益的服务。该举措是中亚各国高新技术产业重要的融资渠道,对促进中亚国家科技成果转化、引导社会资源优化配置同样具有十分重要的意义。

风险投资基金是科技与金融结合的助推器,是科技、产业与金融融合发展的桥梁和纽带。面对中亚的风险投资基金可为中亚金融业的发展注入新鲜活力,刺激其各国国内风险投资基金的再投资,推动其金融业的发展。建立面向中亚的风险投资基金实质上是通过中国与中亚各国、中亚各国之间在金融业中风险投资领域的合作促进各国产业发展,该方式在一定程度上可规避各国国内因自身发展特点而引发的金融动荡风险,是实现中亚国家金融发展与稳定目标的现实要求。

在当前世界经济一体化、经济合作扩大化的背景下,中亚区域经济合作的加深也是必然趋势,其有效途径之一就是要完善金融市场,及时补缺,面对中亚的风险投资基金的建立正是填补市场缺口的重要举措,对于中亚各国引进新技术、吸引更多外国投资者具有重要的作用,为中亚各国间区域经济的合作提供新的思路与发展途径,可有效推动中亚各国在更大范围内的经济合作,从而使中国与中亚各国在合作中谋求发展,实现跨越。

3.3.3 建立上海合作组织开发银行

自 2001 年上海合作组织成立以来,根据各方共同确定的区域经济合作的“三步走”战略,即“推进贸易投资便利化,改善合作环境;加强经济技术合作,使各方受益;长期内实现区域内货物、资本、技术和服务的自由流动”,区域经济合作取得了重要发展。区域经济合作已成为推动上海合作组织发展的强大动力,并在推动地区稳定、繁荣方面结下了累累硕果。贸易额持续增长，便利化进一步加强。[①] 展望上海合作组织第二个10年，其成员经济金融合作需求仍然强劲。

然而，目前上海合作组织的银联体融资模式难以满足本区域经济合作的资金需求。表现在：一方面，银联体机制设计缺陷使其融资效率低下。2006年，上海合作组织银联体开始运作，该银联体遵循市场化原则，凭借上海合作组织成员政府的推动作用，各成员行共同为上海合作组织框架下的大型项目提供金融服务。自银联体成立以来，在促进各成员经济社会发展，融资支持促进本地区经济发展、社会进步及生态和谐的大型合作项目方面做出了卓有成效的贡献。但必须看到，银联体机制设计缺陷使其融资效率低下，这主要表现在以下两方面：一是融资模式的不可持续性；二是轮值协调效果不理想。截至2013年6月，中国国家开发银行在本地区的贷款余额为近500亿美元，占比超过70%，涉及能源、农业、交通、中小企业等多个领域。中国是银联体的积极推动者和主要出资国，这虽然反映了中国对本组织经济金融合作的重视，但其他成员国的参与度不够，使得金融风险主要由中国承担，从长期来看，上合组织银联体的融资模式是不可持续的。银联体是一种比较松散的合作形式，采取轮值的办法协调融资合作。当由个别经济实力较弱的成员国担当轮值主席时，其“受援国身份”和“协调国身份”不相匹配，在具体项目中的协调能力受到限制。回顾银联体的运作历程，可以清晰地发现，经济实力强的国家的银行担任轮值行时，协调效果明显，多数合作项目在此期间促成；反之则成绩平平，同时错失了一些合作的良机。如今，在上合组织框架下，建立有效的融资机制，为区域合作项目提供实质性金融支持，已迫在眉睫。另一方面，银联体在与其他金融机构竞争中处于劣势。在上合组织区域内，众多国际性金融机构为本区域合作项目提供融资服务，比如亚洲开发银行、欧亚开发银行、欧洲复兴开发银行等。相比较之下，仅仅是松散合作组织的银联体在竞争中一直处于劣势。长此以往，这将极大影响上海合作组织成员间的经济合作效果，也必将削弱本组织的影

① 上海合作组织区域经济合作的回顾与展望，http://ibd.shangbao.net.cn/xw/235728.html。

响力和向心力。因此有必要建立上合组织开发银行，促进中国与中亚国家的金融合作。

筹建中的亚洲基础设施投资银行（以下简称“亚投行”）是由中国首倡的政府间性质的亚洲区域多边开发机构。2015 年 3 月 28 日，国家主席习近平在博鳌亚洲论坛发表题为“迈向命运共同体，开创亚洲新未来”的主旨演讲指出：“积极推动构建地区金融合作体系，探讨搭建亚洲金融机构交流合作平台，推动亚洲基础设施投资银行同亚洲开发银行、世界银行等多边金融机构互补共进、协调发展。”拟建中的上合开发银行是上合组织框架下的区域性多边开发机构。资金投向上，亚投行重点支持基础设施建设，上合开发银行所支持的范围不仅涉及基础设施、农业、环保、旅游、制造业等非资源领域，还涵盖能矿资源勘探、开发、冶炼等资源领域；地域投向上，亚投行主要服务于亚太地区，上合开发银行重点服务于中亚国家和俄罗斯。由此可见，上合开发银行与亚投行以及亚洲开发银行等国际多边金融机构之间是“互补共进、协调发展”的。

3.3.4 开展能源金融合作

能源和金融是经济发展中的两大核心问题。能源是经济运行的基本动力，金融则全面渗透到经济生活的各个领域。因此，研究将两者结合起来的“能源金融”（EnergyFinance）问题具有重要的现实意义。① 到目前为止，国内外对能源金融的界定尚未统一，国外学者通常更具体地界定能源金融，近几年来，主要关注新能源金融，即与可再生能源相关的金融行为和碳金融。我国学者研究能源金融较宽泛，通常把能源金融分为两个层面来研究，即能源实体金融和能源虚拟金融。

能源的“准金融属性”已日益凸显，中国能源金融问题要提升到国家战略层面上来加以认识。目前，国内政界、企业界和学术界越来越关注能源与金融的结合，能源金融有利于拓宽能源产业融资渠道、吸收社会资金，也有

① 何凌云，刘传哲. 能源金融：研究进展及分析框架[J]. 广东金融学院学报，2009(9).

利于完善市场结构，提高市场效率。因此，能源金融市场对于能源发展、金融安全都有着重要意义。我国能源金融市场起步较晚，尚处于初步发展阶段。在金融危机持续影响世界经济发展、能源局势日益紧张的背景下，有必要对能源金融进行深入研究，促进能源市场与金融市场的互补，发挥能源金融对经济发展的促进作用。

在时代机遇面前，结合中国与中亚国家能源金融合作的现状，中国与中亚国家能源金融合作层次如何得到尽快提升，建立和完善能源产业发展投融资体系和建立丝绸之路经济带能源金融中心，是中国与中亚国家能源金融合作的有效路径选择。能源产业发展基金作为我国能源产业投融资体制的主体，是产业结构调整和优化的资本保障。创新金融产品，扩大融资渠道，建立能源产业发展基金，使我国能源开发企业获得较稳定的资金来源，一方面支持企业参与国际能源市场的运作，另一方面支持企业的石油资源勘探开发。我们认为，丝绸之路经济带能源金融中心应建立在陕西西咸新区，也可考虑在新疆克拉玛依市主要面向中亚国家建立丝绸之路经济带次区域能源金融中心。

3.3.5 建设乌鲁木齐中亚次区域金融中心

新疆处于我国西部边疆，特殊的地理区位和自然环境，造成新疆远离中国核心经济区，离内地最近的城市带关中—天水城市仍有 2600 公里①，受中国人民银行西北分行所在地西安的影响也微弱。新疆全区 160 万平方公里，占我国面积的 1/6，由于与内地交通的不方便，新疆与我国中东部地区省份的经济联系存在天然障碍，不太紧密②，新疆经济具有自循环的特点。但是，从我国构建向西开放新格局的战略高度，新疆又是我国向西开放的桥头堡，近些年新疆承担了我国与中亚经贸往来 50% 左右的份额，新疆的众多口岸，成为我国沟通中亚各国的门户。乌鲁木齐地处新疆天山北坡经济带，是新

① 按关中—天水城市带的核心城市西安与乌鲁木齐的铁路距离计算。

② 长期以来，新疆担当的是我国能源和原材料供应地的角色，是从政府战略角度从事的国家行为，按照市场经济往来的活动较少。

疆的首府城市。在新疆，乌鲁木齐市的政治、经济、金融等资源和各种基础设施远高于自治区内其他城市，目前作为全疆的政治、经济、科技、文化、金融中心城市，已经具有了良好的基础，有条件再进一步将金融服务辐射的范围向西拓展，构建中亚次区域金融中心。目前，新疆处于跨越式发展时期，受到全国 19 个省市的对口支援，中央政府对新疆的发展也高度重视，这也要求新疆提升对外开放的水平，而突破口之一就是将乌鲁木齐建成在中亚区域有重要影响力的经济中心城市，而构建中亚次区域金融中心可以明显增强乌鲁木齐在中亚地区的影响力。

从新疆周边国家的情况分析，中亚次区域整体上讲处于发展中国家和地区，整体经济社会实力较弱，金融体系比较落后，能与乌鲁木齐实力相当的城市只有哈萨克斯坦的阿拉木图。由于受金融危机影响，阿拉木图金融业发展进程受到严重冲击。所以，在中亚地区也需要一个能专门面向中亚的区域金融中心，能为中亚区域贸易和投资便利化提供强有力的金融支持。

金融中心的建设不是短期内能够实现的，需要十几年、几十年或上百年的历程，同时金融中心的形成存在路径依赖的特征，一旦某个城市在某一方面抢到先机，就存在自加强机制。所以，乌鲁木齐作为中国向西开放的门户城市，应该尽早筹划创建中亚次区域金融中心城市的进程，争夺中亚地区经济金融制高点，以与中国不断崛起的大国地位相称，开创我国向西开放的新格局。

4 推动中国与中亚国家贸易结算便利化

4.1 推动中国与中亚国家贸易结算便利化的必要性

4.1.1 国际贸易便利化的内涵及相关研究

世界很多机构都对“贸易便利化”进行相似的定义和范围界定。例如，世界贸易组织(World Trade Organization,WTO)认为,“贸易便利化是指国际贸易程序的简化和协调,这些贸易程序包括国际货物贸易流动所需数据的收集,提供交流和处理的活动、做法及手续”。该定义涉及的活动内容比较广泛,如进出口程序(海关或许可程序)、运输手续、支付、保险和其他金融要求,以及程序的简化和一致化等。亚太经济合作组织(Asia - Pacific Economic Cooperation,APEC)自成立以来一直将贸易便利化作为其议程的重要组成部分,该组织认为“贸易和投资便利化旨在减少一些领域中的贸易与投资障碍,如标准和认证要求、原产地规则、行政管理做法、海关程序等”,而且从更加务实和可操作的实际情况出发,将贸易便利化行动集中在四个大领域,即货物流动标准、商务人员流动和电子商务便利化、安全电子支付方式的应用等。

不少国外学者尝试分析制约贸易便利化的影响因素。如 John Raven (2001)在广泛调查和分析的基础上,得出制约贸易便利化的主要方面有:海关的廉洁和效率、口岸管理、商务的诚信水平与合作度、政策框架、支付系统、自动化客户的作用与态度、信息与咨询等。Ben Shepherd 和 John S. Wilson(2009)对亚太经济合作组织的贸易便利化程度进行分析,并对港口基础设施、不规范支付以及关税等变量进行模拟分析。

国内学者也对贸易便利化进行一系列研究，主要包括分析贸易便利化的成本、福利以及经济影响、贸易便利化水平测算、WTO 贸易便利化议题研究以及中国发展贸易便利化的建议等。周茜（2008）根据层次分析法构建了贸易便利化综合评价指标体系，测算出包括中国在内的 48 个国家在贸易便利化领域的综合分值，并运用引力模型进行分析，指出各贸易方的贸易便利化水平对中国对外贸易的影响。李坤望（2009）重点分析评估了 APEC 成员实施贸易便利化的成果，引入 CGE 模型进行模拟分析，探讨了 APEC 贸易便利化对于 WTO 谈判进程的推动作用。方晓丽、朱明侠（2013）对中国及东盟国家的贸易便利化水平分别进行了测算，同时选取了中国、东盟 6 国之间多边出口流量面板数据，运用贸易引力模型验证了贸易便利化水平对一国出口的影响，其选取的贸易便利化指标主要包括口岸效率、海关环境、规制环境、电子商务等。孙林、倪卡卡（2013）基于面板数据分析东盟贸易便利化对中国农产品出口的影响，其贸易便利化指标也包括口岸效率、海关环境、规制环境、电子商务等四部分。

4.1.2 贸易便利化水平指标体系构建

国际上对贸易便利化还没有标准的定义，综合国内外对贸易便利化的诠释，通常集中于跨国因素和国内因素两大方面。本指标体系从贸易便利化的内涵出发，采用国际经济论坛发布的《全球贸易便利化报告》中使用的贸易便利化评价指标。整个指标体系分为 4 个一级指标、9 个二级指标，基本上涵盖了贸易便利化所涉及的全部内容，具有完整性和科学性。构建指标体系如表 4 -1 所示。

政策环境。该指标衡量的是该国欢迎国外商品进入该国以及帮助该国出口商进入国外市场的程度。具体来说，该指标衡量的是一个国家市场保护水平、贸易体制质量以及对出口商面临目标市场的保障水平，涉及平均关税率、进口免税商品分割、关税变化以及关税高峰的频率等。

海关及边境管理。该衡量的是政府当局在边境促进商品进出口的程度,包括海关管理效率、进出口手续效率以及边境管理透明度等。海关管理效率衡量的是私营部门所感知的海关手续以及由海关当局和相关机构提供的海关服务效率;进出口手续效率定期评估海关及相关边境管理机构通关过程的效率和有效性,进出口货物所需天数和文件,进出口去掉关税和贸易税以外的总官方成本;鉴于腐败在贸易中可以造成的显著障碍,边境管理透明度主要评估与进出口相关的贿赂普遍程度及对每个国家腐败的整体感知程度。

交通和通信基础设施。该指标衡量的是该国是否具备必要的交通和通信基础设施从而方便货物的进出境,包括交通基础设施质量、交通运输服务质量、信息通信技术利用度等。交通基础设施质量度量的是每个国家各种运输方式的基础设施状态,涉及机场密度、铺设道路百分比以及转运节点的便利程度;交通运输服务质量指标是对基础设施质量指标的补充,主要度量的是货运服务的便利性,包括班轮公司提供服务的数量、跟踪并追踪国际货运的能力、货物到达目的地的时效性、一般邮政效率、物流行业的整体绩效等;鉴于信息通信技术对货运管理与日俱增的重要性,以及这些技术在促进海关通关中所扮演的核心角色,信息通信技术指标主要考察移动电话、互联网以及宽带等工具的普及率,除此之外还包括政府网上服务的可用性等。

商业环境。该指标衡量的是影响进出口商活动的政府以及总体监管和安全环境,包括规制环境和物理安全。规制环境主要衡量的是哪个国家的规制环境有利于国际贸易,包括政府管理绩效、对外资开放度、雇佣国外劳动力的方便性、鼓励国外直接投资的程度、贸易金融的可获得性等;安全环境对货物安全运到目的地是十分重要的,物理安全指标主要度量国家水平的暴力犯罪以及警察执行法律和秩序的可靠性等。

二级指标是由一系列具体的变量构成,数据包括实数据及世界经济论坛的调查数据。实数据主要取自于国际知名组织的公开数据,例如世界银行、国际航空运输协会等。调查数据是由世界经济论坛在各地的研究机构完成。由于二级指标的构成变量数量众多,本书在研究中仅列举具有代表性的变量。

表 4－1 贸易便利化指标

一级指标	二级指标	取值范围	二级指标构成变量
A 政策环境	关税及贸易措施 A1	1～7 （分值越高越好）	关税及非关税壁垒 关税复杂性 免税商品份额 是否是 WTO 成员
B 海关及边境管理	海关管理效率 B1 进出口手续效率 B2 边境管理透明度 B3	1～7 （分值越高越好）	海关程序负担 海关服务指数 清关效率 进出口天数和文件 每个集装箱进出口成本 进出口不规范支付 腐败感知指数
C 物流和通信设施	交通基础设施质量 C1 交通运输服务质量 C2 信息通信技术利用度 C3	1～7 （分值越高越好）	航空、铁路、公路、港口基础设施质量 转运便利性 班轮公司便利性及物流供应能力 跟踪追踪货物能力 货物到达目的地的时效性 商务、个人互联网使用 手机、宽带利用率 政府网络服务指数
D 商业环境	规制环境 D1 物理安全 D2	1～7 （分值越高越好）	知识产权 道德和腐败 政府效率及金融市场效率 对外开放指数 贸易金融便利性 警察服务可靠性 犯罪、暴力和恐怖的商业成本

4.1.3 贸易便利化对中国对外贸易影响的实证分析

4.1.3.1 引力模型基础理论概述

引力模型是研究贸易量决定模式的重要工具，起源于牛顿物理学中的引力法则。最早将引力模型应用到国际贸易领域的是 Tinbergen（1962）和 Poyhonen（1963），他们认为，两国双边贸易流量的规模和各自的经济总量成正比，与两国间的距离成反比。

其基本形式为 $\ln X_{ij} = \alpha_0 + \alpha_1 \ln Y_i + \alpha_2 \ln Y_j + \alpha_3 \ln D_{ij} + u_{ij}$ 。其中，Xij 表

示 i 国到 j 国的出口量；Yi 和 Yj 表示 i 国和 j 国的 GDP；Dij 表示 i 国到 j 国之间的距离；α0 为常数项；uij 为随机误差项；α1、α2、α3 为弹性系数。在此之后，很多学者尝试将其他诸多解释变量加入到该模型中用来解释双边贸易流量，从而使得引力模型能够更好地解释现实中的经济现象。

4.1.3.2 模型的构建及解释变量说明

本课题在基本引力模型的基础上，加入人口和贸易便利化指数变量，构建模型如下：

$$\log(EXP_{ij}) = \beta 0 + \beta 1 \times \log(GDP_i) + \beta 2 \times \log(GDP_j) + \beta 3 \times \log(PP_i) + \beta 4 \times \log(PP_j) + \beta 5 \times \log(DIS_{ij}) + \beta 6 \times \log(TF_{ij}) + \xi_{ij}$$

其中，GDP_i和 GDP_j表示 i 国和 j 国的经济规模总量，反映了潜在的贸易需求，预期系数 β1 和 β2 的符号为正。PP_i和 PP_j表示 i 国和 j 国的人口数量，人口增长一方面会创造贸易需求，增加贸易，另一方面会深化国内分工，从而减少贸易，解释变量的系数 β3 和 β4 预期符号不确定。DISij 表示的是 i 国和 j 国首都之间的距离，通常两个经济体之间的距离越远，运输成本越高，不利于双边贸易，预期系数 β5 为负值。TF_{ij}表示的是 i 国和 j 国贸易便利化指数平均值，通常贸易便利化指数越高，贸易额越大，预期系数 β6 为正值。

4.1.3.3 样本选取和数据来源

（1）样本范围

基于数据的可取性（乌兹别克斯坦和土库曼斯坦数据缺乏），本书样本国家范围为中国和中亚三国（哈萨克斯坦、塔吉克斯坦、吉尔吉斯斯坦），除此之外，考虑到上海合作组织是中国和中亚五国区域合作的主要平台，本书将上海合作组织成员国俄罗斯也列入验证范围之内。

（2）数据来源及说明

中国和各个贸易伙伴的 GDP 数据及人口数据均来源于世界银行在线数据库《世界发展指标》；中国对各个国家的进出口数据来源于联合国的 COMTRADE 数据库；至于中国与贸易伙伴国之间的距离，不同的研究者采用不同的变量，有的学者采用一国经济中心到另一国经济中心的实际公里数来代表，有的学者使用运输成本来代表距离，还有的学者用从出口国主要港口到进口国主要港口所需要的运输时间，笔者采用第一种方式，将各国首都作为其经济中心城市①。贸易便利化指标数据主要来自于世界经济论坛发布的《全球贸易便利化报告》及《全球竞争力报告》，其中2011年没有发布《全球贸易便利化报告》，因此本书选取2008—2012年(2011年除外)数据进行分析。

(3)计量方法

本书采用普通最小二乘法基于截面数据进行多元线性回归分析的方法。鉴于所使用的样本为单一时点的截面数据，模型应当不存在序列相关问题，而通过对数变换也基本上克服了引力方程的异方差问题。可能出现的问题是变量的内生性和多重共线性的存在会导致模型回归结果出现某些偏差。

4.1.3.4 模型的实证检验

(1)样本国家贸易便利化指数具体指标值

表4-2　2012年样本国家贸易便利化指数指标值

指标分值 / 国别	A	A1	B	B1	B2	B3	C	C1	C2	C3	D	D1	D2
中国	4.6	4.6	4.4	4.5	5.2	3.6	5.4	5.8	4.7	5.8	4.6	4.3	4.9
哈萨克斯坦	3.2	3.2	2.6	3.1	1.6	3.1	4.3	4.3	3.8	4.8	3.9	3.4	4.4
塔吉克斯坦	3.7	3.7	2.5	3.0	1.6	2.9	3.6	4.2	3.4	3.3	4.2	3.4	4.8
吉尔吉斯斯坦	5.4	5.4	2.6	3.8	1.9	2.3	3.5	3.6	3.0	4.0	3.4	2.7	4.2
俄罗斯	4.9	4.9	3.0	3.7	2.9	2.5	5.0	5.4	3.6	6.0	3.5	3.1	3.8

资料来源：根据全球贸易便利化报告(Global Enabling Trade Report 2012)和全球竞争力报告(The Global Competitiveness Report 2012)整理得来。

表4-3　2010年样本国家贸易便利化指数指标值

指标分值 / 国别	A	A1	B	B1	B2	B3	C	C1	C2	C3	D	D1	D2
中国	4.9	4.9	4.5	4.6	5.3	3.7	4.7	5.1	5.0	4.0	4.7	4.2	5.3
哈萨克斯坦	4.4	4.4	2.5	3.0	1.4	3.0	5.1	5.7	4.1	5.4	4.0	3.5	4.6

① 哈萨克斯坦比较特殊，其首都为阿斯塔纳，由于其主要作为政治中心，经济中心城市为阿拉木图，因此在计算距离时采用阿拉木图作为中心城市，数据来自 http://www.geobytes.com/CityDistanceTool.htm?loadpage/。

续表

指标分值 国别	A	A1	B	B1	B2	B3	C	C1	C2	C3	D	D1	D2
塔吉克斯坦	4.1	4.1	2.4	2.8	1.6	2.9	2.2	1.6	3.4	1.6	4.1	3.4	4.8
吉尔吉斯斯坦	5.5	5.0	2.8	3.8	2.2	2.3	3.0	3.1	3.4	2.5	3.4	3.0	3.8
俄罗斯	4.7	4.7	3.0	3.6	2.9	2.5	4.3	4.9	3.6	5.0	3.8	3.1	4.4

资料来源:根据全球贸易便利化报告(Global Enabling Trade Report 2010)和全球竞争力报告(The Global Competitiveness Report 2010)整理得来。

表 4－4　2009 年样本国家贸易便利化指数指标值

指标分值 国别	A	A1	B	B1	B2	B3	C	C1	C2	C3	D	D1	D2
中国	4.6	3.6	4.4	4.2	5.3	3.9	5.0	5.1	4.9	5.1	4.6	4.1	5.0
哈萨克斯坦	4.2	4.2	2.3	2.4	1.4	3.0	3.4	4.1	3.2	2.9	4.1	3.7	4.6
塔吉克斯坦	3.6	3.6	2.4	2.4	1.7	3.0	2.2	2.0	2.7	1.9	4.2	3.6	4.8
吉尔吉斯斯坦	4.8	4.8	2.5	3.7	1.3	2.4	2.4	2.0	3.1	2.2	3.5	3.1	4.0
俄罗斯	4.9	4.9	2.8	3.2	2.7	2.6	5.2	5.9	3.4	6.2	3.7	3.1	4.3

资料来源:根据全球贸易便利化报告(Global Enabling Trade Report 2009)和全球竞争力报告(The Global Competitiveness Report 2009)整理得来。

表 4－5　2008 年样本国家贸易便利化指数指标值

指标分值 国别	A	A1	B	B1	B2	B3	C	C1	C2	C3	D	D1	D2
中国	4.1	4.1	4.5	4.5	5.3	3.7	4.1	4.4	5.1	2.9	4.3	4.1	4.4
哈萨克斯坦	4.8	4.8	2.7	3.4	1.5	3.2	3.3	4.2	3.2	2.6	4.1	3.9	4.2
塔吉克斯坦	3.7	3.7	2.4	2.5	1.8	2.9	2.0	1.9	2.5	1.6	4.4	4.4	4.4
吉尔吉斯斯坦	3.0	3.0	2.8	4.0	1.9	2.6	2.9	3.6	3.2	1.8	3.4	3.5	3.4
俄罗斯	3.1	3.1	3.2	3.7	2.8	3.1	3.4	3.7	3.2	3.1	3.3	3.1	3.6

资料来源:根据全球贸易便利化报告(Global Enabling Trade Report 2008)和全球竞争力报告(The Global Competitiveness Report 2008)整理得来。

(2)基本模型回归

本书采用普通最小二乘法基于 2008 年、2009 年、2010 年和 2012 年的截面数据进行回归分析。

四组截面数据模型的回归结果均比较理想,R^2 值在 0.80 以上,DW 值接近于 2,解释变量 GDP 和 TF 的影响系数比较大,而且基本通过了 t 检验,这充分说明 GDP(国内生产总值)和 TF(贸易便利化指数)是影响上合组织成员间贸易流量的重要因素,这与之前的分析是基本一致的。

表 4－6　基本模型回归结果

年份	项目	B0	B1	B2	B3	B4	B5	B6	调整 R2	F 检验值	DW 值
2012	系数	－18.407	1.56096	0.92942	－1.2495	－0.9105	－0.4956	11.8841	.92458	39.8224	1.5885
	t 值	－3.784*	7.5326*	4.4851*	－2.826*	－2.05**	－1.98**	1.487****			
2010	系数	－36.898	0.69670	1.19251	－0.9445	－2.0826	－0.7751	49.0463	.83857	17.4501	2.4237
	t 值	－4.320*	1.75***	3.0122*	－1.4***	－3.107*	－1.7***	4.7267*			
2009	系数	－11.436	1.30827	0.73560	－0.9227	－0.6929	－0.0026	5.99773	.88633	25.6922	2.5411
	t 值	－3.508*	5.2060*	2.9272*	－2.04**	－1.53****	－0.0084#	0.47599#			
2008	系数	－19.123	1.5637	1.0128	－1.4652	－1.3823	－0.04946	18.5871	.88628	25.6803	1.5888
	t 值	－3.710*	6.414*	4.1549*	－2.807*	－2.6482**	－0.1533#	1.8183**			

注:带*为在 1% 水平上显著,带**为在 5% 水平上显著,带***为在 10% 水平上显著,带****为在 15% 水平上显著,#为在 20% 水平上显著。

从回归结果可以看出:第一,反映经济规模的指标 GDP 对双边贸易流量影响显著。如果一个国家的贸易规模主要由 GDP 总量决定,则表明该国的贸易结构尚处于较低级阶段,该国参与国际贸易的主要商品是资源型和劳动密集型的产品,这点符合中国与上合组织其他成员之间贸易商品的要素特点。第二,人口对双边贸易流量的影响是反向的。人口数量对贸易额的影响不确定,人口增加,一方面导致国内需求增加从而进口增加,另一方面也会导致国内实行进口替代,减少贸易机会;本书人口增加导致的替代作用更大,因而系数符号为负。第三,模型显示距离对中国与中亚国家的出口影响是反向的。表明两国距离越远,贸易成本越高。第四,贸易便利化指数对双边贸易流量影响显著。贸易便利化涵盖多个方面,其中任何一个因素的变动都会对双边贸易流量产生很大的影响。

4.2 中国与中亚国家贸易结算现状与存在的主要问题

4.2.1 国际结算和国际贸易结算定义

国际结算是指不同国家或地区之间由于政治、经济、军事、文化、外交等方面的交往或联系而发生的以货币表示的债权债务所引起的通过银行办理的跨国货币的收付业务，主要包括国际贸易结算和非贸易结算两类，其中对外投资引起的跨国货币收付属于非贸易结算。

中国与中亚五国之间贸易结算以及中国对中亚五国直接投资引起的跨国货币收付具有共通性，都涉及币种的选择和汇率风险规避等问题，而且国际贸易结算要比直接投资资金结算更为复杂，涉及结算方式、结算渠道和结算货币等多个方面。本书主要以贸易结算为代表分析中国与中亚国家贸易投资结算便利化，而跨境贸易结算又包含多个环节，其中结算方式和渠道已经相对成熟和稳定，因此，本书主要从结算货币角度分析如何实现资金结算便利化，即探讨中国与中亚国家跨境贸易人民币结算存在的问题与对策；而且考虑到数据可得性，本书以哈萨克斯坦为例分析问题。

4.2.2 中国与中亚国家贸易结算现状

中国在推动与中亚国家跨境贸易人民币结算方面采取了一系列举措。中国新疆作为全国第二批跨境贸易人民币结算试点于2010年6月22日运行，2010年9月新疆又成为全国第一个获准开展跨境直接投资人民币结算的试点省区，此举有利于与中亚国家的经贸往来。以中亚最大的国家哈萨克斯坦为例，2005年12月中哈两国签署了《中国人民银行与哈萨克斯坦国家银行关于边境地区贸易的银行结算协定》，该协定对于边境地区的贸易、资金结算等方面的内容做出了明确规定，可使用人民币和坚戈进行结算。2011年6月13日，中国与哈萨克斯坦签署了金额为70亿元人民币的双边本币互换协议。① 可以看出，中国与中亚国家开展跨境贸易人民币结算具有一定的有利条件。但是受制于多个因素，中国与中亚国家跨境贸易人民币结算发展比较缓慢，主要体现在以下两个方面：

（1）中国与中亚国家跨境贸易人民币结算量与跨境贸易量失衡。近年

① 2014年9月28日，人民币在哈萨克斯坦证券交易所挂牌，首日成交量达到592.8万坚戈（181.88坚戈＝1美元），全天共完成两笔金额为20万元人民币的交易，成交价为29.64坚戈/人民币。http://kz.mofcom.gov.cn/article/zxhz/zhxm/201409/20140900746536.shtml.

来,中国与中亚五国间贸易增长迅速。商务部统计数据显示,2012 年中国与中亚五国双边贸易额为 460 亿美元,大约是建交之初的 100 倍;到 2013 年,中国已成为土库曼斯坦最大贸易伙伴,哈萨克斯坦、乌兹别克斯坦、吉尔吉斯斯坦的第二大贸易伙伴,塔吉克斯坦的第三大贸易伙伴。然而,巨大的贸易量并不伴随着巨额的跨境贸易人民币结算量,中国与中亚国家跨境贸易人民币结算存在人民币结算量与贸易量严重失衡的问题。以中国新疆为例,该地区是中国与中亚国家进出口贸易的重要组成部分,2012 年新疆与中亚五国跨境贸易人民币结算额占同期进出口总额的 12.01%,而同为边境省区的云南其跨境贸易人民币结算比例为 31.42%,远高于新疆地区①。

(2)目前中国和中亚国家跨境贸易结算货币主要为美元。根据国务院发展研究中心 2011 年发布的《跨境贸易人民币结算试点情况调研报告》,中国与中亚地区跨境贸易人民币结算规模近年来虽然有所增加,但比重较小。以 2009 年至 2010 年 6 月末人民币结算规模为例,从总量看,美元结算占比高达 95.2%,而人民币结算占比不足 0.01%。表现在两个方面:一是一般贸易中,中亚国家以出口能源为主,美元外汇储备通常较多,在交易习惯上更偏向美元;二是边境贸易中,受旅购贸易和人民币结算监管的影响,主要采用美元现钞结算。相对于人民币结算,跨境贸易美元结算存在一系列问题:其一,美元结算会增加贸易方的兑换成本,贸易双方如果不用本币进行结算,进出口贸易则均需进行外汇兑换,从而增加额外的兑换成本;其二,美元结算会增加汇率波动风险,为应对金融危机,截止到 2013 年,美国已经实施四轮量化宽松政策,该政策的效果之一就是美元相对大部分国家货币走低,从近 5 年美元对人民币汇率走势来看,尽管其中波动不断,但美元相对于人民币整体仍处于走低状态,这对中国出口方极为不利。

---

① 刘文翠,李翠花. 新疆与中亚五国跨境贸易人民币结算存在问题及建议[J]. 新疆财经,2013(1):70-74.

4.2.3 中国与中亚国家跨境贸易人民币结算存在的主要问题

4.2.3.1 现有贸易结构弱化了我方定价和选择结算货币的地位

从中国同中亚国家进出口贸易结构来看,出口产品以低附加值的轻工产品如机电和纺织产品等为主,进口则以国内短缺的资源型产品为主,如石油、天然气、矿产资源等。以2013年中哈贸易结构为例,根据哈萨克斯坦统计委员会统计,哈萨克斯坦对中国出口的主要产品是矿产品,占哈萨克斯坦对中国出口总额的71%,为哈萨克斯坦对中国出口的第一大类商品;哈萨克斯坦自中国进口的主要商品为机电产品,占自中国进口总额的41.5%①。中国对中亚国家资源类产品正好具有刚性需求,因此交易话语权多掌握在对方手中,中方通常被动接受对方习惯且以对方外汇储备量较大的美元计价。

4.2.3.2 美元现钞结汇量居高不下影响跨境贸易人民币结算

在新疆乌鲁木齐二级口岸中常常可以看到,很多中亚商人携带美元现钞购买中国货物的情形。一方面,许多中亚客商银行结算意识淡薄,并且为规避税费和高额汇费,倾向于现钞结算,以哈萨克斯坦为例,银行汇费高达5‰②;另一方面,人民币现金结算受到监管,例如中国人民银行2004年第18号文件规定,出入境每人每次携带人民币不得超过2万元,因此中国新疆与中亚的边贸以美元现钞结算为主。大量的美元现钞结算不但影响银行对货币流量的监管,还直接限制人民币在国际贸易中的使用。

4.2.3.3 人民币不能自由兑换且缺少回流渠道影响人民币结算功能

人民币未能实现资本项目下的可兑换,通过投资渠道的人民币跨境流通困难。中亚国家很多企业或个人持有的人民币,除了进口中国商品和服

---

① 2013年哈萨克斯坦货物贸易及中哈双边贸易概况. 商务部[ED/OL]. http://search.mofcom.gov.cn/swb/searchList.jsp.

② 国家外汇管理局喀什地区中心支局课题组. 喀什与中亚南亚国家边贸算问题研究[J]. 新疆金融,2007(4):26-30.

务、存放银行之外，并无其他合法运用的渠道，无法实现将持有的人民币流回中国境内进行保值增值的投资需求①。此外，持有人民币很难像美元、欧元等国际货币那样在国际市场上找到丰富的投资避险工具，因而中亚贸易伙伴持有人民币的积极性不高。人民币回流渠道还不够完善，体现在中亚区域人民币市场尚未形成规模效应，不能够自我循环和平衡运作。举例来说，中亚五国境外人民币往来账户数量较少，其中土库曼斯坦还没有设立相关账户，人民币结算服务体系还有待完善。

4.2.3.4 人民币兑哈萨克斯坦货币坚戈实现现汇挂牌交易一定程度上制约了人民币结算

哈萨克斯坦是中国与中亚国家贸易主要的贸易伙伴，2011 年 6 月 28 日中国银行新疆分行正式推出人民币对坚戈直接汇率项下的坚戈现汇业务，标志着中哈贸易结算进入直接汇率的市场化阶段。中国银行新疆分行随后还推出坚戈国际结算、贸易融资、远期结售汇等产品。从贸易结算角度来看，坚戈现汇交易有利于促进中哈贸易便利化，但是从人民币结算以及人民币走向中亚国家的角度来看，中哈贸易进行坚戈结算会影响人民币结算规模以及哈萨克斯坦对人民币的接受程度，直接制约了中国与中亚国家跨境贸易人民币结算的发展。

4.3 跨境贸易人民币结算必要性

4.3.1 是改善贸易便利化条件的需要

(1)人民币结算可以降低汇率风险。目前中国和中亚国家贸易结算所采用的货币主要是美元，进出口双方均需进行外汇兑换，都会面临美元汇率波动的风险。如果选择人民币用于中国与中亚国家贸易结算，从中国角度看，进出口贸易企业都可以避免通过银行结汇和购汇的汇率风险；从中亚各

① 玉素甫·阿布来提. 中国与中亚五国对外贸易中本币结算问题研究[J]. 新疆财经，2008(3)：73-76.

国角度看，由于中亚国家与中国之间贸易存在很大互补性，“通过人民币进行贸易结算基本上能达到供求平衡的水平”①，并且通过适当调剂，还可以免去购买和出售美元的环节，汇率风险也能随之避免。此外，从人民币的表现来看，币值相对比较稳定，因而人民币适合中国与中亚国家跨境贸易结算。

（2）人民币结算可以加快结算速度，降低结算成本。中国和中亚各国主要采用美元进行贸易结算，两国银行必须通过美国的商业银行作为清算行才能实现货款的最终清算。由于进出口双方的开户银行通过同一美国商业银行进行美元清算的概率很小，因此一般至少涉及两家美国银行，这样货款的结算至少要经过进口方、进口方开户银行、进口方开户银行的美元清算行、出口方开户银行的美元清算行、出口方开户银行、出口方，结算环节过多就会影响款项的流转速度以及货款的到账速度。如果选择人民币进行跨境贸易结算，中国和中亚国家银行只需建立账户行关系，就可以实现贸易货款的直接划拨，款项流转环节大幅减少，货款处理速度和结算的安全准确性也得以提高。

4.3.2 是解决目前美元跨境现钞监管及调运问题的需要

目前旅购贸易仍然是中国和中亚国家贸易的重要组成部分。大量的美元现钞结算交易使得大量的外币现钞游离于银行结算体系之外，贸易双方国家的银行监管机构对此缺乏有效的监管，美元现钞跨境流动信息游离于国际收支统计监测之外，从而有可能使非法资金逃避管制，为不法分子利用现钞结算进行洗钱交易创造条件，甚至使恐怖融资活动成为可能。采用人民币结算，可以有效打击美元黑市交易，推动边贸业务向银行集中结算，便于银行实施有效的监管。此外，跨境贸易人民币结算还可以有效解决目前美元现钞调运成本高、风险大的问题。

---

① 张新存．对中哈两国贸易采用人民币结算的设想[J]．东欧中亚市场研究，2002(8)：31－33．

4.3.3 是提高人民币在国际货币体系中地位的需要

跨境贸易采用人民币结算，不仅可以扩大人民币在境外的流通和使用，增强人民币的国际影响，增加我国在国际社会的话语权，而且还有利于推动世界经济的发展。当前国际货币体系的格局是少数发达国家拥有国际货币发行权，凭借其货币作为国际结算主要货币，对世界资源的分配权有很强的掌控力。因此，中国有必要推动人民币在跨境贸易结算中发挥重要职能，才能在全球经济一体化中逐步获得主导权，并从国际分工和国际贸易中获得更多的利益，实现国家利益最大化。人民币如果作为跨境贸易结算货币，直接用于国际计价和国际结算，还能"扩大本国银行在国际金融市场的份额，投资银行也能够获得更多承销和代理等业务"[①]。此外，人民币作为国际结算货币，还可以为广大发展中国家在贸易结算中提供更多选择，可以在一定程度上维护发展中国家的利益。

4.4 跨境贸易人民币结算可行性

4.4.1 中国和中亚各国政治互信为跨境贸易人民币结算提供保障条件

中国奉行"以邻为善，以邻为伴"的周边国家外交方针，主张"各种文明、不同社会制度和发展道路应彼此尊重，各国有权根据本国国情确立相应的政治、经济和社会制度"，这一外交方针和政策主张受到中亚各国的欢迎和支持，并经受住了"9·11"事件后中亚发生"颜色革命"的考验。目前，中国与中亚各国在国家首脑、立法机构、政府及各部门、政党和地方及民间的交流往来不断扩大，睦邻友好合作关系的社会基础日益牢固。

4.4.2 中国已经具备了人民币区域化的经济实力

人民币能否成为国际结算货币，受经济实力、币值稳定程度、政策环境

---

① 李石凯，杨公齐. 金融危机冲击下的人民币贸易结算与人民币国际化[J]. 广东金融学院学报，2009(3):5－13.

及金融市场的广度和深度等多种因素决定。一国货币要成为国际结算货币，首先需要货币发行国具备强大的经济实力。如表4－7所示，从2010年至2014年，中国GDP总额连续5年位居世界第二，与其他国家相比，中国在经过改革开放30多年持续、快速和稳定的发展之后，经济实力已经能够支撑跨境贸易人民币结算。而且根据世界贸易组织（WTO）发布的2014年和2013年贸易统计报告，2013年和2012年中国货物出口额连续两年位居世界第一位；根据2013年《对外直接投资公报》，中国连续两年位居全球第三大对外投资国，巨大的贸易和投资额也为人民币国际化提供强有力的支持。

表4－7　全球十大经济体GDP（以2012年排序为标准） 单位：十亿美元

年份 国别	2008	2009	2010	2011	2012	2013	2014
美国	14720.25	14417.95	14958.30	15533.83	16244.58	167680.5	174190
中国	4519.95	4990.53	5930.39	7321.99	8221.02	94906.03	103601.1
日本	4849.19	5035.14	5495.39	5896.22	5960.27	49195.63	46014.61
德国	3640.73	3306.78	3310.60	3631.44	3429.52	37302.61	38525.56
法国	2845.11	2626.49	2569.82	2784.76	2613.94	26781.73	29418.86
英国	2709.57	2217.43	2296.93	2464.64	2476.67	28102.49	28291.92
巴西	1653.54	1622.31	2142.91	2474.64	2253.09	23920.95	23461.18
俄罗斯	1660.85	1222.65	1524.92	1899.09	2029.81	21369.48	21443.38
意大利	2318.16	2116.63	2059.19	2196.33	2014.08	18618.02	20669.02
印度	1223.21	1365.34	1711.00	1872.85	1841.72	20790.25	18605.98

资料来源：IMF，http://www.imf.org/external/pubs/ft/weo/2013/02/weodata/weoselgr.aspx.

表4－8　全球十大经济体GDP增长率（以2012年排序为标准）（%）

年份 国别	2008	2009	2010	2011	2012	2013	2014
中国	9.635	9.214	10.447	9.3	7.7	7.68	7.35
俄罗斯	5.248	−7.8	4.5	4.3	3.4	1.66	2.55
印度	3.891	8.48	10.546	6.331	3.237	2.22	2.39
美国	−0.291	−2.802	2.507	1.847	2.779	0.11	1.60
日本	−1.042	−5.527	4.652	−0.585	1.957	1.34	0.64

续表

年份 国家	2008	2009	2010	2011	2012	2013	2014
德国	0.807	-5.085	3.857	3.399	0.896	0.66	0.18
巴西	5.172	-0.33	7.534	2.733	0.872	2.74	0.14
英国	-0.769	-5.17	1.66	1.117	0.17	1.61	-0.10
法国	-0.081	-3.147	1.725	2.027	0.014	-1.70	-0.43
意大利	-1.156	-5.494	1.723	0.374	-2.369	6.90	7.42

资料来源,IMF,http://www.imf.org/external/pubs/ft/weo/2013/02/weodata/weoselgr.aspx.

据统计,2013 年中国货物出口额占全球货物出口额的 11.7%,居世界第一位;货物进口额占全球货物进口额的 10.3%,居世界第二位,仅次于美国。在服务贸易方面,中国仍是全球服务贸易第三大国。

表 4-9　2013 年货物贸易进出口排名　　单位:十亿美元

排名	出口国家和地区	金额	占比(%)	排名	进口国家和地区	金额	占比(%)
1	中国	2209	11.7	1	美国	2329	12.3
2	美国	1580	8.4	2	中国	1950	10.3
3	德国	1453	7.7	3	德国	1189	6.3
4	日本	715	3.8	4	日本	833	4.4
5	荷兰	672	3.6	5	法国	681	3.6
6	法国	580	3.1	6	英国	655	3.5
7	韩国	560	3.0	7	中国香港	622	3.3
8	英国	542	2.9	8	荷兰	590	3.1
9	中国香港	536	2.8	9	韩国	516	2.7
10	俄罗斯	523	2.8	10	意大利	477	2.5

表 4-10　2013 年服务贸易进出口排名　　单位:十亿美元

排名	出口国家和地区	金额	占比(%)	排名	进口国家和地区	金额	占比(%)
1	美国	662	14.3	1	美国	432	9.8
2	英国	293	6.3	2	中国	329	7.5
3	德国	286	6.2	3	德国	317	7.2
4	法国	236	5.1	4	法国	189	4.3
5	中国	205	4.4	5	英国	174	4

续表

排名	出口国家和地区	金额	占比(%)	排名	进口国家和地区	金额	占比(%)
6	印度	151	3.2	6	日本	162	3.7
7	荷兰	147	3.2	7	新加坡	128	2.9
8	日本	145	3.1	8	荷兰	127	2.9
9	西班牙	145	3.1	9	印度	125	2.8
10	中国香港	139	2.9	10	俄罗斯联邦	123	2.8

资料来源,世界贸易组织:《2014 年世界贸易报告》World trade development. http://www.wto.org/english/res_e/statis_e/its2013_e/its13_world_trade_dev_e.htm.

4.4.3 中国跨境贸易和直接投资人民币结算发展迅速

2010 年中国发布《扩大跨境贸易人民币结算试点工作的有关问题通知》,将跨境贸易人民币结算的境外地域由港澳、东盟地区扩展到所有国家和地区。近年来,中国跨境贸易和直接投资人民币结算发展迅速。根据中国人民银行公布的数据,2014 年跨境贸易人民币结算业务累计实现 6.55 万亿(兆)元,比 2013 年同期增长 41%;2013 年直接投资人民币结算业务累计发生 1.05 万亿元,较 2012 年的 5337 亿元大增 97%。这意味着,人民币国际化正在贸易和直接投资领域全面开花结果①。

4.4.4 中亚国家对跨境贸易结算人民币化可接受程度日益提升

(1)中国与中亚国家在贸易结算方面已经开展了初步合作。2005 年中哈两国政府和两国中央银行签订了《中国人民银行和哈萨克斯坦国家银行关于边境地区贸易银行结算协议》,可使用人民币和坚戈进行结算;2011 年 6 月 13 日,中国人民银行与哈萨克斯坦共和国国家银行在哈萨克斯坦首都阿斯塔纳签署了金额为 70 亿元人民币的双边本币互换协议;2011 年 4 月 19 日,中国人民银行与中亚国家中的乌兹别克斯坦共和国中央银行在北京签署了金额为 7 亿元人民币的双边本币互换协议。这些举措在一定程度上促进了中国尤其是中国新疆地区与中亚国家的贸易发展,缓解了人民币流出

---

① 2014 年中国跨境贸易及直接投资人民币结算量一览[EB/OL]. http://cn.reuters.com/article/2015/01/19/idCNL3S0UV3FT20150119,2015-1-19.

渠道有限、境外存量不足的问题。

(2)中亚国家对人民币的接受程度逐渐提高。以哈萨克斯坦为例,哈萨克斯坦国家银行对人民币是接受和认可的。由于哈萨克斯坦实行外汇统账制记账方法,商业银行的所有外汇业务都要以官方(中央银行)公布的当日汇率折算为本国货币坚戈进行核算,而在哈萨克斯坦中央银行公布的各种货币对坚戈的汇率表中,人民币始终位列其中,而出现在这一表中的货币只有33种①。此外,哈萨克斯坦商业银行在实际业务中也广泛使用人民币,体现在哈萨克斯坦境内的人民币兑换点数量越来越多。

4.5 推动中国与中亚国家贸易结算便利化

4.5.1 继续加强政治互信和经济合作,提升人民币区域影响力

中国与中亚国家建交以来,政治经济关系有了快速发展。近年来,中国和中亚国家进一步深化和巩固已有的合作,拓展新兴的合作领域,如教育、文化、科技、环保、农业、基础设施等。截至2013年,中亚五国中吉尔吉斯斯坦和塔吉克斯坦都已加入WTO,哈萨克斯坦也在"入世"谈判中,中国与中亚国家的贸易体制共性增多,为未来经济合作提供了更广阔的平台。但目前,中国和中亚国家在金融领域的合作进展相比其他领域较少,一方面是由于中亚国家持有较为审慎的态度,另一方面是由于俄美等大国在中亚地区的政治和能源博弈。在此背景下,中国应继续加强与中亚国家非资源领域的合作,弱化"中国威胁论"对中亚国家民众的影响,强化人民币在中亚区域的影响力。毕竟跨境贸易人民币结算在技术层面上问题不大,能够顺利实施,关键还取决于中亚各国领导人对中国以及人民币的态度。

4.5.2 提升出口企业竞争力,增强人民币结算话语权

目前,中国出口至中亚国家的产品很多是低附加值的产品,竞争力不

---

① 哈萨克斯坦国家银行[EB/OL]. http://www.nationalbank.kz/? furl = cursFull&switch = eng, 2013-01-01.

强,随着中国劳动力和原材料成本的提升,很多轻工业产品在价格上已不具备竞争优势,很多中亚客商选择越南、土耳其等劳动力成本较低的国家进行贸易。即便选择进口中国产品,也会极力压低价格,并对产品提出苛刻要求,例如笔者通过调研发现,哈萨克斯坦进口商要求产自中国的鞋类产品,出口时不得显示任何与中国有关的信息等。因此,中国企业有必要针对中亚五国的市场需求改良自身产品,多出口高附加值的产品,拓展中亚的中高端市场。只有出口企业竞争力得到提升,产品具有不可替代性,贸易结算货币选择的话语权才会增强,也才会有更多的中亚贸易伙伴愿意以人民币计价结算;同时,出口企业人民币付汇也会随之增多,有利于逐步平衡进出口人民币结算差额。中国政府可以完善信用担保机制,中亚国家如果担心货币清偿问题,可以由政府出面,对银行、出口企业进行一定程度的信用担保,对结算的差额以国际储备货币进行清偿,从而消除中亚国家银行、企业的顾虑,增强其对人民币结算的接受程度。

4.5.3 建立统一的跨境人民币清算网络体系

目前,中亚国家内中资银行数量较少,远远不能满足开展跨境人民币结算的需要。要实现跨境贸易人民币结算必须要加快商业银行“走出去”的步伐,建立分布广泛、功能完备的结算网络,才能实现人民币国际化运营。具体来说,一方面,可以由中国人民银行牵头,加快中资金融机构在中亚国家的布局,在中亚国家发达城市增设分支机构,并利用各商业银行已有的境外人民币支付清算网络,积极推行跨境贸易人民币结算,直接为境外企业提供人民币清算服务,为中亚国家接受和使用人民币的市场主体提供清算便利;另一方面,可以在中亚国家扩大与境外参加行的代理清算网络。从某种程度上看,“中资银行与境外参加行代理清算协议的数量和广泛程度会决定推行跨境贸易人民币结算业务境外渠道的发达程度”①,所以中资银行有必要继续增加与境外参加行签署人民币清算协议形成覆盖重点区域的代理清算网络。此外,中国还应与中亚五国积极合

① 薛炜. 中国(新疆)边境贸易发展与跨境人民币结算问题研究[J]. 金融发展评论,2012(2):109-116.

作,搭建跨国金融信息交流平台,完善跨境贸易人民币结算的相关配套政策,建立结算信息共享机制,从而促进人民币结算业务的全面开展。

4.5.4 完善人民币循环机制,拓宽人民币回流渠道

目前,海外人民币资金存在缺乏投资渠道的问题,虽然中国企业可以通过投资的方式将人民币投入海外市场,但这些人民币最终还会落到企业、个人和投资者的手上,因此,大量的人民币必须要有通畅的投资渠道,使持有者能够获得利润,人民币才会被其他国家认可和接受。可以通过适当放宽资本与金融账户管制,积极鼓励国内企业直接用人民币到中亚五国进行直接投资,创新人民币金融产品。具体来说,可以推进人民币债券市场的发展,建立覆盖贸易金融、零售业务、专业融资、资金清算、银行卡和网上银行等众多领域跨境人民币产品体系,为境外人民币的投资回流提供有效途径。通过金融创新,一方面,可以使人民币在中亚乃至海外沉淀下来,形成海外人民币市场;另一方面,人民币也能够以投资的方式回到中国市场,助力中国经济的发展,最终形成顺畅的人民币资金流。

4.5.5 尝试在霍尔果斯构建人民币离岸金融市场

随着中国同中亚国家贸易的快速增长及中国自身经济实力的增长,人民币会越来越国际化,向中亚区域流出的数量将越来越大,人民币离岸业务也将自然而然地产生。因此,有必要建立一个具备相当规模和健全金融制度的离岸中心来实现离岸人民币的供给,以及完成离岸人民币的回流与监管。2011 年 12 月 2 日,中哈霍尔果斯国际边境合作中心的中方区和哈方区成功实现对接封关运营,中哈两国在国际经济合作中的战略定位正式确立。该中心是跨境经济贸易区和区域合作项目,也是上海合作组织框架下区域合作的示范区。在此基础上,可以尝试在霍尔果斯建设人民币离岸市场,从而进一步密切中国金融市场与国际金融市场的联系,密切中国与中亚地区的经贸往来与合作①。

---

① 刘丹梅. 构建人民币离岸金融市场研究:新疆霍尔果斯视角[J]. 南方金融,2013(7):80 - 84.

5　创建面向中亚的风险投资基金

5.1 风险投资基金一般理论及实践

5.1.1 风险投资基金一般理论

风险投资基金，又叫创业投资基金，是通过集合投资筹措资金，利用组合投资方式分散风险，以长期股权投资方式投资于尚处于创业阶段的新兴高科技企业，用以追求受资企业的成长而获得长期资本增值为目标的一种投资基金①。风险投资基金是风险投资机制运作的中枢，是风险投资重要的资金来源。

国外对风险投资基金理论研究主要包括三大类：一是对风险投资基金筹资规模的研究，以 Dimo Dimov 和 Gordon Murray（2008）为主要代表，基于应用行为决策理论和机构理论，分析影响风险投资公司筹资的因素及规模；二是关于风险投资基金组织运营的研究，代表文献有 Gennaro B.、Douglas C. 和 Evgeny L.（2007）、André F. G. 和 Anna G.（2007）、Jarunee W.（2007）等；三是关于风险投资基金退出路径的研究，Douglas C.、Grant F 和 Armin S.（2006）讨论了法律对风险投资基金退出机制的影响，Douglas C. 和 Sofia A.（2008）通过对 223 个接受风投公司情况的分析，阐释了提前退出战略的重要性。

5.1.2 国外风险投资基金运作实践

美国的实践

美国是风险投资基金的发源地。1946 年，美国研究与发展公司（Ameri-

---

① 李曼妮. 风险投资基金的委托—代理分析及机制设计[D]. 重庆大学，2002.

can Research and Development Corporation, ARD）的成立，标志着世界上首家专业性风险投资机构的诞生。ARD 的巨大成功，极大地刺激了美国风险投资基金的发展。纵观美国风险投资基金的发展历程，大致可划分为三个阶段：

（1）政府主导发展阶段

这一阶段风险投资基金主要受政府影响。20 世纪 50 年代，美国通过的《小企业投资法案》规定：获得小企业管理局颁发的经营许可证的投资公司可通过募集方式获得超过自身资本 3 倍的资金，但投资公司不能相互交叉投资，且不能通过投资直接或间接控制被投资企业。在联邦政府的支持下，苹果、联邦快递、英特尔等一批大公司在小企业投资公司中脱颖而出。

（2）私人合伙制主导发展阶段

该阶段受道德风险的困扰，小企业投资公司逐步退出了风险投资基金舞台，新的私人合伙制形式的风险投资基金应运而生。据相关资料统计显示，仅 1969—1975 年，约有 29 家风险投资基金以有限合伙的组织形式设立，募集资本达 3.76 亿美元。由于缺乏联邦政府的直接支持，私人合伙制风险投资基金更加倾向于投向可提供高额回报的企业。虽然风险因素较大，但任何一次投资成功带来的高额回报都足以弥补其他所有投资损失。同样，私人合伙制风险投资基金也面临投资回报率的压力，其管理者必须妥善处理风险与收益之间的平衡问题，以保障风险投资基金能持续运行下去。与此同时，随着投资成功的边际概率逐渐下降，私人合伙制风险投资基金的管理人更加热衷把资金投向成熟行业，这显然违背了风险投资基金建立的初衷。

（3）大企业主导发展阶段

该阶段的风险投资基金出现两个显著变化：大企业资金成为主流；风险投资基金从新产品市场转向并购领域。风险投资基金除了单纯满足企业资金需求外，更重要的是为企业发展提供关于市场、管理、战略等多方面专业性服务。受资本市场迅速发展的刺激，上市成为风险投资基金的主要退出方式。在协助新企业参与并购的过程中，如何收回投资成本、实现收益是风险投资基金最关心的问题。

英国的实践

英国的风险投资始于20世纪50年代,并于80年代进入第一个蓬勃发展时期。同期,为了促进风险投资发展,英国政府陆续颁布一系列鼓励政策(如税收优惠、贷款担保计划等),有力地促进了风险投资基金的发展。到20世纪90年代中期,英国风险投资业经过短暂波折之后又迅速发展起来,目前英国已是欧洲风险投资业最大和最发达的国家,投资额占欧洲风险投资的50%,是仅次于美国的第二个重要国家。

在英国,政府主要是通过税收政策进行引导,国内风险投资机构组织形式灵活多样,主要包括有限合伙制、英国公司、英国投资信托公司、风险资本信托、平行投资及在英国的外国公司和外国单位信托等。其中,除有限合伙制以外,最具代表性的是风险投资信托基金,它是一种免去个人所得税和资本收益税的投资信托形式。一般来说,它们和投资信托遵循一样的税收规定,但个人所得税可以减免,资本收益税减免或延迟缴纳。当然,税收优惠是有一定约束条件的。比如,如果风险投资信托基金的股票持有者转让所持有的股份,因持有股票而得到的纳税延迟将在该税年恢复征税;如果投资者在3年内转让所持有的股份,投资者就要补交对应于那些股票被减免的所得税。

以色列的实践

1985年,Athena的成立标志着以色列风险投资基金的正式运作。1992年,以色列政府拨款1亿美元建立了YOZMA基金,并募集国内私人资本,意在扶持以出口为主的以色列高科技企业的成长和吸引境外风险投资基金。与其他国家所不同的是,以色列政府风险投资基金的模式是政府+民间资本+海外资本(是以政府为基础,加上民间与海外资本的“1+2”模式),是三者相融合的股权投资基金。政府参与设立的10个YOZMA基金,每个大约2000万美元,通过各种优惠政策引入国外资本,并对符合投资要求的基金再注入40%的股份,实现多种资本的相互融合。这种模式不仅增强了资本实力,也有利于资源优势互补。INBAI公募基金是由政府出资担保的上市基金，拥有优秀的管理团队，在以色列特拉维夫股票交易所进行交易。投资于INBAL基金的投资者，在7年后可获得其初始投资额70%的保险承诺。INBAL基金主要投向规模小、发展迅速的高科技企业。1992—1996年，以色列的风险投资业发展进入高潮，共有150家企业得到了风险投资，其中22家成功上市，大部分上市公司选择美国NASDAQ股票交易系统，还有18家公司被国际知名公司收购。截至2006年，以色列的风险投资基金有80个，募集资本总额达100亿美元，对以色列的1000多家创业企业进行投资。由于它所取得的巨大成就，以色列被西方媒体誉为“中东的硅谷”。

5.2 国外风险投资基金发展对我国的借鉴和启示

5.2.1 国外发达风险投资基金发展对我国的借鉴

（1）成熟的投资理念。国外发达国家的投资者往往具备较为成熟的投资理念，投资者更加看重投资长期收益，不会因为一时的收益减少而有过于激烈的反应。对于风险投资基金本身而言，则降低了基金随时被赎回的风险。

（2）发达的金融市场。纵观国外风险投资基金的发展历程，在风险投资发展的初期，几乎无一例外都要依靠健全、完善的政策环境，这样便于为风险投资基金的发展提供广阔分散风险的渠道。如美国的风险投资基金可以投资于各种市场，即使一项投资存在资产收回风险，风险投资基金总收益也不会受到很大影响，以此来保证基金的延续。

（3）有效的制度安排。国外发达国家风险投资基金在资产规模迅速扩张的同时，相关的制度建设也不断更新。健全的法律规章制度、完善的公司治理、严格的信息披露等都稳固地保障了风险投资基金的健康发展。

5.2.2 国外发达风险投资基金发展对我国的启示

（1）政府的扶植力度是风险投资基金发展的重要条件。美国、英国等风险投资发达的国家，一个最突出的特点就是政府在政策、法律、经济等各方面对风险投资基金发展进行扶植，充分发挥政府的引导作用，同时也调动了民间投资的积极性。我国要发展风险投资基金,政府必须进一步完善有关风险投资的政策法规,通过直接和间接多种方式有力支持我国风险投资基金的发展。

(2)发达的市场体系是风险投资基金发展的前提条件。建立适应风险投资运作的发达市场体系,是风险投资发展的前提条件。风险投资正常运作和功能发挥需要较为成熟的市场条件。我国风险投资业健康发展需要培育并发展起较完善的风险投资咨询服务市场,较为成熟的风险投资项目市场和技术经济市场,比较成熟的资本市场。

(3)宽泛的融资渠道是风险投资基金发展的必备条件。在美国、英国等风险投资业较成熟的国家里,风险资本来自抚恤金、保险公司、银行、企业和私人的比例很大,相反来自政府的资本所占比例很小,这种风险投资业广泛的融资渠道值得我们借鉴。我国风险投资业要得到发展,需要放宽保险金等各种资金进入风险资本市场的限制。

(4)灵活的退出机制是风险投资基金发展的保障条件。风险投资业发达的国家大多具备比较灵活的退出机制和多样化的退出渠道。一般而言,退出机制健全的国家风险投资发展比较快,退出机制不健全的国家风险投资发展比较缓慢,从这个意义上来说,尽快建立适合风险投资企业灵活退出的机制是我国发展风险投资需要解决的关键问题。

5.3 中亚五国风险投资基金发展现状及存在的问题

5.3.1 中亚国家风险投资基金发展现状①

中亚五国金融发展程度差异很大,开放度也不尽相同,风险投资基金普遍发展比较滞后。相比而言,哈萨克斯坦的金融业比较发达,且相关资料比较齐全,下面仅以哈萨克斯坦为例,对中亚国家风险投资基金现状进行梳理。

---

① 该部分内容主要参考了以下网址:http://www.be5.biz/ekonomika1/r2012/3240.htm;哈萨克斯坦统计局,http:// www.stat.kz;哈萨克斯坦国家创新基金数据,http:// www.nif.kz。

哈萨克斯坦共和国的投资基金制度是根据 1997 年 3 月 6 日的首部《哈萨克斯坦共和国投资基金法》确立的。据 2004 年 7 月 7 日发布的《哈萨克斯坦共和国投资基金法》第四条规定，该国的投资基金分为股份制投资基金和份额投资基金两大类。份额投资基金又分为开放式、间隔式和封闭式三种。同年 7 月，哈萨克斯坦“阿德旺特高科技基金”在阿拉木图市举行了庆典活动，标志着哈萨克斯坦第一家对创新和高科技进行风险投资的基金成立。之后，风险投资基金不断发展壮大。

在“开发创新发展纲要——2020”框架下，哈萨克斯坦政府计划 2013 年设立国家风险投资基金。对于这一计划，哈萨克斯坦副总理兼工业与新技术部部长伊谢克舍夫表示，哈萨克斯坦应积极加入国际技术交流活动。为加深哈萨克斯坦与国际的交流，哈萨克斯坦工新部在哈萨克斯坦与韩国和法国之间设立技术转让中心，并有必要继续落实此项目。为增进与主流风投基金合作，引进新技术，政府正有目的地研究关于设立风投基金问题。此外，基金的成立需要与各国投资者和国际公司进行合作，吸引更多优秀外国投资者对基金进行管理①。

目前，在哈萨克斯坦宣布存在的风险基金共有 40 多家，总资产不少于 16 亿美元。在哈萨克斯坦国内分布有接近 10 家风险投资基金管理公司的代表处。

哈萨克斯坦境内涉及风险投资的基金大体可分为三类：

（1）其资本由欧洲重建与发展银行与其他国际金融机构完全或部分注资的基金。

（2）活跃在哈萨克斯坦的基金（“国家创新基金”等），国家以某种形式与企业或私人投资者共同参与了其建立和经营，投资到技术创新贸易领域的风险投资机构。这类基金称为“主动基金”。

（3）对参与哈萨克斯坦市场表现出浓厚兴趣但是没有多少重大的商业

① 哈萨克斯坦将成立国家风险投资基金，http://kz.mofcom.gov.cn/article/jmxw/201305/20130500141686.shtml。

活动,这类基金称为“被动基金”。

其中,对于主动基金和被动基金的区分是有条件的。完成了一笔及以上交易的基金都可划分为主动基金。相应地,那些正处在搜索和筛选阶段的基金都划分为被动基金。鉴于此,风险投资则具有隐蔽性特征,想要对消极基金的搜索和活动阶段进行评估是很难的。

——欧洲重建与发展银行的基金。哈萨克斯坦国内目前有 5 家风险投资基金,其资本由欧洲重建与发展银行的资金提供,投入共计 3.08 亿美元。维持和保障这些基金会活动的经费从“七国集团”各国政府无偿划拨的技术支持资金中抵偿(约 2 亿美元)。基金是 1993—1994 年在支持哈萨克斯坦国内主要的私人及私有化中小型企业(指工人人数达 5000 的企业)计划框架内成立的。在落实计划的初期,所有基金向哈萨克斯坦的 26 家企业共计投资了 9060 万美元。行业偏好并没有明显显现:被投资的企业专门从事 32 种经营活动,其中包括木材加工和印刷业。此外,还存在有几家基金会共同投资一家企业的情况,这种情况下对这家企业的投资总额超过了 800 万美元。

——主动基金。有 6 家基金可以划分到这一类:“阿雷克特”高技术基金、“阿德旺特”风险投资基金、“森特拉斯”风险投资基金、Glotur 科技风险投资基金、阿拉木图风险投资基金、Logycom 视角创新风险投资基金。本组基金的行业偏好于欧洲重建与发展银行基金的行业偏好基本吻合——农业、食品工业、消费品及服务、电信、建筑、制药等。本组基金主要面向大中型企业,最低投资额为 50 万 ~ 100 万美元。

——私人基金会。本组共包括近 10 家基金,其资本总额宣称至少 8 亿美元。此类基金活动的复杂性在于其活动的信息具有隐秘性,其构成也是多样化的,尤其是资本规模方面。这类基金的一个显著特点就是在投资决策上的完全独立。这类基金的资本基本上都是由非国有企业和私人投资人完成注资的。其基本条件是,满足合伙人的利益,优先保障投入资本的高回报率。因此,在哈萨克斯坦国内,这类基金的立场具有不确定性的原因也是显而易见的:与国内政治和经济不稳定局势紧密相连的高风险;有价证券市场不发达;海关税费及限制等。然而,毫无疑问,这类基金在后危机时期也对扩大其在具有前景的哈萨克斯坦市场份额充满浓厚兴趣，并且为自身的投资活动制定最佳策略。

——被动基金。有 4 家基金可归为此类基金，总资本额不少于 3.8 亿美元：惠灵顿合作伙伴科技基金、旗舰风险投资基金、Mayban Jaic 亚洲基金和 VertexⅢ风险投资基金。尽管宣称对哈萨克斯坦的活动感兴趣，但是这些基金缺乏对哈萨克斯坦经济进行大规模投资的可靠信息。这类基金的构成无论在资本规模方面还是在国家归属权方面都是多样化的。这类基金的地区利益很少局限于哈萨克斯坦，而是经常受到欧洲国家包括独联体国家的限制。因此，这类基金的大多数都积极活跃在东欧及中欧国家。

通过上面的分析可以看出：风险投资基金主要投向从事建筑、木材加工、包装行业的企业，并且对真正的技术公司兴趣较弱。就是说，风险投资基金从事私募股权投资；外国的风险投资资本并不承担与使用新技术相关的风险，这样一来不利于哈萨克斯坦经济的技术转型；风险投资基金都只在公司发展的后期阶段进行投资；交易的平均规模为 100 万 ~1000 万元；风险投资基金的回报率为 15.7% ~70% 年息；主要的出路是向战略伙伴出售股份。

此外，俄罗斯建议在上海合作组织框架内建立风险投资基金。2013 年 9 月 11 日，俄罗斯工商会主席谢尔盖·卡特林在比什凯克的上海合作组织实业委员理事会会议上表示，为了全面支持上海合作组织框架内的创新，上海合作组织成员及私企公司必须建立联合风险投资基金。他指出：风险投资基金能够使正在实施的创新项目的风险最小化，应当在更高层面理解信息合作的问题，将国家的电子资源与整体网络相连，并且在上合组织空间内建立这种统一银行①。

5.3.2 中亚国家风险投资基金存在的问题

（1）法律、法规建设滞后

风险投资是一个委托—代理的运作过程，因此，发展风险投资基金的

---

① 俄罗斯建议在上海合作组织框架内建立风险投资基金，http://www.vb.kg/doc/242912_rossiia_predlagaet_sozdat_v_ramkah_shos_venchyrnye_fondy.html。

首要前提必然是健全的法制体系。中亚地区风险投资基金起步较晚，发展十分缓慢，尚处于初级发展阶段，就从中亚的风险资本市场的现状看，投资潜力巨大，但不利的因素也很明显。长期以来，中亚国家对风险投资认知不足，致使其对风险投资基金方面的立法较为滞后，迄今为止，尚未出台专门的法律，同期在证券、企业组织形式等方面的也缺乏相应的配套法律法规。由于缺少有关投资公司和风险投资基金等方面的法律，使得中亚国家的投资事业步履维艰，这对风险投资基金业的进一步发展形成了巨大的障碍。

(2)社会诚信体系建设落后

风险投资作为一项风险性较高的产业，对于一国或地区的社会信用体系建设要求较高。从中亚国家现实发展情况来看，基本上都没有建立起完整意义上的社会诚信体系，然而这种不完全竞争市场往往会带来低效率运作，再加之风险投资双方信息不对称，易造成寻租行为，这在一定程度上使得双方无法在市场中实现有效匹配，出现风险投资基金的盲目性。

(3)风险投资环境不佳

完善的外部运行环境是支持投资体系顺畅运作的前提条件。在这方面中亚国家存在的不足主要表现在：一是政府引导调控不足，缺乏有效的激励措施，以及高新技术发展所必需的基础设施匮乏，投资环境较差，投资者对风险投资信心不足；二是金融体制和相关的服务配套政策滞后，突出表现在中亚国家普遍对发展风险投资基金的政策不健全，缺乏强有力的政策引导，远不能满足风险投资对市场经济发展的诉求。

(4)风险投资专业技术人才匮乏

风险投资作为一项专业化的投资，若与之相匹配，就需要一批懂得对风投市场具有较强的认知和运作能力的专业技术人才。从中亚地区风险投资从业人员来看，水平参差不齐，高层次、国际化的专业技术人才尤为匮乏，现有的人才队伍不能适应风险投资业发展需要，这在一定程度上影响到风险投资业的整体水平的提高。

5.4 创建面向中亚风险投资基金的必要性与可行性

5.4.1 必要性

中国目前正处于积极推进丝绸之路经济带建设阶段,基于如下原因,中国应顺势而为,创建面向中亚的风险投资基金:

(1)是发展高新技术产业的现实需要。目前,我国高新技术产业正处于发展初期,风险大(包括技术风险、管理风险、市场风险与企业风险等)、信息高度不对称、缺乏信用证明等特点使得其在融资方面(无论是资本市场融资、民间融资或是自筹资金)存在很大困难。据调查,目前,在我国高新技术产业对外发展的资金来源中,主要是企业自筹和银行贷款,资本市场的融资渠道仍不畅通①。以 2012 年为例,我国风险投资资金为 1200 亿元左右,但相比国内高新技术企业数千亿元的融资需求,仍是杯水车薪。高新技术产业发展被誉为是知识经济时代综合国力提升的第一支柱,而高新技术产业的内在特性(高投入、高风险、高收益)与风险投资的投资需求(高风险、高收益)的高度融合,也就决定了风险投资基金是发展高新技术产业的重要构成部分。尽管当前我国国内已建立的风险投资基金确实为该行业提供了一定的资金保障,但国内风险投资基金筹资渠道窄、资金来源单一的特点也使得大多数高新技术行业事实上并没能得到风险投资基金的支持,因此很有必要拓宽风险投资基金的筹资渠道,实行同周边国家在风险投资领域的合作。面向中亚的风险投资基金的建立迎合了高新技术企业融资、集资的现实需要,能更好更多地满足本国高新技术产业的资金需求,促进我国与中亚国家产业优势互补,促进高新技术产业的发展,提升我国高新技术与创新能力,优化我国产业布局,推动我国经济更好更快发展。

(2)是优化资本市场的必然结果。现阶段,我国资本市场整体规模偏小,直接融资比例低,股票、债券、基金等资本市场发展不平衡,且远落后于

① 谢合亮. 风险投资与高新技术产业发展研究[J]. 中国集体经济,2009(28):111 - 112.

实体市场的发展,为实体经济服务的力度不强,资本市场发展水平还很滞后,亟待优化和改善以此发展壮大资本市场。一方面要拓展资本市场广度,这就要求建立风险投资基金以丰富资本市场,增加资本市场投资种类;另一方面要提升资本市场深度,进行资本市场的跨国间合作,增加资本市场的服务能力。面向中亚的风险投资基金就顺应了资本市场的发展趋势。其既可因高科技板块的大力发展丰富证券市场,带动证券市场的发展,还可优化资本资源配置,提高资本运作效率,形成较为稳定的机构投资者,利于我国二级市场和场外市场的建立,丰富和发展我国资本市场。风险投资基金的建立以及该方面跨国间的合作是我国资本市场优化过程的应有之义,是我国资本市场发展的必然结果。

(3)是完善市场机制的客观要求。我国早已由计划经济转为市场经济,客观上要求由市场来主导,市场在资源配置方面起决定性作用。风险投资基金的建立与发展正是市场机制作用下的产物,完善市场机制也客观上要求建立与发展风险投资基金以满足市场的需要。目前我国风险投资基金的发展迫切需要寻找新的突破口,谋求新发展,我国市场经济的发展也亟须注入新鲜的血液以活跃本国市场,市场机制的完善也客观上要求风险投资基金能够进一步完善与扩大,由市场来进行有效调节。建立面对中亚的风险投资基金是完善我国市场机制的客观要求。

(4)是中亚国家存在风险投资基金的迫切需求。中亚各国高新技术产业同我国一样均面临融资难问题,加之中亚各国国内风险投资基金发展较为滞后,亟须引入新的合作伙伴、吸引更多投资者(特别是机构投资者)、扩大和发展本国风险投资基金,从而为各国国内经济发展服务。中国面向中亚的风险投资基金的建立无疑扩展了中亚各国高新技术产业的融资渠道,为其产业的发展提供了新的契机。对中亚国家来说,与中国在风险投资基金上的合作也将进一步间接开启中亚各国跨国间的产业合作,为中亚各国提供埋财管理服务、信息知识获取以及人才引进等方面的服务。该举措是中亚各国高新技术产业重要的融资渠道,对促进中亚国家科技成果转化、引导社会资源优化配置同样具有十分重要的意义。

风险投资基金是科技与金融结合的助推器，是科技、产业与金融融合发展的桥梁和纽带。面对中亚的风险投资基金可为中亚金融业的发展注入新鲜血液，刺激各国国内风险投资基金的再投资，推动各国金融业的发展。建立面向中亚的风险投资基金实质上是通过中国与中亚各国、中亚各国之间在金融业中风险投资领域的合作促进各国产业发展，该方式在一定程度上可规避因各国国内自身发展特点而引发的金融动荡风险，是实现中亚国家金融发展与稳定目标的现实要求。

(5)是加深中亚区域经济合作的有效途径。中国与中亚以及中亚各国间内部经济发展水平、金融水平、产业水平等存在很大差别，且具有明显的互补性。建立面向中亚的风险投资基金，可在一定程度上加强中国与中亚各国间包括政治、经济、文化等方面的联系，尤其是经济方面的联系。在当前世界经济一体化、经济合作扩大化的背景下，中亚区域经济合作的加深也是必然趋势，其有效途径之一就是要完善金融市场，及时补缺，面对中亚的风险投资基金的建立正是填补市场缺口的重要举措，对于中亚各国引进新技术、吸引更多外国投资者具有重要的作用，为中亚各国间区域经济的合作提供新的思路与发展途径，可有效推动中亚各国在更大范围内的经济合作，从而使中国与中亚各国在合作中谋求发展，实现跨越。

5.4.2 可行性

目前，既存在创建面向中亚风险投资基金的客观必然性，也存在创建面向中亚风险投资基金的现实可行性条件。

(1)地缘相近、人文相似等特点为其提供了便利条件。中国与中亚具有地缘相近、人文相似的特点，这一特点拉近了中国与中亚的距离，加强了国与国之间的联系。2013 年 9 月，习近平主席围绕共建丝绸之路经济带的构想，加强“五通”(政策沟通、道路联通、贸易畅通、货币流通和民心相通)建设，以点带面，从线到片，逐步形成区域大合作。可见，加强货币流通、深化金融合作，势必将成为共建丝绸之路经济带的重要组成部分。这为我国与中亚各国在金融方面的合作提供了便利条件。

(2)上海合作组织的建立与发展给予其政策平台支持。2001年6月15日,上海合作组织的成立及其之后的发展为各成员联合发展提供了有力的平台支持。在上海合作组织成员中,中亚国家占到了2/3,分别是哈萨克斯坦、吉尔吉斯斯坦、塔吉克斯坦和乌兹别克斯坦。上海合作组织的建立进一步催生了中国与中亚国家风险投资基金跨国间的合作,各国在政治、经济、文化方面的合作愈加频繁。各项合作政策的制定与实施使得中国与中亚各国在资源配置方面更加优化,各国国内经济效率得以提升。针对当前中亚与中国高新技术产业发展滞后、企业创新能力不足、融资困难等一系列问题,我国建立面向中亚的风险投资基金已然成为解决中国乃至中亚自身风险资金筹资渠道窄、产业带动力不足等问题的有效途径,而上海合作组织的政策平台对该途径起到良好的催化作用。

(3)日益完善的制度、政策为其提供了良好的内外部投资环境。我国资本市场从无到有逐渐扩大,投资品种不断增多,市场规模与规范化程度逐步提升,这为我国风险投资基金对外合作奠定了基础。此外,日益完善的制度、法律、政策等环境为面向中亚的风险投资基金的建立提供了良好的外部环境,成为其孕育和成长的土壤。1985年,以中国新技术创业投资公司的成立为标志,我国风险投资步入了一个新的发展阶段。之后,国家陆续出台鼓励设立科技成果转化基金或风险基金,有效地促进了我国风险投资基金的发展,也为风险投资基金对外发展奠定了基础。改革开放以来,在国家大力扶持和支持下,国内风险投资的各项规章制度不断健全,资本市场也日臻完善,逐步形成了多元化金融机构,这为创建面向中亚的风险投资基金提供了可行性。此外,近年来,中亚国家经济社会形势趋于稳定,政府部门也高度重视风险投资业的发展,先后颁布了一系列政策法规支持鼓励国内外风险投资的发展。随着双方改革步伐的进一步深入、政策和制度的健全,制约风险投资基金发展的因素也将逐步消除。

(4)国外风险投资基金为其提供了价值性参考。目前,我国以及中亚各国的高新技术产业发展滞后,风险投资基金的发展并不能很好地发挥其对风险投资企业的融资功能,大多风险投资基金的使用事实上多为企业新拓展业务，其严重违背了风险投资基金的建立初衷，反过来也使得高新技术产业的发展受限。当前，美国、日本等风险投资基金较为发达，已渐趋成熟，这些国家为我国、中亚国家乃至世界其他国家在风险投资方面积累了宝贵的经验，为各国金融发展、产业发展提供了有益的参考。因此，我国在建立面向中亚的风险投资基金过程中可在发达国家已有经验的背景下实施，在发达国家风险投资基金发展历程中积极探寻我国风投基金的发展之路，借鉴有价值的参考。

(5)国内资本市场为其提供了充足的资金保障。进入21世纪以来，我国的城乡居民储蓄持续高增长，截至2012年，我国城乡居民储蓄余额接近40万亿元①，但其投资额不到总量的20%，与民间资本存量相比，我国民间资本还基本上处于“蓄势待发”阶段。② 此外，随着国内社会保障体系的逐步建立和商业保险的发展，也积累了大量的保险基金，这些充足的资金来源将为创建面向中亚的风险投资基金提供了可能性。

5.5 全球视角下风险投资基金运作过程中的多重博弈

国际层面，风险投资体系国际合作有四个层面：

(1)政府机构、国际组织之间的合作。这些交流与合作主要是推进各个国家与地区的风险投资政策合作与信息交流，并在资金筹措、咨询服务及项目推介等方面为私募资金和风投机构搭建平台。

(2)国际与地区性的风险投资行业协会之间的合作。定期交流行业动态，交流风险投资管理与运作，培养后进地区的风险投资人才，建议与帮助政府制定风险投资发展的相关政策和规定等。如中国风险投资协会与EVCA(欧洲风险投资协会)相互交流运作经验、专业知识、信息以及管理方面的资源。

---

① 商务部．我国城乡居民储蓄余额接近40万亿元[EB/OL]. http://finance.sina.com.cn/china/20130116/104714303145.shtml.

② 据中国统计信息网数据，2014年我国城乡居民储蓄余额48.53万亿元。http://data.stats.gov.cn/easyquery.htm?cn=C01.

(3)大学(科研机构)之间或大学(科研机构)与风险投资基金的合作。通常有以下两种模式:①合建创业孵化器模式。由境内外风险投资机构或基金管理公司组建综合的创业孵化器(可在国内、国外)。孵化器和风险投资合作方式有三种:第一种,孵化器自己成立投资公司,直接做投资人;第二种,孵化器把风险投资引入到投资项目中;第三种,孵化器与风险投资进行股本合作,共同兴办孵化器。②技术引进模式。国内企业从国外大学和科研机构寻找自己需要的技术,通过境内外风险投资机构促进"联姻",实现技术成果转化。

(4)国际风险投资企业(包括投资基金)的合作。境内、境外风险投资机构在风险资金、投资管理、资本运作与产业发展等方面都有很强的互补性。

因此,中国发展中亚地区范围内的风险投资基金,需考虑中国与中亚国家层面、风险投资企业层面及风险投资人的多方利益,达到多方经济利益的均衡,我们试图运用博弈论的观点分析参与国政府、相关风险投资企业、风险投资人各方的经济收益及成本。

5.5.1 中国政府与中亚国家风险投资基金合作博弈中的成本与收益

(1)收益分析

虽然包括新疆在内的部分省区蕴含着丰富的油气资源,但是仅靠这些有限的能源来源根本满足不了国内日益增长的能源需求。目前,中国在能源方面除了大力开发国内能源资源之外,也应像世界其他能源短缺国一样,充分利用周边中亚国家的能源宝库,既能够推动中国同中亚各国的经贸发展,也能够促进新疆乃至整个中亚地区的经济发展和社会稳定,满足中国乃至世界经济的增长。

中亚五国处于全球能源资源地缘政治版图的心脏地带,目前远未成为中国现实的能源基地,中国必须加强同中亚五国的能源合作,确保经济安全和可持续发展。当前中国从中亚获得的能源数量尚未达到具有战略意义的水平,随着社会经济的发展,中国未来的能源矛盾将进一步加剧。中亚与中国近邻,其丰富的能源资源正好可以成为中国能源缺口的补充。目前,中国约50%的原油进口来自中东,约22%来自非洲,中国对中东和非洲石油的依赖超过70%,这一比重显然过大。考虑到中东和非洲地区的现实和潜在的不稳定性,中国石油的稳定供应存在很大风险。中国和中亚五国在能源资源上的差异,展示了二者经济合作的巨大潜力,建立与之相连接的战略通道具有重大意义。在中亚地区获得稳定的能源基地后(除中东和非洲石油供应之外,俄罗斯和中亚两个方向的能源基地建设),中国可保证长期稳定的能源供应,在相当大程度上可分散国际形势变化的风险。这样,中国能源进口多元化的格局将基本形成。

(2)风险成本分析

①传统思想根深蒂固,市场经济观念淡薄。中亚国家是独立不久的国家,又是长期生活在计划经济体制下的国家。这就决定了其对国家主权很敏感,传统思想根深蒂固,对市场经济接受缓慢。从政府官员到企业经营者,一方面欢迎投资;另一方面又怕外国投资者赚钱,认为外国企业家前来投资是为了掠夺本国财富。不少国家动辄以损害国家利益为名,修改或不履行签订的合同。

②法律制度不健全或者有法不依。中亚五国处于转轨阶段,国内法律不健全,其现有法规有些与国际规定不接轨。由于缺乏经验,它们对国内法规经常修改,有时有法不依。投资法律环境的不稳定往往使投资者无所适从,给工作带来很大的困难。

③社会环境差,影响投资者的信心。社会环境差:社会秩序差,人身安全没有保证;经营环境差,企业运转困难。中国投资者在中亚国家除遇到敲诈勒索外,人身安全也得不到保障。驻地机构被盗被抢事件屡有发生,每年都有中国商人死亡。这种情况虽然不只是针对中国,其他国家投资者也有类似经历,但相比之下,中国投资者的处境比西方国家投资者的处境更为艰难。

④经营环境差。第一,结算难。中国与中亚国家缺乏规范的结算体系。中亚一些国家从政府官员到具体管理人员对中国经营者往往无理刁难,甚

至明目张胆地敲诈勒索。合作者也以种种借口拖欠债款不还。由于缺乏权威的仲裁机构,一旦发生业务纠纷无处投诉,很难解决。这给投资者带来严重的经济损失。第二,利润返还难。由于中亚国家实行外汇管制,中国投资者得到的当地货币利润不能兑换,更不能及时返还。

5.5.2 中亚五国与中国风险投资基金合作中的收益与成本

(1)收益分析

建立能源与非资源产业相关项目的风险投资可以有效地引进投资资金,为本国的产业发展提供可靠的融资平台。可以增强当地经济发展的能力(包括经济总量增多与质量提高),资本的有效投入产生投资加速效应,还可带动当地经济中其他部门或产业的联动发展。

(2)成本分析

由于中亚地区经济合作中重要的合作领域是能源产业,故在能源产业项目合作开发过程中,环境问题必然是双方意向的一个关键考察点;如何做到当地经济发展和生态环境发展的可持续性是合作双方着重谈判的事项。

5.5.3 双方合作风险投资基金创建项目契合点

与中亚五国的经济金融合作,符合后危机时代全球经济趋向于经济区域化的总体发展态势;相应地,在与中亚五国的经济合作过程中,风险投资领域内的合作,是在上合组织合作框架下的一个必要组成部分。当前,大力发展与中亚国家的风险投资合作符合中亚区域经济的总体利益,要保持中亚诸国经济可持续性的发展,经济合作需抛弃“零和博弈”与“负和博弈”的狭隘思维,应思考“正和博弈”互补性战略思维。

(1)能源风险投资基金

①能源开发融资

②技术研发

③能源矿产资源维护

④能源运输

⑤能源开发收益分配

(2)“中—吉—乌”铁路(非资源产业)产业发展基金

①铁路线路设计

②非资源性产业——基础设施建设整体服务能力的提升

③当地居民利益

④项目参与国政府利益

⑤军事战略利益

5.5.4 中国面向中亚的风险投资基金创建过程面临多重博弈

在实际项目投资过程中,中国政府与参与国政府共同向风险投资基金投入资金,由于风险投资基金具有资金的管理能力,故实际运营过程中,项目资金的管理更多地交由风险投资基金负责。通过三方博弈分析,可以得出在中国政府、参与国政府、风险投资基金多方利益联结机制下构成能源产业及非资源产业内的项目投资的收益分配关系以及投资方式路径的选择。

5.5.4.1 模型的基本假设

假设1:中国政府与参与国政府的资金总投入量,即所管理的资金量为I,风险投资基金在该资金运作全过程中所取得的报酬为管理费$\delta \cdot I$(δ为一常数,大约为1%~3%),期望收益为Q,其中,Q主要取决于风险投资基金(主要指经理人)的行动结果α和一个不受委托代理双方影响的随机风险变量ξ(其取决于市场风险、风险投资基金投资所属能源产业或非资源产业的状况,以及项目的优劣程度等)。定义合同中的期望收益为一线性函数$Q=\alpha+\xi$,风险投资基金的努力成本为$C(\alpha)=\frac{1}{2}c_1 \cdot \alpha^2$,其中,$c_1$称为风险投资基金的边际努力成本系数,同时假定随机变量为$\xi=(\mu,\sigma^2)$。

假设2:按照合同规定,风险投资基金在期望投资收益Q中所占的股比为$1-x$,参与国政府占kx(合同规定参与国政府在取得最低投资收益率后,才有权享有这一部分收益),中国政府占$(1-k)\cdot x$,这里的常数称为中国政府为激励参与国政府而在契约中双方约定的利润分配比例系数(根据经验统计,一般为0.2)。

假设3:风险投资基金的行动结果α为股比x的函数,且$\alpha(x)=\alpha \cdot x$

（不妨设 $\alpha>\mu$），则其努力成本为 $\frac{1}{2}c_1\cdot\alpha^2\cdot x$。在项目投资的运作过程中，参与国政府作为直接投资方之一，其职能主要是对风险投资基金职业经理人的监督管理，故其努力水平体现为对期望收益 Q 及风险投资基金实际收益 $\theta\cdot Q$ 的监督作用，其目的是减小 Q 与 $\theta\cdot Q$ 之间的差异，其中 θ 为风险投资基金努力水平下的收效系数，收效越大，期望收益与实际收益的差距就越小。所以，参与国政府的努力成本可以定义为：

$$\frac{1}{2}c_2\cdot(Q-\theta\cdot Q)^2=\frac{1}{2}c_2\cdot(1-\theta)^2\cdot\theta^2$$

其中，c_2 为参与国政府的边际成本努力系数。

假设4：中国政府不直接参与风险资金的管理和运作，仅仅通过合同中的相关约定来对参与国政府进行监视和督促，因此这里假定中国政府对风险投资基金的监督成本忽略不计。

5.5.4.2 三方博弈模型的建立与求解

由以上假设可以得出，风险投资基金、参与国政府以及中国政府三方的收益函数 y_1、y_2、y_3 分别如下：

$$y_1=(1-x)\cdot Q-\frac{1}{2}c_1\cdot\alpha^2-I$$

$$=(1-x)\cdot(\alpha x+\xi)-\frac{1}{2}c_1\cdot\alpha^2\cdot x^2-I$$

$$y_2=k\cdot x\cdot Q-\frac{1}{2}c_2\cdot(1-\theta)^2\cdot Q^2-(1-\delta)\cdot I$$

$$=k\cdot x\cdot(\alpha x+\xi)-\frac{1}{2}c_2\cdot(1-\theta)^2\cdot(\alpha x+\xi)^2-(1-\delta)\cdot I$$

$$y_3=(1-k)\cdot x\cdot Q-I$$

分别对 y_1、y_2、y_3 求期望可以得到：

$$E(y_1)=-(\alpha+\frac{1}{2}c_1\cdot\alpha^2)\cdot x^2+(\alpha-\mu)x+\mu-I \tag{1}$$

$$E(y_2)=[\alpha k-\frac{1}{2}c_2\alpha^2(1-\theta)^2]x^2+[\mu k-c_2\alpha\mu(1-\theta)^2]x-$$

$$\frac{1}{2}c_2\ (1-\theta)^2(\mu^2+\sigma^2)-(1-\delta)I \tag{2}$$

$$E(y_3)=(1-k)\cdot\alpha\cdot x^2+\mu\cdot(1-k)\cdot x-I \tag{3}$$

则:

$$\frac{\partial E(y_1)}{\partial x}=-(2\alpha+c_1\cdot\alpha^2)\cdot x+\alpha-\mu$$

$$\frac{\partial E(y_2)}{\partial x}=[2\alpha k-c_2\cdot\alpha^2\cdot(1-\theta)^2]\cdot x+\mu k-c_2\alpha\mu\ (1-\theta)^2$$

$$\frac{\partial E(y_3)}{\partial x}=2\alpha\cdot(1-k)\cdot x+\mu\cdot(1-k)\ 0$$

讨论:

令 $\frac{\partial E(y_1)}{\partial x}=0$,可得

$$x_1=\frac{\alpha-\mu}{\alpha\cdot(2+c_1\cdot\alpha)} \tag{4}$$

令 $\frac{\partial E(y_2)}{\partial x}=0$,可得

$$x_2=\frac{\mu[c_2\alpha\cdot(1-\theta)^2-k]}{\alpha[2k-c_2\alpha\cdot(1-\theta)^2]} \tag{5}$$

5.5.4.3 分析与结论

结论1:一般地,项目投资契约最有利于风险投资基金,其次是参与国政府,中国政府常常是契约的被动接受者。为保证股比存在的合理性,式(5)中应有 $k\ c_2\alpha\cdot(1-\theta)^2\ 2k$,即假定存在使得参与国政府获得最低收益率的股比。由此不难看出:当 $x=x_1$ 时,风险投资基金具有最大收益;当 $x=x_2$ 时,参与国政府具有最低收益。由于中国政府与参与国政府之间的契约规定,参与国政府在取得合同规定的最低收益率之后即可分享风险期望收益 Q,所以可以得出投资三方均认同的满意股比 $x=x_1$ 。此时, $E[y_2(x_1)]>E[y_2(x_2)]$ 超过了参与国政府的最低收益率,其可认为投资方案可行;如果 $E[y_3(x_1)]>E[y_3(x_2)]$,中国政府亦认为有利可图,尽管不是利润最大,但仍然会接受该股比。

结论 2:由式(4)可以得出 $x_1 = \dfrac{(1-\mu/\alpha)}{2+c_1\cdot\alpha}$,所以最优股比必定小于 0.5。

因为,$\dfrac{\partial E(y_1)}{\partial c_1} = -\dfrac{1}{2}\alpha^2\cdot x_0$,$\dfrac{\partial E(y_1)}{\partial \mu} = -x_0$,所以,最优股比 x 和风险投资基金利润 $E(y_1)$ 均随边际努力成本系数 c_1 和风险期望收入 μ 增大而减小。又因为 $x > x_2$ 时,$E(y_2)$ 单调递增;$x \leqslant x_2$ 时,$E(y_1)$ 单调递减。因此,在风险资金的运作过程中,风险投资基金常常会比参与国政府具有更大的惰性[c_1 增大,$E(y_1)$ 反而减小],风险投资基金常常具有比参与国政府更大的风险规避性[μ 增大,$E(y_1)$ 反而减小]。

结论3:由式(2)可以得出,对于某一确定的股比 x,$\dfrac{\partial E(y_2)}{\partial\theta} = c_2\cdot\alpha^2(1-\theta)x^2+2c_2\cdot\alpha\cdot\mu\cdot x+c_2\cdot(1-\theta)\cdot(\mu^2+\sigma^2)\ 0$,可见风险投资基金的实际收益越接近于期望收益,即 θ 越接近于 1,参与国政府为此付出的监督成本就会越低,即监督风险投资基金努力程度进行信息搜索的风险损失就会越小,从而期望 $E(y_2)$ 收益就会越大。由式(2)还可以得出,对于一定的努力水平对应的 θ 和 μ^2 ,减少风险损失 $\dfrac{1}{2}\cdot c_2\cdot(1-\theta)^2\cdot\mu^2\cdot(1+\dfrac{\sigma^2}{\mu^2})$ 的有利办法就是降低风险系数 σ/μ。对于同样的投资金额 I 总能取得同样的项目投资收益 μ 时,参与国政府总是选择分段投资以降低风险系数,进而达到减少风险损失的目的。证明如下,以 2 个阶段情形为例。假定时期 1 的投资 I_1 所对应的预期收益满足 $R_1\sim(\mu_1,\sigma_1^2)$,时期 2 的投资 I_2 对应的预期收益满足 $R_2\sim(\mu_2,\sigma_2^2)$,其中 $I_1+I_2=I$,$\mu_1+\mu_2=\mu$,则分段投资后的总风险系数为

$$\frac{\sigma}{\mu} = \frac{\sqrt{\sigma_1^2+\sigma_2^2+2COV(R_1,R_2)}}{\mu_1+\mu_2} \leqslant \frac{\sigma_1+\sigma_2}{\mu_1+\mu_2},$$

即分段投资降低了风险系数。

项目投资中的高风险与高收益的对称性是以投资三方的共同努力为前提的,中国政府在投资过程中属于信息弱势群体,处于最为不利的地位。风

险投资基金和参与国政府的过度利己行为会阻碍中国政府的财政资金及国内民间资本进入风险企业,长此以往所带来的恶果与“囚徒的困境”无异。通过分析项目投资过程的运作机理,得出如下推论:

(1)参与国政府是股比分配的被迫接受者,项目投资契约是首先利于风险投资基金的。

(2)风险投资基金常常会比参与国政府具有更大的惰性和风险规避性。

(3)风险投资基金乐意选择分段投资以降低投资风险。

5.6 中国创建面向中亚风险投资基金的政策思考和模式选择

5.6.1 中国创建面向中亚风险投资基金的政策思考

第一,立足中亚国家国情,充分发挥当地政府的作用。当前,中亚国家仍处在经济转型期,市场经济体系尚不健全,在这种情况下,我国创建面向中亚的风险投资基金,要在借鉴国外风险投资业发展的经验时,充分立足于当地国家的国情,一切从实际出发。同时,英美等国经验表明,政府是风险投资的发展推动力,特别是对于处在不完全市场经济发展阶段的中亚国家,政府的扶持凸显尤为重要。所以,在创建面向中亚风险投资基金过程中,要借助发挥当地政府的作用。

第二,尊重市场经济规律,充分发挥中亚本土优势。风险投资作为一项高风险、高收益,且竞争激烈的领域,其典型特征是如何将知识推向市场,把科学技术转化为现实生产力,而这个转化的关键在于是否符合市场经济规律。为此,在当前发展阶段,唯有尽快扭转现有的认知,矫正以往的惯性思维,才能确保面向中亚的风险投资基金健康发展。同时,更需要明确的是,风险投资基金在中亚国家尚属于新生事物,但这并不意味着我们就另起炉灶,再建构一套风险投资基金发展体系。我们应该基于中亚等国的发展情况,学会善于运用中亚地区资源,充分发挥其本土优势,调动各类参与主体的主动性和积极性,共同培育、发展适用中亚地区的风险投资基金体系。

第三,完善政府职能,加大对风险投资基金的支持力量。抢抓“一带一路”战略机遇,及时修订、完善我国对外风险投资基金方面的法律法规,进一步加大政策扶持力度。财政方面,采用政府创业引导基金模式,引导国内风险投资企业参与中亚国家创业项目投资,同时对风险企业和创业企业进行财政补贴和奖励。税收政策方面,由国家出面协调与中亚国家关于对风险投资企业投资方面的税收优惠政策。同时,组织成立风险投资基金行业协会,培育和改善风险投资基金发展的外部环境,第一时间向风险投资企业提供信息、咨询等全方位配套服务。

第四,鼓励企业创新,完善人才引进和储备政策。能否培养出风险投资基金人才是我国对外风险投资能否持续快速发展的重要因素之一。为此,政府要充分发挥自身的引领作用,一是鼓励科研院所与企业联合进行技术创新项目的研发活动,同时对产学研相结合的“大众创新、万众创业”技术创新活动予以资金扶持。二是支持一批科研院所入驻企业或兴办高新技术企业,推动科技人才向高新技术产业领域流动,夯实企业技术骨干,满足产业发展对人才的诉求。

5.6.2 中国创建面向中亚风险投资基金的模式选择

考虑到我国与中亚国家风险资本市场具有空间、文化、语言、价值观、运作方式等的差异,因此在风险投资基金模式选择上,可以选择推进以下两种模式:

第一,建立政策性与商业性风险投资基金并举的风险投资基金模式。鉴于我国风险投资基金发展还处于初级阶段,要高度重视政府对社会资金的引导作用,创建面向中亚国家的风险投资基金,可以考虑成立政策性风险投资基金与商业性风险投资基金这两种发展模式,两者分别对处于不同发展阶段的风险企业进行投资。前者主要针对处于风险期和种子期的风险企业投资,而后者主要针对处于成长期的风险企业投资,两者共同推动风险资本市场的培育及风险投资的成长。

第二,建立大企业主导型的风险投资基金模式。从现实发展来看,中亚风险投资尚处于起步阶段,市场机制的不完善、风投人才的匮乏等问题十分突出,且风险投资基金的主体尚不明确。基于此,我国可以选择以大企业为主,吸纳民间资本,逐步形成大企业主导的风险投资基金发展模式。该模式具有较强的优越性和协同效应,它可以将激励机制与约束机制完美地结合在一起,以利于投资者实现利益最大化。

6　创建上合组织开发银行

6.1 建立上合组织开发银行的必要性

6.1.1 金融合作是区域经济一体化的客观要求

区域经济一体化是当今世界经济发展的趋势与主流。区域经济一体化要求本区域的国家或地区间必须加强经济联系，以此达到最大限度地降低交易成本。在一体化的大背景下，彼此间贸易和投资的规模不断扩大，商品、原材料、技术、人才等生产要素流通速度加快，同时资金流通速度也随之加快。因此，金融合作的水平要与区域经济一体化的进程大体一致，如果前者滞后后者，就会出现金融压抑的局面，从而妨碍区域经济合作的健康发展。

6.1.2 金融合作是加速上合组织区域经济合作进程的必然选择

进入21世纪，中国对外经济交往能力随着国力的增强而显著提高，自由贸易协定是开展对外经济合作的主要形式。截至2014年年底，中国已同20个国家和地区签署了12个自由贸易协定，采用的合作路径可概括为：先是自由贸易，在此基础上扩大相互投资，最后共同推进贸易投资便利化。与此不同的是，鉴于上合组织成员存在经济发展水平、利益诉求、意愿等方面的差异性，上合组织框架下的区域经济合作是以贸易投资便利化开始的。

6.1.2.1 金融合作缓解贸易投资便利化的资金瓶颈制约

中亚国家落后的交通基础设施已成为区域经济合作的主要障碍。次贷危机以后，中亚国家的经济增长速度虽有所加快，但是经济发展水平仍较低，交通基础设施的资金投入严重不足。以高山之国吉尔吉斯斯坦为例，公路是其最主要的交通方式，95%以上的货运和客运量都靠公路运输完成。吉尔吉斯斯坦公路老化和损毁严重，因资金短缺，多年来公路建设停滞不前，因此该国政府将发展交通基础设施作为发展经济、摆脱落后的紧迫任务和国家战略。基于中亚国家上述状况，亚洲开发银行在2007年曾指出，即便是上合组织各成员签订了自由贸易协定，高昂的运输费用也会抵消降税所带来的利益。为此，上合组织将贸易投资便利化作为区域经济合作的突破口。贸易投资便利化设施建设不光包括交通网，还包括通信网、口岸基础设施、海关硬件设备等。这些设施所需投入资金巨大，金融合作便成为贸易投资便利化不可缺少的必要前提。

6.1.2.2 金融合作提升贸易合作的规模和质量

上合组织成员彼此之间的贸易水平呈现不均衡的特征，中亚国家的双边贸易规模还比较小，发展空间极其广阔。以中国与其他成员国的双边贸易为例，按照相关规划要求，2015年，中俄双边贸易额将达到1000亿美元，中哈达到400亿美元；2017年，中乌达到50亿美元；2018年，中塔达到30亿美元。为如期完成上述贸易发展目标，上合组织成员须进一步发掘贸易合作潜力。中亚国家能源、矿产资源丰富，储量位于世界前列，拥有巨大的贸易潜力。能源、矿产资源投资对于发展中亚各国经济，激发贸易潜力，扩大贸易合作规模，提升整个区域的经济合作水平具有重大意义。此外，非资源领域的投资也将对各国调整产业结构，实现经济多元化目标，提升贸易质量产生深远影响。开发能矿资源需要强大的金融支持，中亚各国的财力无法满足庞大的资金缺口，迫切需要从外部融资解决资金需求问题，故此加强本区域金融合作已成为深化区域经济合作中最为紧迫的任务之一。

6.1.2.3 金融合作助力各成员实现经济发展蓝图

上合组织成员政府从各国实际国情出发，制定了未来5—10年的经济发展规划，其中能矿资源开发、基础设施、通信、电力等关系国计民生的大项目

经济社会长期发展战略》。该
竞争优势的传统产业，即自然
发、农业等产业，并依托上述
匀地区生产集群网，实现经济
及大项目预计至少需要5000

国家纲要》指出，未来5年，哈
、炼化、铁路设备制造业等14
9亿至8.6万亿坚戈，按照央
率水平，约合383亿～478亿

发展规划》将矿产资源开发、
国《金融时报》2014年10月
流入，以缓解该国经济因俄罗
财政部副部长在接受英国《金
克斯坦投资至少60亿美元。
指出，2015年计划吸引外资总
中，能源、矿产资源开发被作为
65%。
站项目，总投资达40亿美元。
运输的重要基础，而该国财政
外融资。
为主，以能源投资带动经济增
去支持上述规模的资金投入，
区内外资金的优化配置，加大
发展以及区域经济合作的客

6.1.3 银联体融资模式难以满足

6.1.3.1 银联体机制设计缺陷使

2006 年,上合组织银联体开始运作
合组织成员国政府的推动作用,各成员
目提供金融服务。自银联体成立以来,
支持促进本地区经济发展、社会进步及
了卓有成效的贡献。但必须看到,银联
这主要表现在两个方面:一是融资模式
理想。截至 2013 年 6 月,中国国家开发
亿美元,占比超过 70%,涉及能源、农业
是银联体的积极推动者和主要出资国,
融合作的重视,但其他成员国的参与度
从长期来看,上合组织银联体的融资模
较松散的合作形式,采取轮值的办法协
弱的成员国担当轮值主席时,它们“受援
在具体项目中的协调能力受到限制。
发现,在经济实力强的国家的银行担任
项目在此期间促成,反之,则成绩平平,
在上合组织框架下建立一种有效的融资
融支持已迫在眉睫。

6.1.3.2 银联体在与其他金融机

在上合组织区域内,众多国际性金
服务,比如亚洲开发银行、欧亚开发银行
下,仅仅是松散合作组织的银联体在竞
大影响上合组织成员间的经济合作效果
心力。

6.1.4 开发银行是国际金融合作的有效方式

6.1.4.1 国际上主要开发银行的经验借鉴

6.1.4.1.1 创立背景

(1)世界银行

世界银行由国际复兴开发银行和国际开发协会组成。宗旨是促进可持续发展,提倡投资于人,保护环境,支持和鼓励民营企业发展,帮助政府提高服务质量和效率,从而达到减少贫困和提高人民生活水平的目标。

国际复兴开发银行成立于1945年12月,1947年11月成为联合国专门机构之一,现有188个成员(截至2013年9月),是世界上最大的政府间金融机构之一,主要向中等收入国家和资信良好的低收入国家提供贷款和发展援助。第二次世界大战打破了资本主义世界原有的实力格局,重新划分了资本主义强国的势力范围。美国为了在战后巩固并进一步发展其经济力量,极力鼓吹建立多边制度,希望借此取消许多国家实行的外汇和贸易管制以及实现战后经济恢复重建,实现最大限度的市场化,以获得最大的政治和经济利益。同时,随着欧洲复兴事业的推进,对复兴大量提供资金的问题引起了广泛的注意。另外,随着大批前殖民地纷纷获得独立,为发展提供资金的问题显得更为突出。在这样的大背景下,1944年7月,在美国布雷顿森林举行的联合国货币金融会议上通过了《国际复兴开发银行协定》,1945年12月,28个国家政府的代表签署了这一协定,国际复兴开发银行至此正式成立。

国际开发协会成立于1960年。由于一些不发达国家特别是二战后新独立的国家,经济基础薄弱,还贷能力差,在国际信贷市场上被称为“信誉不好的国家”,而国际复兴开发银行不能向那些被认为借债信誉不好的国家贷款,以避免损害其自身在国际市场上借款的能力。因此,许多最贫困的国家被排除在国际复兴开发银行之外,它们需要更为优惠的贷款以求发展。在此背景下,1960年9月,国际开发协会成立,它向不能满足国际复兴开发银行短期商业贷款条件的较贫困的发展中国家提供帮助。

(2)亚洲开发银行

亚洲开发银行创建于1966年,是亚洲和太平洋地区的区域性金融机构。亚行的宗旨是帮助发展中成员减少贫困,提高人民生活水平,以实现“没有贫困的亚太地区”这一终极目标。亚太地区在第二次世界大战中遭受到极大的损失,其战后的发展主要靠亚太地区各国人民的努力,但也需要开展亚太地区国家和地区间合作,需要外部的支援。据20世纪60年代初的估算,亚太地区需要外部资金约30亿美元,而实际资金流入量只有20亿美元,尚有10亿美元的缺口。所以,需要有一个专门的金融机构帮助筹集资金。斯里兰卡总理班达拉奈先生早在1959年就致力于这一事业。1962年他提出了关于建立这种机构的建议。从1962年开始,日本大藏省的一些知名人士和银行家每月聚会一次,专门讨论这一设想,该小组得出的结论是需要建立一个股本为10亿美元的亚洲开发银行。到1966年8月,已有2/3的亚行法定股本被认购,创建亚行的协定从那时起开始生效。

(3)欧亚开发银行

欧亚开发银行是俄罗斯和哈萨克斯坦于2006年1月发起成立的国际金融机构。欧亚开发银行的活动范围在俄罗斯、哈萨克斯坦和中亚及周边地区国家,旨在加深对这些国家政治和经济情况的了解,并对他们提供高质量的资金支持,推动和加强欧亚地区经济的发展与合作。自2009年起,欧亚开发银行先后吸收亚美尼亚、塔吉克斯坦、白俄罗斯、吉尔吉斯斯坦加入该行。俄罗斯为谋求在原苏联区域整合经济政治资源,主导建立了独立国家联合体。但由于“独联体”多数协定无法执行,只是一纸空文,该组织也被讥讽为“空谈俱乐部”,并数度濒于分崩离析的边缘。于是俄罗斯改变策略,在小多边范围内尝试建立新的区域经济合作组织。2001年5月,俄罗斯、白俄罗斯、哈萨克斯坦、塔吉克斯坦、吉尔吉斯斯坦五国在白俄罗斯首都明斯克宣告成立欧亚经济共同体。欧亚经济共同体的主要任务包括:建立共同的交通服务市场和统一的交通运输体系;建立共同的能源市场;为相互投资建立平等条件;为企业建立平等的生产经营条件。不论是交通、能源,还是投资、贸易,没有稳定的金融支持是不可想象的。正是在这一背景下,俄罗斯和哈萨克斯坦于2006年1月创立欧亚开发银行，其涉及的业务范围主要集中在电力、水和能源、运输、高科技及创新科技等领域。

简言之，上述三家开发银行的创建背景都是基于广大发展中国家在经济发展中急需大规模外部融资这一事实。

6.1.4.1.2 资金来源

上述三个国家性开发银行的资金来源主要由各会员的实缴股本、债券融资、捐助三部分构成。认缴股本由实缴和待缴两部分构成，实缴股本可用于贷款的发放，而待缴股本则作为其在资本市场发行债券等金融工具的信用后盾。例如，欧亚开发银行在创立之初认缴股本为15亿美元，此后随着其他会员的加入，认缴股本总额也不断增加（见表6－1）。另外，捐助融资虽然在开发银行资金来源中比重较小，却是各开发银行获取补充资金的主要形式。例如，从1964年开始，国际复兴开发银行每年将净收益的一部分以捐助的形式转拨给国际开发协会。2005年，中国在亚洲开发银行首次设立技术援助基金，基金资助额为2000万美元。

表6－1　欧亚开发银行认缴（法定）股本构成　　单位：十万美元

国别	俄罗斯	哈萨克斯坦	亚美尼亚	塔吉克斯坦	白俄罗斯	吉尔吉斯斯坦
认缴股本（注册资本额）	10000	5000	1	5	150	10
加入时间	2006年1月	2006年1月	2009年4月	2009年6月	2010年6月	2011年8月

资料来源：由欧亚开发银行网站相关数据整理得出，数据截至2013年7月。http://www.eabr.org/e/about/foundation/.

6.1.4.1.3　业务类型

比较以上三个开发银行，可以发现，它们在资金使用上具有共同的战略目标：通过提供贷款促进成员的经济增长和社会进步（见表6－2），通过提供技术援助来提高成员决策机构的能力，促进经济向市场化转轨，改善投资环境；通过联合融资，促进私有资本向发展中成员流入。

总之，在创建背景、资金来源、业务类型等方面，上述三家开发银行与拟建中的上合开发银行具有极强的相似性，并为下一步筹建上合开发银行在理论和实践上指明了方向。

表6－2　亚洲开发银行对上合组织五个成员贷款情况一览表(截至2012年6月底)

国别	中国	哈萨克斯坦	吉尔吉斯斯坦	塔吉克斯坦	乌兹别克斯坦
承诺金额(百万美元)	2766	3013	826.2	328	3519
农业和自然资源(%)	9.96	4.65	11	26.67	9.82
教育(%)	0	2.16	5.17	2.01	8.26
金融(%)	2.23	14.11	8.96	2.15	1.99
公共管理(%)	0	16.6	9.56	0	0.59
交通和通信(%)	49.57	59.35	34.35	28.29	33.26
水供给和市政基础设施(%)	12.22	1.15	2	0.97	11
卫生(%)	0	0	1.27	2.01	1.14
能源(%)	15.05	0	7.47	20.27	23.3
工业和贸易(%)	2.43	0	2.72	5.56	4.97
交叉部门(%)	8.55	1.99	17.49	12.08	5.68

资料来源:由亚洲开发银行国别报告相关数据整理得出,http://www.adb.org/countries/main.

6.1.4.2 建立上合开发银行是上合组织深化金融合作的突破口

2004年9月,上合组织成员于比什凯克共同签署了《〈上海合作组织成员多边经贸合作纲要〉实施措施计划》,该计划由成员共同建议的127个项目组成,旨在深化成员间经济技术合作,通过扩大相互投资规模带动各成员的经济发展,优先投资于交通、农业、环保、电信、能源以及中小企业等领域(见表6－3。)

表6－3　127个项目的行业分布状况

领域	贸易和投资	能源	交通运输	农业	环保和卫生教育	科技	通信	金融
项目数	29	18	17	6	19	15	12	5

资料来源:须同凯.丝绸之路上的新商机——中亚投资指南[M].中国海关出版社,2007:34.

目前,项目进展总体比较缓慢,其主要原因:一是资金严重不足;二是缺乏行之有效的协调机制,难以从区域整体经济发展需要出发整合各种资源合理安排项目进度;三是各成员的利益诉求不同,制约了跨国项目的进程。

巨大的资金需求缺口已成为本区域金融合作必须面对的难题。上述大型项目均是关系国计民生的跨国合作项目,投资周期长,资金投入量大,回报收益水平低,任何一个商业银行无力且无意愿进入该领域,迫切需要建立新型融资机制打通资金瓶颈。上合开发银行作为本区域跨国金融机构,能够有效整合区内外金融资源,协调各成员的利益诉求并统筹项目实施进度,最大限度地实现本区域各类资源的优化配置。

6.2 建立上合组织开发银行可行性

6.2.1 上合组织开发银行符合上合组织宪章及经济合作文件精神

《上合组织宪章》明确指出,本组织的基本宗旨包括"鼓励开展政治、经贸、国防、执法、环保、文化、科技、教育、能源、交通、金融信贷及其他共同感兴趣领域的有效区域合作;在平等伙伴关系基础上,通过联合行动,促进地区经济、社会、文化的全面均衡发展,不断提高各成员国人民的生活水平,改善生活条件"。《上海合作组织成员国多边经贸合作纲要》还指出,本组织经济合作的优先方向,即"能源、交通运输、电信、农业、旅游、银行信贷领域、水利和环境保护领域,以及促进中小企业实体间的直接交流"。可见,建立上合开发银行符合上述纲领性文件中所确定的领域,同时其所投资的大型合作项目关系各成员国经济的长远发展,最终将造福于各国人民。

6.2.2 不断深化的经济合作为上合组织开发银行建立后的经营活动提供了重要支撑

当前,构建互联互通网络体系是上合组织提升贸易投资便利化水平的先决条件。互联互通网络体系包括电力网、交通网、通信网等,每一个网络涉及多个国家,资金需求量大,建成后对实现区域内各国之间经济优势互补、优化配置资源,促进成员国的经济发展,提升区域经济整体发展水平均有重要意义。中亚国家和俄罗斯拥有丰富的发电能源资源,而中国电力需求强劲,上合组织成员间扩大电网互联互通规模具有巨大潜力,规划中的上合组织电网将实现电力输送在中、俄和中亚联合电力系统内畅通无阻。未来一段时间,中国与上合组织其他成员实施电力联网有两个重点:一是建设俄罗斯远东地区向中国输电通道；二是打造“丝绸之路经济带”输电走廊，建设从中国新疆到中亚五国的输电通道。在交通基础设施网络方面，上合组织成员将进一步深化公路、铁路、航空和管道运输合作，构建贯穿本区域的国际立体运输走廊，开展交通领域人员培训与经验交流，与观察员国和对话伙伴国共同打造上合组织统一交通运输体系。下一步，上合组织将加快建设欧亚洲际公路运输通道，即中国—中亚—伊朗—土耳其—欧洲、中国—哈萨克斯坦—俄罗斯—欧洲、中国－哈萨克斯坦－里海－欧洲。上合组织信息高速公路项目是以光纤通信网络为主、辅以卫星通信的连接6个成员的商用化信息通信平台，在此平台上用交互方式传输图像、语音、数据等多种信息，为各国政府机构、研究机构、企业或个人提供包括电子政府、视频会议、远程教育、电子商务在内的信息应用服务，从而缩小本地区与发达国家之间的“数字鸿沟”。以上大型项目的融资需求将会为上合开发银行的业务拓展提供广阔的空间。

6.2.3 银联体的实践历程为探索建立上合组织开发银行提供了宝贵经验

在中俄的共同倡议下，上合组织银联体于2005年11月在莫斯科正式成立。银联体的建立标志着以财政和捐赠等融资方式支持本区域合作项目的结束，同时也意味着本组织探索开发性金融合作的开始。目前，银联体在制度建设、项目投融资、机制建设和人员交流培训等方面取得了丰硕成果，为拟建中的上合组织开发银行提供了必不可少的组织条件。银联体制度建设工作已圆满完成。2006年6月，各银联体成员行在银联体理事会第二次会议上共同签署了一系列有关银联体组织职能的章程性文件，即《上海合作组织银行联合体理事会工作条例》《上海合作组织银行联合体项目库建立和管理的总原则》《关于上海合作组织银行联合体成员行间授信的框架原则》等。银联体成立9年来，与各成员的政府机构、本组织秘书处及相关部门密切协作，共同推动项目库中项目的融资安排和落实。同时，制定出适合本组织特点的银联体内项目的筛选、评估、融资、管理的高效、务实的措施和办法。银联体建立了较为完善的运行机制。如今，已设立了银联体理事会、专家组会议、协调员会议、高管会。上述会议每年定期召开，各成员行可就相关问题展开磋商。银联体在人员交流培训上摸索出行之有效的“请进来，走出去”方式。以中国为例，自2006年吉尔吉斯斯坦金融界代表团受国家开发银行新疆分行邀请首次来华参加金融经验交流学习以来，截至2013年年底，来华参加金融培训的其他成员的银行高管、企业代表已过1000人次。此外，国家开发银行深入俄罗斯及中亚国家，采取互动交流、案例教学等形式开展业务培训，其中在哈萨克斯坦的相关活动被当地金融机构称作“上合银联体框架下双边合作的创新典范”。上述活动不仅加深了成员间的相互理解与友谊，还为组织上合组织开发银行的建立培养、储备了金融专业人才。

6.3 上合组织开发银行建设模式：中哈双边—上合多边

不论从人口、面积还是经济总量上来说，上合组织都是一个庞大的组织。更要紧的是，它内部的政治和经济差异性巨大，各国的想法不完全相同或相异，有的成员之间关系不顺，要把它们全部整合起来，达成妥协和一致，就更加不容易。建立上合框架下开发性金融机构对中国而言是个新生事物，内外部协调工作难度较大，需要以创新性思维加以探索、推进。

6.3.1 “小多边”“双边”合作原苏联区域经济金融合作的有效形式

起初，俄罗斯将巩固原苏联势力范围的希望寄托于全员参与的独联体模式，而一体化的实践过程却成为俄罗斯的惨痛回忆。独联体成立后，各成员签订的与经济一体化有关的重要决议有《独联体章程》《经济联盟条约》《关于建立自由贸易区的决定》《关于建立支付联盟的协定》等，还成立了独联体跨国经济委员会，货币委员会和64个执行机构。从形式上看，各种决议的签署和机构的建立似乎使独联体拥有了实施经济一体化的机制，但在独联体国家内部，政治制度和民族文化方面存在巨大差异，这使得俄罗斯难以协调各成员之间错综复杂的关系，加之苏联解体后的俄罗斯国力大为下降，尽管尽其所能仍不能满足某些成员的“经济要求”,故而,已签署的多数协定无法监督执行,成为一纸空文,该组织也因此被西方媒体讥讽为“空谈俱乐部”,并数度濒于分崩离析的边缘。在此背景下,俄罗斯认识到“小多边”合作的重要性,转而采取“收缩战略”,将几个志同道合的国家联合起来组建“欧亚经济共同体”。欧亚开发银行的建立,标志着欧亚经济共同体在金融领域的合作取得重大实质性进展。鉴于以往本区域合作中“搭便车”行为的盛行而导致集体行动失败的教训,俄罗斯在推进策略上做出了适当调整,先由俄哈两国从双边做起,再通过示范效应带动其他成员自愿加入欧亚开发银行。欧亚开发银行在欧亚经济共同体成立仅仅6年之后就得以创建,从这一事实可以得到如下启示:在经济发展水平、政治制度、利益诉求、观念意识差距悬殊的情况下,如果一开始就一味追求全员多边合作,不但费时费力,而且往往收效甚微;而采用先双边后多边模式的好处是可操作性强,由低到高,由小到大,还不易遭到其他国家的反对。

6.3.2 “多边”“双边”合作方式符合上合组织经济合作原则

上合组织经济合作的根本目标就是为了促进各成员的经济社会发展,小多边合作和双边合作在此前提下是并行不悖、互不排斥的。2001年6月通过的《上海合作组织成立宣言》明确指出,上海合作组织将利用各成员之间在经贸领域互利合作的巨大潜力和广泛机遇,努力促进各成员之间“双边”和“多边”合作的进一步发展以及合作的多元化。上合组织2004年通过的《〈上合组织成员国多边经贸合作纲要〉实施措施计划》中确立了一个重要的合作原则,即采用双边与多边相结合的合作原则。也就是说,在组织框架内的合作,单靠多边不行,单靠双边更不行,必须将两者结合起来。2005年10月26日,上合组织成员政府总理在莫斯科举行第四次会晤时签署了《〈多边经贸合作纲要落实措施计划〉实施机制》,实施机制确立了开展经济合作项目的“自愿”原则,即成员在自愿的基础上参与研究和实施共同项目。从上合组织的一系列经济合作文件中,可以清楚地看出,就上合组织开发银行的合作模式而言,采用“循序渐进”的先双边后多边的合作方式,是符合上合组织多边与双边相结合的经济合作原则的。

6.3.3 先由中哈做起,渐次扩展到全员参与

6.3.3.1 俄罗斯是影响上合组织开发银行组建进程的关键因素

俄罗斯对上合组织区域经济合作的态度决定着本区域资源配置效率的高低。上合组织按经济实力和国际影响力可以划分为中国、俄罗斯、中亚四国三个部分。中俄两国无论是经济总量、人口数量、政治军事实力都是对本组织具有关键性影响的国家。以经济总量为例,世界银行数据显示,2013 年中俄两国的 GDP 分别是 9.24 万亿美元、2.1 万亿美元,而中亚四国仅为 3045 亿美元,分别占中俄 GDP 的 3.3% 和 14.5%(2014 年中俄两国的 GDP 分别是 10.36 万亿美元和 1.86 万亿美元,而中亚四国仅为 3394.16 亿美元,分别占中俄 GDP 的 3.28% 和 18.08%)。在某种程度上,俄罗斯的政策主张和实际行动成为已签署的协议能否落实和上合组织多边合作是否阻滞的关键。需要注意的是,在俄罗斯国内对建立上合组织开发银行始终有一种不和谐的声音,对中国经济影响力的扩大患得患失,矛盾的心态直接导致态度的消极。据俄罗斯《权力周刊》2012 年 6 月 12 日的一篇文章,上合组织一成员主管金融的官员曾对该刊解释说:"如果在欧亚开发银行基础上建立银行,那么俄罗斯和哈萨克斯坦就能控制影响上合组织的杠杆。如果新成立一家银行,那么中国人就可能占据主导地位。"

然而,俄罗斯的一些有识之士对此有截然不同的看法。俄罗斯科学院远东研究所副所长奥斯特洛夫斯基指出,成立上合组织开发银行对于该框架下多边经济合作成员自身发展都有非常重要的推动作用,"成立上合组织发展银行的构想十分正确。通过这个银行,上合组织框架内的基础性合作能够得到实质性的落实。各国应该就成立这一银行的细节问题进行深入讨论"。任何新生事物的出现都会经历"从不理解到理解、从分歧到共识"的过程。"中哈双边—上合多边"模式的核心是先将上合组织开发银行做起来,再通过中亚国家和俄罗斯从中所获得的收益效应激发俄罗斯参与其中的积极性,进而达到全员加入的最终目标。中国更无意在该组织区域经济合作

大发展的背景下，通过组织上合组织开发银行在中亚地区孤立俄罗斯、抛弃俄罗斯，相反，俄罗斯是上合组织开发银行的受益者，而不是受害者。从政治角度看，中俄世代友好、永不为敌，是两国人民的共同心愿。2013年9月，中国国家主席习近平在纳扎尔巴耶夫大学发表演讲中庄严承诺：中国决不干涉中亚国家内政，不谋求地区事务主导权，不经营势力范围。中国愿同俄罗斯和中亚各国加强沟通和协调，共同为建设和谐地区做出不懈努力。

从经济角度来看，一方面，上合组织开发银行是为上合组织框架下的投资项目提供资金支持的金融机构，俄罗斯作为上合组织成员自然会从其获得融资支持。2014年对俄罗斯而言，是不平常的一年。国际石油价格几乎腰斩，这对于以油气出口为经济支柱的俄罗斯经济无异于釜底抽薪，全年GDP仅增长0.8%，通货膨胀达到两位数，卢布暴跌近80%，外资大规模流出导致外汇储备跌至历史最低水平。新的投融资渠道对于俄罗斯经济无异于雪中送炭，投资通过乘数效应，可以在较短的时间内拉动经济增长，创造就业机会，进而恢复投资者对俄罗斯的信心。另一方面，因为中哈经济实力差距悬殊，中国在上合组织开发银行的出资比例必然较大，因而在决策表决权、相关用款程序等方面拥有绝对的话语权，但这并不意味着资金投向指向中国。2014年中国外汇储备达到3.84万亿美元；2013年中国对外直接投资统计公报显示，2013年中国对外直接投资规模首次突破1000亿美元，2002—2013年的年均增长速度近40%，连续两年位列世界第三大对外投资国。这表明，中国会将资金投向上合组织其他成员而非自己。与之形成鲜明对比的是，欧亚开发银行的资金更多地投回主要出资国，出资比例低的国家贷款余额也较低，从某种意义上说，上合组织开发银行是欧亚开发银行的有益补充，而非竞争关系，毕竟“双核驱动”的金融格局对促进本区域经济发展大有裨益（见表6-4）。

总之，从以上分析可以发现，当前，俄罗斯对于“中哈双边—上合多边”模式的质疑之声未必会如想象中的那么大，创建上合组织开发银行正处于难得的历史机遇期。

表6-4 欧亚开发银行对其成员融资情况一览表

(截至2013年6月底) 单位:亿美元

国别	俄罗斯	哈萨克斯坦	亚美尼亚	塔吉克斯坦	白俄罗斯	吉尔吉斯斯坦
融资余额	17.02	14.43	0.74	0.37	2.96	0.37
占比(%)	46	39	2	1	8	1

资料来源:欧亚开发银行2013年第二季度报告相关数据整理得出。http://www.eabr.org/general//upload/Presentations/fact%20sheet_en_2q_2013_2.pdf.

6.3.3.2 中哈双边起步的条件分析

6.3.3.2.1 政治条件

中哈1992年1月建交,双边关系稳步发展。中哈两国有着1700多公里的共同边界,历史遗留的边界问题已在1999年彻底解决。2011年6月,中哈将双边关系升级为全面战略伙伴关系。两国政治上高度信任,高层交往频繁,互利合作成果丰硕,双方签署了《中哈国界协定》《中哈睦邻友好合作条约》《中哈关于发展全面战略伙伴关系的联合声明》等一系列重要文件,为两国友好关系奠定了坚实基础。

6.3.3.2.2 外交条件

2013年9月,纳扎尔巴耶夫总统接受新华社记者专访时指出,与中国深化合作是哈外交政策优先方向之一。哈萨克斯坦奉行实用主义的大国平衡战略,在大国势力的博弈和竞争中左右逢源,在取得战略平衡的基础上争取本国利益最大化。历史的事实也证明,中亚国家的大国平衡战略是符合其所处的内外环境和国家的根本利益。中亚国家完全投靠某一大国既不可能长久,也最终得不到大国的尊重。试想,如果哈萨克斯坦采取一边倒的外交政策,或是倒向俄罗斯,或是倒向某一国家,“中哈双边—上合多边”的开发银行模式将会遇到多么大的政治阻力。换句话说,正是因为哈萨克斯坦采取大国平衡战略,我们才能因势利导,化被动为主动,“适时适度”地提出这一开发银行的创新模式。

6.3.3.2.3 经济条件

哈萨克斯坦始终把发展经济和改善民生作为国家的头等大事,积极开展对外经济金融合作，不断探索符合本国国情的发展道路。哈萨克斯坦于1997年、2012年相继提出“2030年前发展战略”和“2050年前发展战略”，即2030年前、2050年前分别跨进世界发达国家前50强和前30强。为实现这两个总目标，哈萨克斯坦今后将着力发展非资源领域（即除矿产开采外的其他领域），提高人力资源素质，提升哈萨克斯坦“国产化比例”，争取经济社会可持续发展。从本质上说，大力发展非资源领域经济就是优化经济结构，而优化经济结构需要资本、技术、服务、商品在本区域高效快捷的流动，在以上四个经济要素中金融资本的作用更为突出。当前，哈萨克斯坦的实体经济正处在金融危机后的复苏阶段，对资金的需求较为旺盛，但一直以来受制于金融业的支持乏力，实体经济融资利率过高（见表6－5）和发展资金短缺的问题长期存在。哈萨克斯坦全国企业家协会会长库利巴耶夫称，哈萨克斯坦贷款利率过高（目前，该国工业企业贷款利率一般为10%～15%），使得投资项目难以实施。他同时指出，在制定大城市如阿拉木图工业发展路线图时必须对银行利率问题予以高度关注，企业贷款利率应适当，以使企业可方便获得贷款。

表6－5　2014年3—12月哈萨克斯坦非金融企业与个人银行贷款利率情况

币种：坚戈

类别＼月份	3	4	5	6	7	8	9	10	11	12
非金融企业一年期贷款利率（%）	11.1	11.2	11.2	11.4	11.4	11.2	11	11	10.5	10.9
个人一年期贷款利率（%）	19.5	12.4	18.4	20.3	20.5	18.6	17.1	20.2	18.6	18

资料来源：根据哈萨克斯坦国家银行网站数据整理，http://www.nationalbank.kz/?switch=eng.

金融资源供给不足同样制约着哈萨克斯坦经济发展长远规划的实现。《2010—2014年加强工业创新发展纲要》实质就是发展非资源领域纲要。2011年，哈萨克斯坦国家商务论坛负责人就曾指出，该国计划实施的《2010—2014年加速工业创新发展国家纲要》的资金规模将达到640亿美元，目前实际落实金额仅占65%，尚存在224亿美元的资金缺口。

在世界经济复苏势头并不明显的当下，哈萨克斯坦调整经济结构的过程将是紧迫而艰难的，对于上合框架下经济金融合作需求也将与日俱增。务实高效的上合框架下全方位金融合作，能够把区域内开发性金融机构、政策性金融机构、商业金融机构、国际多边金融机构的力量结合起来，加大对重大项目的融资融智支持力度，将把哈萨克斯坦非资源领域经济发展水平推向更高层级。

6.3.3.3 吉、塔、乌三国对于建立上合开发银行跟进意愿强烈

吉尔吉斯斯坦、塔吉克斯坦、乌兹别克斯坦三国在该组织中经济实力较小，实现各自的发展目标可谓任重道远，在交通、电力、通信、能源等领域的投资资金缺口巨大，对于创办上合组织开发银行持非常积极的态度。例如，在2013年9月召开的上海合作组织比什凯克元首峰会上，塔吉克斯坦总统拉赫蒙就曾指出，“上合组织成员需要挖掘多边经贸合作的潜力，各方应加强在基础设施、贸易、旅游、交通等领域的合作。但是，若不组建上合组织基金与开发银行，则难以为多边合作项目的实施提供融资保障”。必须注意到，以上三国在出资额上虽然不会太多，甚至可能只有几十万美元，但是有限资金的背后却表现出对于本区域经济合作的协作精神。可以想见，在涉及上述三国的大型区域合作项目中，其积极配合的态度将会减少许多阻力，加快项目推进速度，进而可以让本区域人民尽早感受到上合组织开发银行所带来的实惠。

7 中国与中亚国家的能源金融合作

7.1 能源金融内涵及发展现状

能源是经济发展的动力,金融是经济发展的血液,随着全球经济一体化进程的加快,能源和金融逐渐融合在一起,能源给金融注入新鲜的活力,金融支持能源开发利用,推动能源发展,形成能源金融一体化发展态势。

7.1.1 能源金融的内涵

理论上讲,"能源金融"是一个广泛的概念,是能源和金融两大产业组成的新系统,但对其内涵的意义目前尚未形成统一的认识。在国外研究中,部分学者认为"能源金融"即"项目融资"(project finance),项目特指能源及与能源相关的项目。Harries (1990)、Nahlik (1992)和 Buckley (1996)分别从商业投资者的视角、风险管理角度和项目开发者的视角来界定项目融资。Harries(1990) 认为,项目融资即贷款项目,投资者希望资金使用者用特定的自偿性项目(self - liquidating project)产生的现金流来偿还贷款,贷款的抵押品仅是项目的资产和税。Nahlik (1992)认为,项目融资是当限制项目开发者或发起人的资产负债表的负面影响,通过风险管理和风险共担来开发一个大项目的一种方式。这种定义强调了项目融资的动机,即项目融资是整个公司风险管理的一个要素,项目风险由放贷银行、其他投资者、合约商和购买项目成果的潜在购买者共同承担。Buckley(1996)定义项目融资"为一个特殊的任务而建立的高杠杆融资工具,其信誉和经济合理性是基于该任务期待的现金流和资产担保"。还有学者如 Zeigham Islam Khokher(2001)认为,“能源金融”是指能源衍生品的金融行为,包括能源衍生品的远期、期权定价以及参与衍生品市场中的能源企业的套期保值投资。我国学者佘升翔、马超群等(2007)指出:能源金融是传统金融体系与能源系统相互渗透与融合形成的新的金融系统,分为能源虚拟金融和能源实体金融两个层面。前者是指能源市场主体在能源商品期货、期权市场、国际货币市场以及能源相关的资本市场进行能源实务、期货、期权、债券、汇率、利率、股票以及相关衍生品等金融资产的套期保值、组合投资或投机交易。后者是指能源产权主体、效率市场和传统金融市场通过有机联络,利用金融市场的融资、监督、价格、退出机制,培育、发展和壮大能源产业。何凌云、薛永刚(2010)认为,“能源金融”可以从狭义和广义两个角度理解。狭义来看,能源金融即能源融资;广义上看,能源金融是指能源信息与金融信息的关联机制,以及相关产业主体通过关联机制实现能源资源与金融资源的整合,促成能源与金融产业共生,并在此过程中有效防范风险的一系列产业活动。林伯强(2011)认为,能源金融是利用金融市场来完善能源市场价格信号的形成与传递,管理和规避能源市场风险,解决能源开发利用的融资问题,优化能源产业的结构,促进节能减排和新能源开发利用等方面,而其核心是能源的市场化定价机制。

至目前为止,国内外对能源金融的界定尚未统一,国外学者通常更具体地界定能源金融,近几年来,主要关注新能源金融,即与可再生能源相关的金融行为和碳金融。国内学者研究能源金融较为广泛,通常把能源金融分为两个层面来研究,即能源实体金融和能源虚拟金融。本书结合当前中国的能源安全问题,在丝绸之路经济带建设和中国向西开放的背景下,研究中国与中亚国家这一区域内的能源金融合作,故这里的能源金融具体是指通过能源资源与金融资源的整合,实现能源产业资本与金融资本不断优化聚合,促进能源产业与金融业良性互动、协调发展的 系列金融活动。

7.1.2 能源金融发展现状

7.1.2.1 世界能源金融发展现状

(1)能源产业与金融业协同发展态势明显

作为资本密集型行业,能源的开发建设需要巨额资金,而且能源的勘探与技术研发具有高风险、高回报的特征,因而,能源行业对融资的要求是规模大、渠道广、机制活。能源工业的传统融资来源主要是银行信贷和政府扶持。20世纪30年代,美国西南部石油业兴起的项目融资(Project Finance)作为管理风险、分配风险的新型融资方式促进了能源工业的发展。随着金融资本市场的发展、金融业务的丰富和金融手段的创新,诸如股票市场公开上市、发行债券、吸收国际战略投资与风险投资等方式越来越成为能源企业重要的资金来源。同时,能源工业的发展态势直接或间接地影响着股市行情、利率和汇率水平。在全球流动性过剩的背景下,金融投资者不仅在商品期货市场(例如金属、能源、农产品等)之间套利,还在商品期货市场和金融证券市场之间跨市套利。资本的逐利性决定了巨额资金在不同市场间快速流动,驱使能源与金融一体化。

近年来,伴随着能源市场与金融市场的发展,建立能源基金越来越成为国际通行的做法。能源基金采取的形式包括产业投资基金、金融投资基金与综合基金。产业投资基金一般由政府以及大型能源公司建立,主要目的是向风险勘探、油田开采权收购、下游项目投资、重大项目评估等提供专项资金,为实施中长期战略进行基础性铺垫。金融投资基金以较高的中短期投资收益和资本积累为目标,由专业投资机构利用各种手段在石油期货期权市场、国际货币市场以及与石油相关的证券市场上进行套利交易与投机操作。综合基金的目的是将产权市场和资本市场进行有机联络,通过资本运营将能源产业项目培养壮大,获取利润。能源基金不仅是个人投资者的重要投资对象,而且可以成为机构投资者不可或缺的一部分组合资产。

在过去的100多年里,金融资本主要流向传统的能源工业,如煤炭、石油、天然气以及电力。随着化石能源的逐步消耗和可持续发展观念的兴起,在各国政府和国际组织的推动下，世界可再生能源投资增长迅速。联合国环境规划署（UNEP）发表的《2013 全球可再生能源投资趋势》表明，2011 年全球可再生能源投资达到创纪录的 2570 亿美元。由于太阳能价格的急剧下挫和美国与欧洲市场的疲弱，2012 年可再生能源的投资与上一年相比下降了 12%，但仍然成为自 2006 年以来投资额第二高的年份。其中，风险投资、私募股权融资得到极大的发展，2011 年比 2010 年下降 6% 达到 50 亿美元，但高于 2009。风险投资或私募股权融资中占比例最大的是太阳能，投资达 24 亿美元，生物燃料上涨 9% 至 8.04 亿美元，风能下跌 66% 至 5.2 亿美元。现在，越来越多的资本特别是私人投资流向发展中国家。中国、印度和巴西已经是主要的可再生能源的生产国与市场目标，其中中国在太阳能方面居领先地位，印度和巴西分别在风能和生物燃料方面领先。但是，发展中国家面临着能源需求快速增长与资本市场不成熟的挑战，必须继续在设计金融工具上进行创新工作，以鼓励投资并管理风险。统计同时显示，发展中国家在可再生能源方面的投资正急起直追，迅速缩小同发达国家在这方面的差距。2007 年时，发达国家在可再生能源方面的投资是发展中国家的 2.5 倍，而在 2012 年这一比例缩小到了 0.18 倍。

（2）能源企业积极参与金融市场

20 世纪 70 年代以来，国际货币体系中的固定汇率制土崩瓦解，新的浮动汇率制逐步建立起来，同时西方主要国家加快了货币金融体系国际化和市场化的步伐。在这样的背景下，世界各主要国家的货币汇率、银行利率、商品价格的波动日益频繁并互相影响，资源流动与价格形成的不确定性增加，给经济主体带来了更多的风险。因此，20 世纪 80 年代后的几十年，是各种衍生工具，如能源期货、期权、互换（掉期）等与交易市场发展的黄金时期。生存在动荡的国际金融环境下的能源企业必须面对和规避商品价格变动、利率变动和汇率变动的风险。恰当地使用衍生金融工具可以达到这一目的。衍生金融工具对于石油公司的重要意义体现在大型国际石油公司使用衍生金融工具的活动中。根据国际掉期和衍生品协会 2003 年的调查报告，在世界 500 强企业中，有 93% 的企业在利用各种衍生工具进行风险管理。

BP、壳牌等跨国能源企业每年参与金融衍生工具交易的合约面值达到数千亿美元,交易对象包括商品市场、利率市场及外汇市场的期货、期权、远期、互换等合约。

能源企业参与金融市场的最初目的是为了管理风险,后来随着能源产业资本的壮大,金融投资越来越普遍。产业资本变为金融资本,有的是为了单纯的投资回报,有的是为了达到战略目的进行多元化经营,有的是为了更好地融资。在欧美发达国家,产业资本涉足金融十分普遍。世界上大型的跨国石油公司,如埃克森美孚、BP 等,都有自己的金融投资公司。产业公司通过金融投资,一方面让自己闲置的资产增值,另一方面可以弥补主业经营增长过慢带来的不足,分担和平衡企业风险。

(3)碳金融市场

顾名思义,碳金融就是与碳有关系的金融活动,也可以叫碳融资,大体上可以说是环保项目投融资的代名词,也可以简单地把碳金融看成对碳物质的买卖。碳物质主要是与清洁发展机制中的减少温室气体排放有关的环境污染物,这些污染物可以在上述机制中进行买卖交易、投资或投机,所筹集的资金可用来投资于减少 CO_2 等排放的环境保护项目。一个被公约限制温室气体排放量的国家,凡是超标排放就要进行经济补偿,可以“出钱购买”排放权,由此温室气体减排量的国际贸易形成了一个特殊的金融市场。碳金融发展的基础是全球碳市场,这个市场由两个不同但又相关的交易系统组成:一种是以配额为基础的交易,在欧盟、澳大利亚新南威尔士、芝加哥气候交易所和英国等排放交易市场创造的碳排放许可权;另一种是以项目为基础的减排量交易,通过清洁发展机制、联合履行以及其他减排义务获得的减排信用交易额。自《京都议定书》2005 年生效以来,碳交易规模显著增长,2011 年达到 1760 亿美元,相当于 2005 年的 16 倍,碳市场发展成为全球最具发展潜力的商品交易市场。

如图 7－1 所示,碳交易额从 2005 年的 110 亿美元以年平均增长率超过 130% 的速度迅速蹿升到 2008 年的 1350 亿美元,随后 2009 年、2010 年交易额分别是 1437 亿美元、1419 亿美元,不仅增长势头大幅度放缓,而且出现了小幅负增长,但2011年交易额突破1700亿美元。

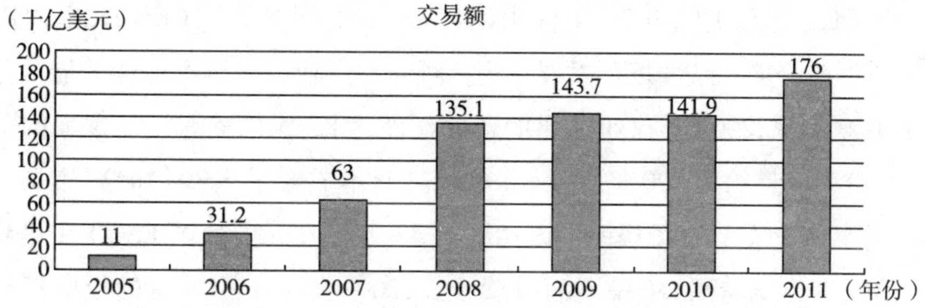

图7-1 2005—2011年世界碳金融市场年交易额

在碳排放指标交易量方面也出现了增长放缓和负增长的情况,如图7-2所示,在金融危机发生后的2009年继续保持了高速增长,达到了86.99亿吨的交易量。随着欧债危机苗头的隐现以及美元信任危机的发生,碳排放指标交易量在2010年出现了负增长,降至73.5亿吨。随着全球经济形势好转,2011年碳排放指标交易量突破100亿吨。

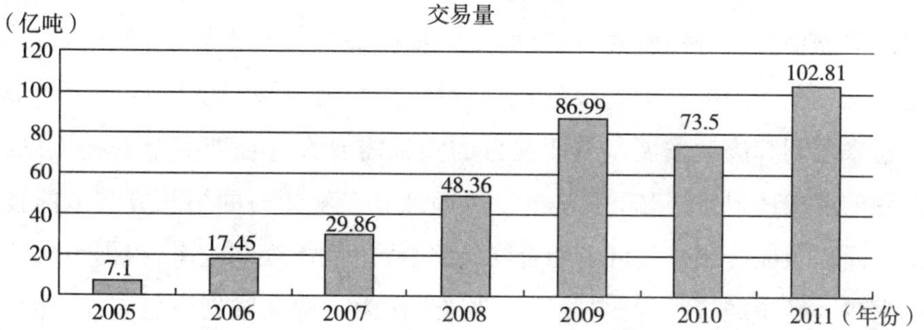

图7-2 2005—2010年碳金融市场二氧化碳排放指标交易量

(4)能源效率金融市场发展迅速

能源效率金融特指能源效率改进项目的融资。“节流”是应对世界能源问题的重要手段,特别是发展中国家,能源效率有待提高。发达国家早已认识到节能的重要性,在20世纪就开始大力发展节能技术。但是,在能源效率设施与技术的推广应用环节,政府的作用是有限的,主要从法律、产业政策、财税政策的层面加以推动,而真正的驱动力来自金融市场。显然,如果能够让能源效率成为一种可以逐利的资产,那么金融资本就会毫不犹豫地进入这个领域。自20世纪70年代中期以来,节能服务公司(ESCO,国内简称EMCO)在北美和欧洲逐步发展成为一种新兴产业。美国有专业节能服务公司2000多家,2005年仅纽约州的营业额就达85.5亿美元。加拿大的节电服务市场容量约为200亿加元。1999年,日本成立了ESCO协会,市场规模增长迅速,潜在的市场规模可以达到2.47万亿日元。韩国ESCO在得到政府的强有力支持后,年投资额持续增长,2002年491个项目的投资额约为108亿美元;2004年已有159家注册的ESCO,主要实施高效照明、余热回收、供暖和制冷系统以及提高工艺水平等方面的项目。

"合同能源管理"是节能服务公司的主要业务,该机制的实质是以客户减少的能源成本支付节能项目全部成本的节能投资方式,它允许能源用户使用潜在的节能收益,升级现有的耗能设备和技术。在传统的节能投资模式下,节能项目的全部风险和盈利都由企业承担。在合同能源管理方式中,一般不要求企业自身进行大笔投资。ESCO与用户签订节能服务合同,为用户的节能项目进行投资或融资,向用户提供能源效率审计、节能项目设计、施工、监测、管理等一条龙服务,并通过与用户分享项目实施后产生的节能效益来盈利和滚动发展。节能项目的实施需要大量长期资金的投入,这一问题的解决还得益于"第三方融资",即拥有金融能力的第三方与节能技术提供商以及能源用户签订节能合同,通过改进能源终端效率,根据节约能源的多少而获得经济收益。"第三方融资"作为一种金融创新机制,在能源用户、能源技术方与金融资本之间架起了一座桥梁,推动节能项目的开展。在西方发达国家,节能服务公司的资金来源可能是自有资本,也可能是银行商业贷款、政府贴息的节能专项贷款、设备供应商允许的分期支付、电力公司的能源需求方管理(DSM)基金、国际资本等。根据联合国环境署的报告,2006年全球共有11亿美元投资在能源效率市场,相比2005年的7.1亿美元,增长超过50%。

7.1.2.2 中国能源金融市场的发展状况

2008年6月,世界上第一家专门为能源产业提供服务的投资银行FEB

(第一能源银行)获得了巴林中央银行对同业及大客户的大金额银行业务许可,成为金融支持能源的一种路径探索。中国在能源金融理论探索与实践方面起步较晚,但发展迅速,引起理论界和实业界的高度重视。2005 年 9 月,“金融支持山西新型能源和工业基地建设高层论坛”在太原举行;2006 年 3 月和 2007 年 3 月,欧洲货币能源论坛与中国资源综合利用协会可再生能源专业委员会先后在北京举办了两届国际可再生能源融资论坛; 2007 年 5 月 10 日,以“能源金融创新与能源产业可持续发展”为主题的“能源金融论坛”举行,会上许多专家学者就中国能源金融问题进行了深入的探讨; 2008 年 11 月,“能源与金融世界论坛”在北京召开,旨在探讨全球性金融危机的背景下世界金融的新格局以及能源金融浪潮的兴起;2009 年 9 月 4 日,就中国能源投融资等问题召开中国西部投融资高峰论坛; 2015 年 4 月 3 日,中国光伏电力投融资联盟成立大会在北京召开,来自国内外金融领域、可再生能源机构、光伏、电力等行业的 600 余人参会,共同探讨“光伏投融资环境和创新机遇”“光伏电站项目风险防控体系构建”“光伏发电商业模式与金融的联合创新”等议题。2014 年 2 月,国家发改委批复陕西西咸新区建设面向丝绸之路经济带的西北能源金融中心。

政界、企业界和学术界越来越关注能源与金融的结合,能源金融有利于拓宽能源产业融资渠道、吸收社会资金,也有利于完善市场结构,提高市场效率。因此,能源金融市场对于能源安全、金融发展都有着重要意义。我国能源金融市场起步较晚,尚处于初步发展阶段。在金融危机持续影响世界经济发展、能源局势日益紧张的背景下,有必要对能源金融进行深入研究,促进能源市场与金融市场的互补,发挥能源金融对经济发展的促进作用。

(1)我国能源金融衍生产品的发展

虽然能源金融涉及内容多而复杂,但其核心依然是直接关系国家利益的能源市场化定价机制,在石油仍为最主要燃料的今天,各国能源金融市场在很大程度上就是围绕石油价格在不断地追逐博弈。而作为当前国际石油价格的最主要工具,要想获得国际石油定价的参与权,石油期货这一能源金融衍生品的推出必不可少。我国最早开展石油期货的是南京石油交易所,但是交易规模最大、影响最大的是上海石油交易所，在其于1993年推出石油期货一年以后，便已经超过新加坡国际金融交易所，成为世界第三大能源期货交易市场。1994年，国务院发布《国务院批转国家计委、国家经贸委关于改革原油、成品油流通体制意见的通知》，国内的石油定价改为国家统一定价，我国石油期货也在随后的9年时间里一直处于空白状态。直到2004年8月，燃料油期货重新在上海期货交易所挂牌上市，标志着我国石油期货市场的再次点燃。自2004年8月上市以来，燃料油期货上市总体市场表现良好，也吸引了国内外众多相关企业的积极参与。但从2009年至今，受新合约标准等因素的影响，燃料油期货市场表现相当沉闷。2010年，燃料油期货交易规模大幅降低，全年累计成交合约2136.44万手，同比降低76.65%，仅占全国期货市场总成交量的0.68%。成长缓慢的石油期货市场与国内环境不无关系，期货交易的价格发现与套期保值功能必须结合一定的现实条件才能充分发挥，有了期货产品不等于就获得了定价权。国内石油市场还是一个有限开放、相对垄断的市场，再加上人民币无法自由兑换和外汇管制政策，使其在走向国际化市场的道路上依然任重道远。

(2)我国能源金融市场的投融资状况

第一，能源行业投融资规模方面。我国能源行业融资规模增长迅速，新中国成立以来，能源工业投资年均增长14%，是同期增长最为迅速的基础产业部门。在能源生产规模上，2013年，我国一次能源生产总量为34亿吨标准煤，是新中国成立初期的100多倍。一次能源消费总量为37.5亿吨标准煤，已成为全球最大能源消费国，占全球规模的20%以上；然而，我国的石油、天然气等能源行业投融资体系未能紧跟能源金融的发展，还停留在以银行信贷为主、资本市场直接融资为辅的传统石油金融阶段。如图7-3所示，我国能源行业的固定资产投资，自1995年以来，对煤炭采选业的投资呈上升趋势，对于石油和天然气开采业的投资很明显分为三个阶段：1995—2005年呈下降趋势；2005—2008年缓慢上升；2009年开始快速上升，到2012年达到1963亿元。目前中国能源消费主要以石油为主，随着中国经济的发展，油气资源的消费上升，中国加大了油气开发的投资。

第二，投融资渠道方面。能源工业投资呈现多渠道发展趋势，煤炭行业融资出现了由财政主导向银行主导，再向多元混合融资模式的变化特征。石油和天然气则仍长期以自筹资金和银行贷款作为最主要的资金来源，比例高达八成。这表明我国能源投融资渠道的多元化建设尚处于起步阶段，投融资模式较为单一。

第三，投融资机制方面。长期以来的以财政为主导的投融资机制正在向以市场经济为主导的模式转变，尤其在2004年《国务院关于投资机制改革的决定》出台之后，市场与能源企业的权限界定日渐清晰，标志着我国能源投融资机制改革迈向新阶段。

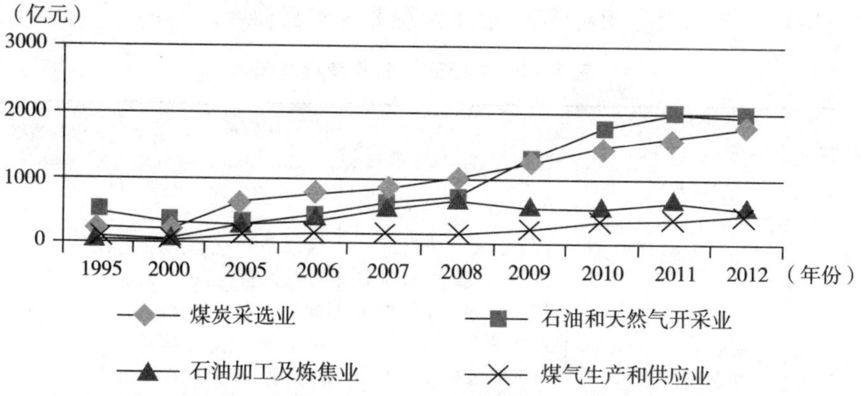

图7－3　能源工业分行业固定资产投资规模

7.2 中国与中亚国家能源金融合作基础及可行性

7.2.1 中国与中亚国家能源金融合作基础

7.2.1.1 中亚五国的油气储量巨大

中亚地区在能源储备方面称为“第二个中东”，以石油、天然气为最。据《BP世界能源统计》数据显示，2011年中亚地区天然气探明储量为27.8万亿立方米，其中土库曼斯坦24.3万亿（占世界储量的11.7%）、哈萨克斯坦1.9万亿立方米（占世界储量的0.9%）、乌兹别克斯坦1.6万亿立方米（占世界储量的0.8%）。据《BP世界能源统计》数据显示，2013年中亚地区天然气探明储量为21.1万亿立方米，其中土库曼斯坦17.5万亿立方米（占世界储量的9.4%）、哈萨克斯坦1.5万亿立方米（占世界储量的0.8%）、乌兹别克斯坦1.1万亿立方米（占世界储量的0.6%）。据中国商务部2012年统计的数据，哈萨克斯坦石油可采储量40亿吨，天然气可采储量3万亿立方米；土库曼斯坦石油的远景储量为208亿吨，土库曼斯坦是中亚地区最大的天然气出口国，远景储量为24.6万亿立方米，雅什拉尔气田的储量达1.5万亿立方米①；乌兹别克斯石油和天然气预测储量分别为53亿吨和5043万亿立方米，乌兹别克斯坦是中亚地区第二大天然气生产国；吉尔吉斯斯坦和塔吉克斯坦的油气资源相对匮乏，但水资源非常丰富。

表7-1　中亚五国能源储量情况

项目 国别	石油	天然气	煤	水利资源
哈萨克斯坦	已探明储量居世界第七位、独联体第二位，可采储量40亿吨，陆上石油探明储量为48亿~59亿吨。哈萨克斯坦属里海地区石油探明储量80亿吨，其中最大的卡沙干油田石油可采储量达10亿吨	可采储量3万亿立方米，探明储量3.3万亿立方米，哈萨克斯坦属里海地区天然气可采储量超过1万亿立方米。	储量1767亿吨，居世界第八位，占世界总储量的4%。全国已探明和开采的煤田100个，其中大部分分布在哈中部和北部	—
土库曼斯坦	远景储量为208亿吨，具备每年开采石油8000万吨的潜能	远景储量为24.6万亿立方米，居世界第四位，具备每年开采天然气2400亿立方米的潜能。	—	—
乌兹别克斯坦	预测储量53亿吨，已探明储量为5.84亿吨，年开采量540万~720万吨	预测储量5.43万亿立方米，已探明储量为2.055万亿立方米，居世界第十四位，2011年开采量月630亿立方米，世界排名第八位。	—	—

① 驻哈萨克经商参处，http://kz.mofcom.gov.cn/article/ztdy/201305/20130500115685.shtml.

续表

项目 国别	石油	天然气	煤	水利资源
吉尔吉斯斯坦	石油资源较少,国内市场所需的原油和石油产品大部分需要进口。探明石油储量1200万吨,天然气43亿立方米	天然气资源较少,国内市场所需的天然气大部分需要进口	境内共发现约70处煤矿床和矿点,探明储量和预测资源量总计为67.3亿吨。国家储量表上储量为13.45亿吨,其中A+B+C1级10.268亿吨,C2级3.182亿吨。煤年开采量约为40万吨左右	水资源蕴藏量在独联体国家中居第三位,仅次于俄罗斯和塔吉克斯坦,潜在的水力发电能力为1420.5亿千瓦时,目前仅开发利用了9%~10%。
塔吉克斯坦	储量为1.131亿吨	储量为8630亿立方米	现有17个煤矿区和24个含煤矿区已发现有褐煤、烟煤、焦炭和无烟煤等,探明储量共计46亿吨,其中,无烟煤储量514.8万吨,焦炭储量13.217亿吨	水利资源丰富,位居世界第八位,人均居世界第一位,占整个中亚的一半左右,但开发量不足世界的10%

资料来源:中国商务部国际贸易经济合作研究院①。

哈萨克斯坦计划在2011年后的20年内把本国的原油出口量增加到1.1亿吨。哈萨克斯坦油气部长萨乌阿特·门巴耶夫表示,哈萨克斯坦计划大幅提高出口中国的原油数量②。

7.2.1.2 中国的油气资源需求巨大

原油对外依存度是指一个国家原油净进口量占本国石油消费量的比例,体现了一国石油消费对国外石油的依赖程度。1993年,中国的石油进口量首次超过了出口量,成为石油净进口国,石油净进口量达988万吨,对外石

① 驻哈萨克经商参处,http://kz.mofcom.gov.cn/article/ztdy/201305/20130500115685.shtml。
② 石化资讯,http://oil.oilchem.net/oil/1_1_435257.html。

油依赖度仅为6.7%。此后,中国石油净进口量几乎呈直线上升。2007年开始超过50%,达到50.5%。2014年我国进口原油3.1亿吨,原油对外依存度为59.6%。到2020年供需缺口将达2.5亿吨,石油消费量将达4.5亿至6.1亿吨,而中国国内可供量却只有1.8亿~2亿吨,缺口达2.5亿~4.3亿吨。专家甚至预言,由于中国石油产量不可能大幅增长,今后新增的石油需求量几乎要全部依靠进口,到2020年前后,中国可能成为世界第一大油品进口国。

我国石油的对外依存度持续上升,天然气也是如此。从2006年开始,我国成为天然气的进口国,2007年是国内天然气消费的转折点,当年天然气对外依存度仅为2%,之后快速飙升,2009年为5%,2010年为11.8%,2011年为24.3%。2012年,中国的天然气对外依存度高达28.9%,2013年我国天然气对外依存度达到31.6%,中国已成为全球第三大天然气消费国。2014年进口天然气580亿立方米,对外依存度达32.2%。天然气作为一种高效的清洁能源,越来越受到我国的重视,未来天然气必将在保障中国能源供给、改善中国能源消费结构、提高能源利用效率等方面发挥不可替代的重要作用,天然气的消费需求也将继续快速增长,天然气的供需矛盾将变得日益严峻。未来中国天然气供需缺口将持续增大,2020年将达到1200亿立方米,2030年达到2500亿立方米,2050年达到3300亿立方米。相应的,我国天然气对外依存度也会不断攀升,2020年达到34.2%,2030年提高到45.5%,2050年提高到50%。

随着中国经济持续发展,对油、气的需求不断增加。自1993年以来,我国成为石油净进口国,每年的进口量递增1000万吨左右,近年来增长趋势更为明显。日均原油生产量已经远远不能满足中国消费,寻求稳定的石油供应,成为中国保障经济稳定发展的重大课题。

7.2.2 中国与中亚能源金融合作可行性分析

7.2.2.1 中国与中亚能源金融合作的宏观背景不断优化

中国与中亚国家自1992年建交以来,高层互动频繁,签订了一系列能源

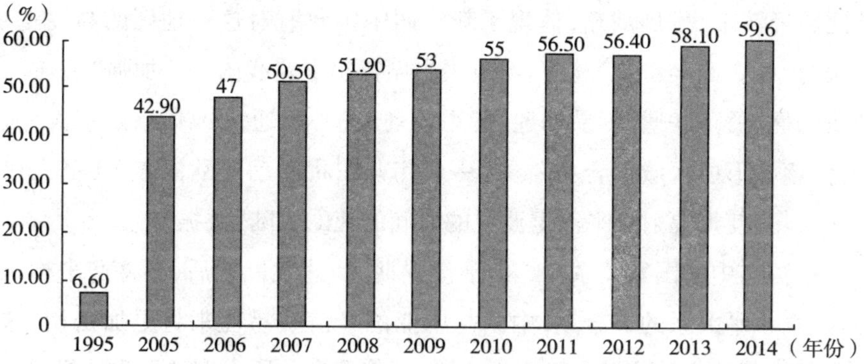

图 7－4　中国原油对外依存度

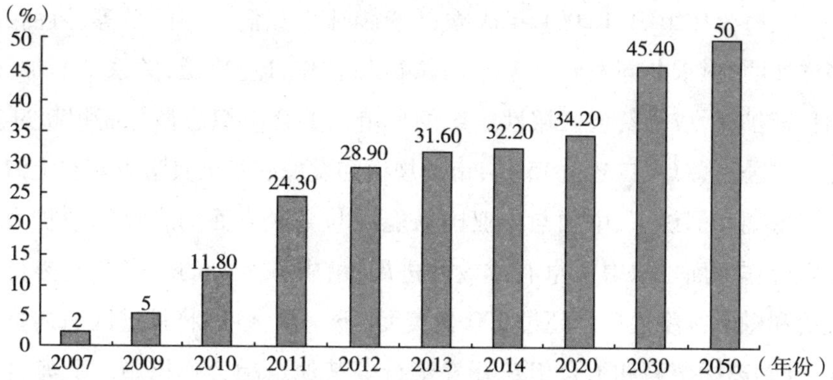

图 7－5　中国天然气对外依存度

金融合作协议。2013 年中国提出“丝绸之路经济带”，得到中亚国家的普遍支持。2014 年哈萨克斯坦总统提出的“光明大道”新经济计划与“丝绸之路经济带”的倡议具有众多契合点。“光明大道”新经济计划核心是要大力推动基础设施建设，特别是完善交通道路基础设施，这需要巨额资金，而中国提出出资 400 亿美元的“丝路基金”和即将运作的亚洲基础设施投资建设银行与其相吻合。2001 年上海合作组织成立，该组织的宗旨之一是实现本区域国家共同繁荣，借助上海合作组织，中国与中亚国家能源金融合作宏观背景将不断优化，合作层次将不断提高。

（1）“丝绸之路经济带”发展战略创造前所未有的历史机遇

2013 年 9 月 3—13 日，国家主席习近平出访中亚五国，提出了共建“丝绸之路经济带”发展战略，体现了新一届中国政府对这一地区的高度重视，围绕“丝绸之路经济带”构想，习近平主席提出了路线图——加强“五通”，即政策沟通、道路联通、贸易畅通、货币流通、民心相通，强调“以点带面，从线到片，逐步形成区域大合作”。这一宏伟蓝图将联动亚欧涵盖30亿人口的巨大市场，使得辐射太平洋至波罗的海间的亚欧大陆“共振”。

中国与中亚国家关系在经历了慢热期、加速发展期后，必将迎来构筑全方位、高水平关系的黄金期，中国与中亚的经济贸易往来将更加密切，这对中国与中亚国家的能源金融合作来说，即将迎来前所未有的历史性机遇。

(2)上海合作组织合作层次不断提升

上海合作组织自2001年成立以来，秉持“互信、互利、平等、协商、尊重多样文明、谋求共同发展”的“上海精神”，合作日益广泛，关系不断加深，影响日渐扩大，成为新型区域性组织的典范。上合组织成员总面积超过3000万平方公里，总人口超过15亿，市场规模和发展前景极具潜力。在上海合作组织框架和倡议下，中国与中亚国家能源与金融方面的合作不断扩大。在金融合作方面也取得了卓有成效的进展，由中方牵头的国家开发银行开展授信和融资额度规模已超过500亿美元，下一步，各国将推进区域内货币互换，推动离岸贸易和上合组织开发银行等其他金融合作措施。上海合作组织实业家委员会和银行间联合体为各国企业合作搭建了平台。

2013年9月13日，上海合作组织成员元首理事会第十三次会议在吉尔吉斯斯坦首都举行。围绕把上合组织“打造成成员国命运共同体和利益共同体”的倡议，国家主席习近平在务实合作方面提出了推动建立上海合作组织开发银行和成立上海合作组织能源俱乐部的倡议，得到参会各方的积极响应。

7.2.2.2 中国与中亚国家的经济联系日益密切

表7-2给出中国与中亚五国的双边贸易额，从中国对中亚五国的进出口总额数据可以看出，中国与中亚五国的双边贸易增长很快，尤其是在近5年内，2007年中哈双边贸易额超过百亿美元，2013年达到285.96亿美元，创历史高峰。

表 7-2 中国与中亚五国的双边贸易额 单位:亿美元

国别 年份	中哈	中乌	中土	中吉	中塔
1992	3.682	0.525	0.045	0.355	0.028
1997	5.274	2.029	0.152	1.066	0.202
2002	7.089	2.132	0.875	2.019	1.147
2007	138.778	11.283	3.527	37.792	5.241
2012	256.767	28.752	103.725	51.625	18.567
国别 年份	中哈	中乌	中土	中吉	中塔
1995	3.91	1.19	0.18	2.31	0.24
2000	15.57	0.51	0.16	1.78	0.17
2005	68.06	6.81	1.10	9.72	1.58
2010	204.29	24.82	15.70	42.00	14.33
2013	285.96	45.51	100.31	51.38	19.58

资料来源:联合国贸易统计数据库。

表 7-3～表 7-6 是 2012—2013 年中国与中亚五国进出口份额分布情况,表中选取了中国、哈萨克斯坦和吉尔吉斯斯坦为代表数据,其他中亚五国的数据很难获得。从表中可以看出,中国是哈萨克斯坦第一大出口和第二大进口贸易伙伴。中国是吉尔吉斯斯坦第二大进口贸易伙伴,仅次于俄罗斯。这些说明了中国与中亚五国的贸易越来越密切,随着更多的中亚五国加入世界贸易组织后,这样的前景会被越来越看好。

表 7-3 2012 年中国与中亚五国出口份额分布

进出口额 国别	出口额 (亿美元)	出口份额(%)							
		中国	哈萨克斯坦	乌兹别克斯坦	土库曼斯坦	吉尔吉斯斯坦	塔吉克斯坦	美国	俄罗斯
中国	20487.8	0.0	0.5	0.1	0.1	0.2	0.1	17.2	2.2
哈萨克斯坦	922.8	17.9	0.0	1.5	0.2	0.8	0.6	0.5	7.3
吉尔吉斯斯坦	16.8	3.6	24.1	11.3	0.3	0.0	2.4	0.2	13.0

资料来源:联合国贸易统计数据库,http://comtrade.un.org/db/default.aspx。

表 7－4　2013 年中国与中亚五国出口份额分布

进出口额 / 国别	出口额（亿美元）	出口份额（%）							
		中国	哈萨克斯坦	乌兹别克斯坦	土库曼斯坦	吉尔吉斯斯坦	塔吉克斯坦	美国	俄罗斯
中国	22096	0.0	0.57	0.12	0.05	0.23	0.08	16.71	2.24
哈萨克斯坦	825	17.4	0.0	1.37	0.21	0.8	0.6	0.5	7.0
吉尔吉斯斯坦	17.73	3.65	21.57	8.97	0	0.0	2.4	0.2	13.0

资料来源：联合国贸易统计数据库，http://comtrade. un. org/db/default. aspx。

中国与中亚五国日益密切的经济贸易关系将会更加促进中国与中亚五国的经济金融合作，提高合作层次。在短期看来，在中亚五国用人民币替代美元作为“国际元”、实现共同货币是不可能的，但只要中国与中亚五国有加强区域经济金融合作的诚意，选取合适的方式，对进一步推进中国与中亚五国的经济合作是有成功的可能的。

表 7－5　2012 年中国与中亚五国进口份额分布表

进出口额 / 国别	出口额（亿美元）	出口份额（%）							
		中国	哈萨克斯坦	乌兹别克斯坦	土库曼斯坦	吉尔吉斯斯坦	塔吉克斯坦	美国	俄罗斯
中国	18181.99	0.0	0.8	0.1	0.5	0.0	0.0	7.4	2.4
哈萨克斯坦	445.38	16.8	0.0	1.8	0.4	0.7	0.2	4.8	38.4
吉尔吉斯斯坦	53.73	22.5	9.7	1.2	0.0	0.0	0.1	4.7	33.2

资料来源：联合国贸易统计数据库，http://comtrade. un. org/db/default. aspx。

表 7－6　2013 年中国与中亚五国进口份额分布

进出口额 / 国别	出口额（亿美元）	出口份额（%）							
		中国	哈萨克斯坦	乌兹别克斯坦	土库曼斯坦	吉尔吉斯斯坦	塔吉克斯坦	美国	俄罗斯
中国	19504	0.0	0.82	0.1	0.46	0.0	0.0	7.4	2.03
哈萨克斯坦	489	16.75	0.0	2	0.45	0.67	0.15	4.8	36.17
吉尔吉斯斯坦	53.73	22.5	9.7	1.2	0.0	0.0	0.1	4.7	33.2

资料来源：联合国贸易统计数据库，http://comtrade. un. org/db/default. aspx。

7.2.2.3 中国与中亚国家经济发展周期趋于同步

开展跨国能源金融合作,需要合作参与方在宏观经济政策方向上保持大体相同,如果经济发展周期阶段性错位是参与方的常态,比如一方经济处于繁荣期的时候,另一方处于衰退期或萧条期,那么参与方国内经济政策宏观调控的方向肯定是不一致的,这会增加跨国合作的难度;相反,如果合作参与方经济发展呈现同周期性,则会降低政策协调的难度。

中国与中亚五国 GDP 增长率如图 7-6 所示,中亚五国在 1997 亚洲金融危机年之前,经济增长趋势与中国差异很大,但在亚洲金融危机之后,经济增长近乎平行的方式运动,其运动趋势也几乎一样。

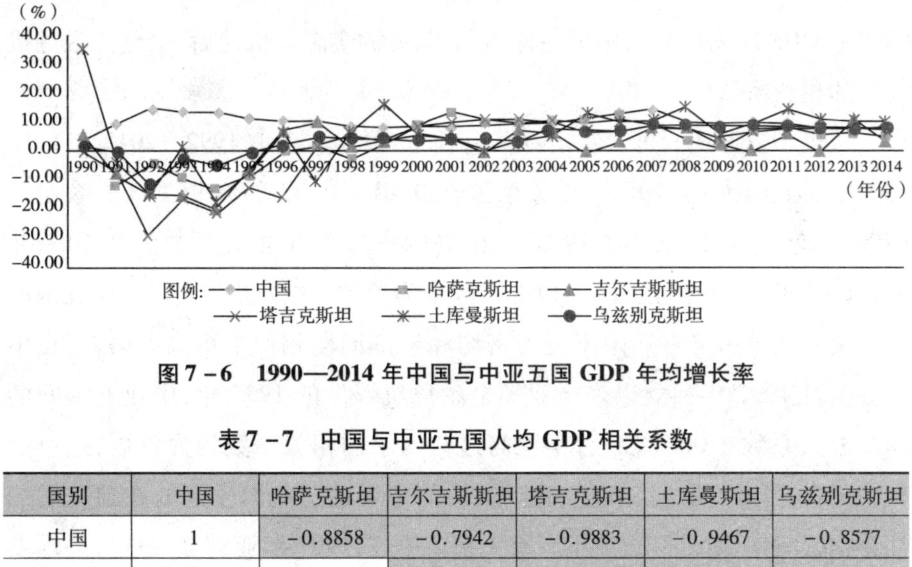

图 7-6　1990—2014 年中国与中亚五国 GDP 年均增长率

表 7-7　中国与中亚五国人均 GDP 相关系数

国别	中国	哈萨克斯坦	吉尔吉斯斯坦	塔吉克斯坦	土库曼斯坦	乌兹别克斯坦
中国	1	-0.8858	-0.7942	-0.9883	-0.9467	-0.8577
哈萨克斯坦	0.9237	1	0.9804	0.9258	0.9001	0.9946
吉尔吉斯斯坦	0.7575	0.9207	1	0.8479	0.8262	0.9860
塔吉克斯坦	0.6193	0.8546	0.9179	1	0.9342	0.9114
土库曼斯坦	0.8261	0.9200	0.9083	0.9017	1	0.8668
乌兹别克斯坦	0.9265	0.9620	0.8995	0.8400	0.9711	1

注:以"1"为界,左下为 1992—2012 年数据,右上(阴影区)为 1992—1997 年数据。

表7-8 中国与中亚五国人均GDP相关系数

国别	中国	哈萨克斯坦	吉尔吉斯斯坦	塔吉克斯坦	土库曼斯坦	乌兹别克斯坦
中国	1	0.9637	0.6320	0.9827	0.9772	0.9979
哈萨克斯坦	0.9896	1	0.6545	0.9903	0.9910	0.9734
吉尔吉斯斯坦	0.9830	0.9840	1	0.6456	0.6835	0.6507
塔吉克斯坦	0.9873	0.9967	0.9866	1	0.9985	0.9916
土库曼斯坦	0.9635	0.9315	0.9268	0.9158	1	0.9882
乌兹别克斯坦	0.9958	0.9742	0.9731	0.9726	0.9697	1

注:以"1"为界,左下为1998—2007年数据,右上(阴影区)为2008—2012年数据。

秦放鸣、张飘洋等(2015)用相关分析法考察了中国与中亚五国的产出水平在多大程度上相关。表7-7和表7-8列出了中亚五国自成立以来人均实际GDP时间序列与中国在样本期间、亚洲金融危机前后、全球金融危机前后的相关系数。

从表中数据我们可以看出:第一,在全部样本期间(1992—2012年),中国与中亚五国人均GDP的相关系数在0.61~0.97的高相关区。喻旭兰(2007)得出东亚国家的人均GDP在1994—2005年相关系数为0.60~0.93,且中国与其他中亚五国的相关系数全为负数,这说明中国与中亚五国的经济关系比中国与东亚国家更为密切和经济周期相似度更高。第二,在中亚五国自1991年独立以来至亚洲金融危机爆发的1997年,中亚五国间的GDP相关系数在0.85以上,中国与这些国家的相关系数均为负数,这可能与中国在这段时间经济处于高速增长,而中亚的这些国家还处在独立后的社会整顿时期、对外开放度不高有关系。第三,1997年亚洲金融危机的爆发使中国与中亚五国的经济联系最为紧密和经济周期相似度最高,1998—2007年GDP序列的相关系数达0.96以上。第四,从1998年至今,中亚五国GDP序列的相关系数变小,中国与这些国家的相关系数全为正,且与中亚五国的大部分国家的相关系数高达0.95以上,这说明这些国家与中国的经济往来比其他区域国家更加频繁。

7.3 中国与中亚国家能源金融合作现状

7.3.1 中国国企与中亚国家的能源合作现状

根据国家发改委《能源发展“十二五”规划》,中国能源发展的基本指导方针是“贯彻落实节约优先、立足国内、多元发展、保护环境,扩大对外开放,加强国际互利合作的能源战略,努力构筑稳定、经济、清洁的能源体系,以能源的可持续发展支持中国经济社会可持续发展”。

中国绝大多数进口原油来自中东、非洲、南美、中亚等地区。在国内石油等能源消费量急剧增加,对石油进口的依存度持续偏高的情况下,中国石油公司贯彻国家实施“走出去”“多元化”能源发展战略,积极拓展海外油田开发业务,建立海外勘探开发基地,投资海油气田及管道项目。中亚成为中国拓展海外能源发展的重要地区之一。

哈萨克斯坦地处中亚,与我国接壤,蕴藏着丰富的油气资源。1997 年,中国在哈萨克斯坦购买了阿克科斯克油田的 60% 股份,开创了中国大企业进入中亚地区的先河。2004 年 3 月,中海油和中石化联手展开一次高达 12.3亿美元的收购行动,意图收购英国天然气集团手中持有的里海北部油田16.67% 的股份,最终以失败告终,但这次海外扩张却是自 1993 年中央制定“走出去”战略,明确要求中国企业在海外建立可靠稳定的石油生产和供应基地的一次勇敢尝试。自 1997 年中石油中标阿克纠宾、2002 年建设中哈管道、2005 年收购 PK,2006 年中信集团收购哈萨克斯坦 Karazhanbas 油田及其他石油资产,2007 年中新资源收购 EM 油田权益等,中哈能源合作 10 年来硕果累累。中国国营石油企业和国家政策银行不仅积极参与开发中亚国家的能源,还积极参与到油气管道及铁路建设中。中国与中亚国家能源合作的具体情况见表 7 - 9.

表 7-9　中国与中亚国家的能源合作

项目 国别	中国参与投资建设的油气管道及铁路	中国与中亚各国签订的油气项目
哈萨克斯坦	2001 年 12 月，中哈两国公司合资组建了哈西北输油管道公司，中国投资参与肯基亚克至阿特劳的输油管道建设；2004 年 5 月 17 日，中石油与哈石油天然气公司签订了《关于哈萨克斯坦共和国阿塔苏至中华人民共和国阿拉山口原油管道建设基本原则协议》，管道总长约 3000 公里②。中哈第一条铁路已于 1990 年竣工，自兰新线的乌鲁木齐西端通过阿拉山口与哈萨克斯坦铁路对接，中哈第二条铁路通道——新疆霍尔果斯至哈萨克斯坦阿腾科里铁路于 2012 年 12 月 22 日正式开通③。2014 年 5 月 21 日，中国石油与哈萨克斯坦国家石油天然气公司签署《中哈管道出口原油统一管输费计算方法及各段所有者管输费收入分配方法协议》和《在哈萨克斯坦建设大口径钢管厂项目框架协议》	中石油与哈萨克斯坦于 1997 年 6 月签订了《购买阿克纠宾油气公司股份的协议》，以 3.2 亿美元收购阿克纠宾油气公司 60.3% 的普通股，并接管了其油田开采权和管理权；2003 年 5 月，该公司通过竞标买得阿克纠宾油气股份公司 25.12% 的股份，该集团还拥有肯基亚克盐上、让纳若尔和肯基亚克盐下三个油气田；中石油于 2005 年 10 月以 41.8 亿美元收购了哈萨克斯坦石油公司；2003 年 6 月，中石油集团同哈萨克斯坦的尼尔森公司购买了哈萨克斯坦北布扎齐油田项目 1/2 的股权；2004 年年底，中国石油化工股份有限公司购买了哈萨克斯坦里海田吉兹地区油田 50% 的股份①；2006 年中信集团收购哈萨克斯坦 Karazhanbas 油田及其他石油资产；2009 年 9 月，中国与哈萨克斯坦达成协议，中国在卡沙甘（Kashagan）油田项目持有股份。中石油还将支付最多 30 亿美元负担卡沙甘油田第二阶段开发所需投资金额的一半。中国国家开发银行和进出口银行将向哈萨克斯坦国有控股公司 Baiterek 分别提供价值 30 亿美元和 50 亿美元的贷款⑪
土库曼斯坦	2006 年 3 月，中土签署了《土库曼斯坦与中华人民共和国关于铺设土库曼斯坦至中国天然气管道的总协议》；2010 年 12 月，土库曼斯坦—乌兹别克斯坦—哈萨克斯坦—中国天然气管线竣工投入使用，土库曼斯坦通过该线路每年向中国供应至多 400 亿立方米天然气①；2013 年，中方投资 80 亿美元，用于土库曼斯坦加尔金内什（南约罗坦）天然气田二期建设工程⑩	2002 年 1 月 24 日，中国石油集团与土库曼斯坦石油康采恩共同签署了《古姆达格油田提高采收率技术服务合同》①；2013 年中国投资 80 亿美元，用于土库曼斯坦加尔金内什（南约罗坦）天然气田二期建设工程⑨

续表

项目/国别	中国参与投资建设的油气管道及铁路	中国与中亚各国签订的油气项目
乌兹别克斯坦	2008年6月30日,中国—乌兹别克斯坦天然气管道动工建设[④]。2011年4月19日,中石油与“乌兹别克油气”国家控股公司签订了“中国—乌兹别克斯坦天然气管道建设协议”,该线是“中国—中亚”天然气管线A、B线之后的第三条管线(C线)[⑥]。中国国家开发银行和中石油为中亚天然气C线乌兹别克斯坦段项目投资22亿美元,该项目计划于2014年完工[⑩]	2005年,乌兹别克斯坦与中国石油天然气勘探开发公司签署了有关在布哈拉—西文地区难采石油储量的油田及在乌斯丘尔特、费尔干纳及布哈拉—西文含油气区进行地质勘探工作而建立合资企业的协议;中石油与韩国、马来西亚和俄罗斯公司共同参加了在滨咸海普查油气的财团;2004年,中国石油技术开发公司为该国国家油气公司完成了价值6790万美元的10套钻探装置现代化;2006年中石油拥有了该国国家油气公司5个在该国不同地区含油气区块的许可证。2007年1月,中石油与该国国家控股油气公司签署了供应价值2亿美元、23台钻探装置的协议;2009年9月,中石油与该国国家石油天然气公司就加强油气合作进行了富有成效的会谈并签署了合作谅解备忘录[①];2014年,中亚天然气C线乌兹别克斯坦段将于2014年完工[⑨]
吉尔吉斯斯坦	2012年4月17日,吉尔吉斯斯坦交通通信部与中国路桥工程责任有限公司就“中国—吉尔吉斯斯坦—乌兹别克斯坦”铁路建设项目签署了合作备忘录[⑥]	2012年8月1日,由中国特变电工在上海合作组织框架内承建的又一重大能源工程项目“达特卡—克明”500千伏输变电工程在克明举行开工奠基仪式[⑤]
塔吉克斯坦	2012年10月27日,由中国路桥公司承建的沙赫里斯坦隧道工程竣工交接[⑥]	2009年6月4日,中塔双方签署了6项合作协议,包括塔吉克斯坦能源与工业部和中国特变电工集团签署的关于建“努拉巴德-1”水电站的协议,塔吉克斯坦“БаркиТочик”电力集团和新疆特变电工集团签署的关于开展罗拉佐尔—哈特龙段、南—北段输电线铺设辅助工作的协议[⑦];2013年6月18日,中石油与塔吉克斯坦能源工业部、道达尔公司、克能石油公司在塔吉克斯坦首都杜尚别共同签署塔吉克斯坦伯格达区块项目油气合作交割协议[⑧]

资料来源:①张辛雨. 中国与中亚能源开发合作研究[D]. 吉林大学. 2012. ②王海燕. 中国参与中亚区域能源合作的策略[J]. 新疆金融:2008(2). ③人民网,http://politics. people. com. cn。④维多利亚. 中国与中亚能源合作研究[D]. 吉林大学. 2011. ⑤中国石油新闻网,http://news. cnpc. com. cn。⑥上海合作组织区域经济合作网,http://www. sco - ec. gov. cn。⑦经贸消息:岳萍译自塔吉克斯坦新闻通讯社2009年6月5日消息,2009(7). ⑧阿里巴巴咨询网,http://info. 1688. com/detail/1138682134. html。⑨驻哈萨克经商参处,http://kz. mofcom. gov. cn/article/ztdy/201305/20130500115685. shtml。⑩驻哈萨克经商参处,http://kz. mofcom. gov. cn/article/ztdy/201305/20130500115685. shtml。⑪路透社,http://cn. reuters. com /article/companyNews/idCNCNE98803H20130909。

在中亚五个国家中，哈萨克斯坦、吉尔吉斯斯坦和塔吉克斯坦三个国家与我国接壤，中亚国家的资源蕴藏非常丰富，尤其是石油和天然气，中国与中亚国家的油气合作对建立平等互利的睦邻友好关系，使中亚国家搭乘中国快速发展的这趟“列车”，发展双方的经济，都有着非常重要的战略意义。以哈萨克斯坦为例，中国国有企业在哈萨克斯坦的主要经营活动如表 7－10 所示。

表 7－10　在哈萨克斯坦的中国公司的主要经营活动

公司名称	主要经营活动
中石油公司(CNPC)	石油天然气勘探、开采、加工、运输、向哈萨克斯坦出口石油机械设备、石油天然气管道铺设、石油天然气工程建设
中石化公司	石油勘探开发与生产加工、向哈萨克斯坦出口石油机械设备
中国海洋石油公司	石油天然气勘探开发
中国地质工程公司	电站建设及供应发电设备、水利设施建设
中信集团公司	石油开采与加工
北方工业公司(振华石油公司)	石油开采

中国与中亚国家在油气方面的合作，自与中亚国家建交以来，已经有 20 多年了，双方的合作取得了良好的社会效益和经济效益，实现了互利共赢。我们知道，中国与中亚国家的油气管道项目的实施对降低中国对中东地区油气的依赖，实现国家油气进口多元化，保障国家能源安全有重要的意义。

7.3.2 中国民营企业参与中亚能源开发

(1) 中国对民营企业进入能源领域的政策变化

中国对民营企业进入能源领域的政策处于不断变化中，如表 7－11 所示，大致分为三个阶段：①国内成品油批发市场自由竞争阶段(1995—1991 年)。这个时期，国家放松对国内成品油市场的准入限制，使得我国在一段时期内出现了成品油炼制、众多民营企业的加油站，中国成品油零售市场几乎处于自由竞争的局面。②中国国有企业双寡头垄断阶段(1999—2005 年)。国家加大了对国有石油企业的扶持力度，不允许独立的非国有的成品油批发企业存在。2001 年，国家出台“关于进一步整顿和规范成品油市场秩序的意见”，重申中石油和中石化的批发专营权，赋予其零售专营权，这个时期，中国各地区民营企业的加油站基本取消，由中石油、中石化统一全资或控股管理，中国的油品市场进入双寡头垄断阶段。③民营企业开始进入能源领域(2005年以后)。从2005年开始，国家允许民间资本进入能源领域，鼓励民营企业开发拓展能源市场，尤其是海外能源市场。允许民企、国企和外资采取独资的形式建立加油站，这个时期，我国的成品油零售市场向民营和外资开放。根据我国加入世贸组织的承诺条款，2006年12月，我国完全开放国内成品油批发市场，石油市场的经营主体多元化竞争局面逐步形成。

表7-11　中国对民营企业进入能源领域的政策变化

年份	国家对民营企业进入能源领域的政策
1994	国家放松对成品油批发市场的准入限制
1999	不允许独立的非国有成品油批发企业存在
2001	国家出台“关于进一步整顿和规范成品油市场秩序的意见”，赋予中石油、中石化两大集团零售专营权
2005	国家出台《国务院关于鼓励支持和引导非公有制经济发展的若干意见》，明确民营企业可以进入能源产业

近些年来，在中国能源安全问题日益突出的情况下，为鼓励中国民营企业“走出去”，给予民营企业开发海外能源一些优惠政策，如给予一定量的原油进口资质，如广汇能源在2014年获得国家批准进口原油20万吨的进口资质。但是，国家给予非国有企业在2012—2014年每年2910万吨的进口配额，对中国原油进口量从2011年的2.8亿吨上升到2014年的3.1亿吨来说，比重非常小。虽然国家给予了民营企业一部分进口原油的资质，但由于未获得原油的销售权，以及地方炼油厂未获得进口原油的使用权，民营企业尚未实现原油的最终销售。因此，对民营企业来说，打破进入能源领域的“玻璃门”，改变中国油气改革打破垄断的艰难道路，国家对民营企业进入能源的政策必须给予更多关注。

(2)中国民营企业与中亚国家的能源金融合作

自2005年国家出台《国务院关于鼓励支持和引导非公有制经济发展的

若干意见》以来，我国开始允许民资进入能源等垄断市场，开始鼓励民营企业去开拓海外能源市场。依据国家“走出去”的油气开发战略，中国民营企业广汇能源积极参与中亚国家的能源开发，加快步伐获得海外石油和天然气资源。

2008 年 9 月，中国民营企业广汇股份与哈萨克斯坦 TBM（Tarbagatay Munai Limited Liability Partnership）公司就石油、天然气进行上下游一体化合作，共同经营 TBM 公司所拥有的石油和天然气资源的勘探、开发、生产等。2009 年 4 月，广汇能源股份公司与哈萨克斯坦 TBM 公司签订共同开发斋桑湖许可区块油气资源协议，开创国内首家民营企业进行跨国合作，勘探并开采国外油气田，输送到国内加工销售的先河。2011 年 12 月，广汇石油公司与哈萨克斯坦核心油气区域内的南依玛谢夫签约油气项目合作。2012 年 11 月，在北京与哈萨克斯坦签订《中哈两国政府间萨拉布雷克—吉木乃天然气管道建设和运营合作》协议。广汇能源控股子公司——新疆吉木乃广汇液化天然气发展有限责任公司投资建设萨拉布雷克—吉木乃天然气管道项目。这是中国第三条跨境油气管道，也是首条完全由民营资本投资建设的跨境天然气管道。这标志着中国首条民企投资建跨国能源通道将进入对接，也标志着跨境能源这一由央企垄断的禁脔终被民资打破。

金融机构响应国家政策，提供民营企业开发能源的资金。2013 年 9 月 3 日，新疆广汇能源股份有限公司在亚欧博览会得到金融机构的大力支持，分别与中国银行股份有限公司新疆维吾尔自治区分行、国家开发银行股份有限公司新疆维吾尔自治区分行和中国进出口银行新疆维吾尔自治区分行签订战略合作协议，总共贷款近 7 亿美元。其中，国开行贷给广汇能源股份公司的 6.69 亿美元贷款，用于广汇能源股份公司勘探开发哈萨克斯坦斋桑油气田 S – Main 和 S – NE；中国进出口银行新疆维吾尔自治区分行贷给新疆广汇石油有限公司 3200 万美元的贷款，用于广汇能源股份公司勘探哈萨克斯坦南依马谢夫油气项目。

能源勘探开发需要巨额资金，中石油、中石化等国有企业离不开巨额资金支撑，民营企业更是如此。中国政策性银行机构肯定了民营企业的优势，与其开展了各项能源金融合作,这有利于金融机构和能源企业双方优势互补和资源共享,建立稳定亲密的战略伙伴关系,实现双方合作互利共赢。同时,充分发挥彼此的领域优势,把金融机构优质高效的金融服务及风险管控机制与民营企业项目实施能力与强大的战略规划相结合,保障民营企业在"走出去"推进企业重点项目时给予支持,有效管控民营企业境外开发能源的风险,加速民营企业的持续发展,壮大民营企业的力量。

2013 年,广汇能源建成中哈萨拉布雷克—吉木乃跨境天然气管道,这是国内首条民营跨境天然气管道。管道虽然建成,但却一直无法获得国家批准的原油进口权,这样广汇能源在哈萨克斯坦境内生产的原油就不能够运回国内。2014 年,广汇能源获得国家原油非国营贸易进口资质,开启了民营油企的新纪元。

7.4 中国与中亚国家能源金融合作路径选择

中亚国家自 1991 年独立以来,中国与中亚国家的贸易往来日益频繁,能源合作日益密切,经济金融合作日益深化。随着全球经济开始摆脱金融危机走向复苏,对能源的需求逐渐扩大,能源金融开始上升到能源战略高度上来。中国的能源安全问题凸显,主要表现在:能源对外依存度持续上升,能源来源地过于集中在中东地区,能源运输主要依靠海上通道较单一,且安全保障性较差。富集油气的中亚国家紧邻中国,连接中国与中亚国家的陆路油气管道较为安全,中亚国家寻求能源勘探开发的合作伙伴和稳定的能源出口地,中国是中亚国家理想的选择对象。但是,中亚国家在能源勘探开发上,一方面能源勘探开发技术缺乏,另一方面资金匮乏,而中国在技术方面处于国际领先水平,再加上大量的外汇储备和日益完善的资本市场,中国与中亚国家的能源金融合作将逐步深化。

2001 年上海合作组织成立,促进上合组织区域内国家经济共同繁荣是上合组织的宗旨之一。目前来看,中国参与中亚国家的发展主要集中在几个领域:一个是已经推进中的油气资源开发,另一个则是交通基础设施建设。油气资源发展和基础设施建设虽然不能推动中亚经济整体发展,却是以点带面的做法，油气资源密集地区、管道沿线、交通道路所达之地都是经济发展有潜力的地方，以这些地区的发展能够带动一个由土库曼斯坦向北经过乌兹别克斯坦、哈萨克斯坦等国直达中国的带状增长区。2013 年习近平主席访问中亚四国，提出共建丝绸之路经济带，2014 年丝路基金出台，亚投行启动筹备工作，都为中国与中亚国家开展能源金融合作提供了契机。

在时代机遇面前，结合中国与中亚国家能源金融合作现状，中国与中亚国家能源金融合作层次如何得到尽快提升，建立和完善能源产业发展投融资体系和丝绸之路经济带能源金融中心是中国与中亚国家能源金融合作的有效路径选择。

7.4.1 建立和完善能源产业发展投融资体系

一直以来，中国和中亚国家能源产业的投融资渠道比较单一，能源建设过度依赖银行贷款，信贷资源主要流向能源行业。一方面迫切需要探索创新有利于能源产业发展的新型融资方式，如项目融资、资产证券化、金融衍生品等，以加大对能源产业发展的金融支持力度；另一方面要完善民间融资机制，引导民间资本合理有序地进入能源产业，扩大能源产业开发建设的融资渠道，促进能源投资主体多元化。

7.4.1.1 设立面向中亚的能源产业发展基金

能源产业发展基金作为我国能源产业投融资体制的主体，是产业结构调整和优化的资本保障。能源产业发展基金的来源多种多样，主要包括国家外汇储备、国家主权基金、动用国家外汇额度特批的外资转为国家定向投资的基金、民间投资等。中亚国家能源资源非常丰富，但缺乏资金。设立面向中亚的能源产业发展基金是中亚能源产业与中国金融融合的有效途径，不仅有利于中国企业开发中亚能源产业融资渠道的拓展，更有利于中亚能源产业可持续发展和产业结构调整；不仅有利于实现中国企业开发中亚能源资本的快速扩张，也有利于社会资本有序地进入能源企业，分享能源企业发展带来的财富效应。中亚能源产业发展基金能够实现中国与中亚国家的互利双赢，既促进中亚国家的经济发展，又保障中国的能源安全。中亚能源产业发展基金，根据其用途可分为中亚能源并购基金、中亚能源产业开发基金和中亚能源风险投资基金。

创新金融产品，扩大融资渠道，建立能源产业发展基金，使我国能源开发企业获得较稳定的资金来源，支持企业参与国际能源衍生品市场的运作，支持企业对境外油气资源的勘探开发生产。借鉴国外大型能源企业境外投资经验，调整海外投资保险模式，力拓能源境外投资保险领域，鼓励政策性银行和保险公司建立专门从事境外投资保险业务的机构，建立海外投资保险制度，分散防范国内能源企业境外投资风险，为企业海外能源投资"护航"。探索能源投资信托、能源勘探权证券化等一系列新型金融产品，拓宽能源企业境外投融资渠道。能源金融一体化是世界货币金融体系和能源产业发展的原动力。能源产业发展基金是能源金融一体化的基础，是较为有效的中亚能源战略投资路径。

7.4.1.2 引导民间资本合理有序地进入能源产业

长期以来，我国能源产业投融资的主体是政府，存在投融资的低效率性，国家预算内投资逐年减少，能源企业自有资金、国内外银行贷款及外资逐渐成为能源企业的主要资金来源。实际上，我国大量的民间资本被闲置，没有充分利用，而能源产业对资金的需求量很大，尤其是在"走出去"能源勘探开发、并购过程中，资金需求非常大，在国家预算投资减少，能源企业自有资金不足，银行贷款有限的情况下，应该补充民间资本。

在中央十六大报告提出的"必须坚持毫不动摇地巩固和发展公有制经济，必须毫不动摇地鼓励、支持和引导非公有制经济发展"方针政策引导下，民间资本向能源领域渗透，规模不断发展壮大，逐渐成为促进能源发展、保障国家能源安全的重要力量。2012 年发布的《国家能源局关于鼓励和引导民间资本进一步扩大能源领域投资的实施意见》提出，将支持民间资本以多种形式参与煤炭资源投资，支持民间资本进入油气勘探开发领域，与中石油、中石化等国有石油企业合作，以多种形式投资油气资源项目。据统计，非国有煤矿产量约占全国的 40%，民营水电站装机约占全国的 26%，民营风电装机约占全国的 20%，民营炼油企业加工能力约占全国的 18%，火电、水电、煤炭深加工等领域已经涌现出一批非公有制骨干企业。民间资本在太阳能热利用、生物质能开发以及晶体硅材料、太阳能热水器、太阳能电池制造等领域居于主导地位,在风电设备制造产业发挥着重要的作用。民间资本已经进入“西气东输”“三线”等国家“十二五”重点项目建设领域。进一步鼓励和引导民间资本扩大能源领域投资,有利于深化改革、完善竞争有序的能源市场体系;有利于促进能源结构调整、推动能源产业由大到强的转变;有利于降低能源生产利用成本、提高能源效率和普遍服务水平。

面对中国日益凸显的能源安全问题,中国能源企业必须“走出去”。众所周知,国外的大型跨国油气公司一般是私营企业,而中国则与之相反。现实中,一些国家比较排斥别国的国有企业进入当地,认为其执行政府意图,受到国家控制。真实的案例如中海油竞购美国优尼科石油公司受阻和2002年中石油放弃竞拍俄罗斯拉夫石油公司,这些都与中国石油公司的国有性质有关。从这方面来说,民营企业具有很大的优势。越来越多的民营资本参与到中亚能源投资,鼓励民营企业参与中亚国家的石油、天然气上中下游产业建设,参与中亚国家火电开发、新能源(如太阳能、水能和风能发电)等方面的投资,这对保障国家的能源安全具有重要的意义。

(1)鼓励民间资本参与中亚国家油气基础设施建设。2014年国家公布《天然气基础设施建设与运营管理办法》,对天然气、页岩气等做出了相应的规定,并鼓励和支持各类资本参与投资建设天然气基础设施。支持民间资本与国有石油企业中石油、中石化等合作,投资建设中亚国家油气干线管道项目;鼓励符合条件的民营能源企业以独资、控股、参股和合作等形式参与建设中亚国家石油和天然气支线管道,煤层气、煤制气和页岩气管道,以及中国西北和中亚地区输配管网、LNG生产装置、油气储存转运设施等,从事油气相关仓储和转运服务。

(2)鼓励民间资本参与中亚国家的能源资源勘探开发。打破民营企业进入能源产业的“玻璃门”“弹簧门”,支持民间资本进入中亚国家石油和天然气勘探开发领域,加快民营企业进入石油和天然气上游的步伐,与国有石油企业合作开展中亚油气勘探开发,以投资建设中亚国家煤、石油、天然气等资源勘探开发项目。同时,支持民间资本扩大投资,参与中亚国家新能源项目建设。鼓励民间资本参与中亚国家如吉尔吉斯斯坦和塔吉克斯坦的电网建设。

(3)鼓励民间资本发展面向中亚国家的炼油产业。国家“新 36 条”出台后,国内外炼油化工领域向民营企业开放,鼓励符合条件的民营企业以多种形式投资建设和运营煤制气等煤基燃料示范项目。依托中哈原油管道,利用中国与中亚国家毗邻的地缘优势,鼓励民间资本尤其是中国西北地区的民间资本投资建设面向中亚国家的大型原油炼化一体化项目,以多种形式建设和运营面向中亚国家的千万吨级炼油项目,提升民营企业石化产业发展水平。

(4)鼓励民间资本参与相关的能源产业投资基金。能源产业投资基金所需资金巨大,引进民营企业作为股东,并使民营企业处于绝对控股地位,成立代表民营资本的能源产业投资基金,按照同等条件和待遇,参与国家能源重点项目,有利于扩大开放和合作、支持民营经济发展、实现国有企业和民营企业互利共赢、增强国家能源供应保障能力。2014 年设立的丝路基金,为“一带一路”沿线国家基础设施建设、能源开发和产业合作等项目提供融资支持,中国将出资 400 亿美元,向民营企业开放,一方面帮助企业提高能源勘探开发生产的融资能力,另一方面加强企业对能源项目的经营管理、风险控制能力,支持民营企业更好、更高质量地“走出去”。

7.4.2 建立丝绸之路能源金融中心

伴随全球经济规模的日益扩张、生产活动的不断深入,能源安全不仅关系到一个国家的经济发展和社会稳定,而且对资源的掌控还具有高度的政治战略意义。与此同时,能源与金融的交融也变得更加全面,打造能源金融中心是正在兴起的国际金融发展趋势。能源金融中心能通过多样化的融资渠道和灵活的融资机制,满足地区能源相关产业的资金需求;能源金融中心能凭借金融机构聚集和竞争,提供丰富的金融产品和服务,既可以适应各类型投资者的风险偏好,又有利于提高金融资源配置效率;能源金融中心能通过能源现货市场和期货市场的相互反应，发现真实能源价格，掌握能源定价权，对一国具有核心战略意义；能源金融中心能运用金融手段分散、转移能源相关风险，而提供的多种融资途径可以减少能源企业对银行信贷的过分依赖，避免系统性风险的发生；能源金融中心能在机构和企业大量聚集、合作、交流的过程中，形成聚集效应，产生辐射和带动作用，促进区域经济发展。

建设丝绸之路经济带能源金融中心是新时期国家"向西开放"战略的具体举措，对于保障国家能源安全、参与国际能源定价具有重大战略意义。

7.4.2.1 国外能源金融中心建设的经验借鉴

由于20世纪70年代初的世界石油危机爆发，国际社会为规避能源产品价格的剧烈波动，产生了石油等能源期货。至今，能源金融衍生品发展非常迅速。从国际范围来看，以石油和煤炭资源为代表的能源金融中心的形成大致可以归为三大类：

(1)以能源禀赋优势形成的能源金融中心——迪拜。这类能源金融中心是借助能源禀赋优势，以能源生产和贸易为基础，吸引金融业与之不断融合，最终形成能源金融中心。比较典型的是阿联酋的迪拜。20世纪60年代，迪拜基于丰富的石油资源，成为世界石油重要产地，并在短时间内成立了商品期货交易所、证券交易所等多个金融交易市场，吸引了亿万石油财富投向迪拜，逐步形成中东的石油贸易和金融中心。1976年，阿联酋政府成立了阿布扎比投资局，主要负责利用国有能源资金进行海内外稳健性投资，其资金来源主要为石油收益，投资的金融领域主要涉及上市公司股票、固定收益工具等。目前，其已是全球最大的主权财富基金。

(2)以能源贸易中转形成的能源金融中心——新加坡。这类能源金融中心的形成，与其所处的地理位置有密切关系，往往是处于能源运输的咽喉要道。从国际范围的石油中转来看，前三大油品市场分别是荷兰鹿特丹市、美国的纽约市和新加坡。以新加坡为例，其充分利用马六甲海峡的海上石油咽喉战略地位制定了相应的能源发展战略。由于新加坡拥有强大的炼油能力和交易集散能力，吸引了全球50多家大型石油公司在当地设立经营总部，数百家中小型石油贸易公司全天候交易集散，使得新加坡油品市场的价格行情在亚洲的能源交易商中成为十分重要的基准价格。

(3)以能源产业升级而形成的能源金融中心——美国洛杉矶。这类能源金融中心是在原有能源产业的基础上，注重对新能源的不断开发和环境保护并与金融业融合而形成的。比较典型的是美国的洛杉矶。20 世纪 20 年代，洛杉矶为全美主要的石油生产基地，从 30 年代开始，洛杉矶开展了能源多元化的大规模建设，在加强对传统石油开采区改造的同时，金融业大力支持水电、核电、风力、太阳能等高科技新能源项目。同时，通过发展国际金融控制和管理中心的方式打造国际资本总部，形成金融资本与高科技产业(包括新能源行业)相融合的金融中心。

由此可见，一个城市或地区建设能源金融中心需要具备资源、地理位置、金融市场发展和经济实力等一方面或多方面的优势，或通过自然形成，或通过政府主导，形成能源金融中心。在现代能源金融中心的培育上，政府的政策支持一般能发挥巨大作用。从国际上看，通过政府支持基础设施建设和出台扶持政策来推动能源金融中心建设的做法，已成为许多国家的共同实践。

7.4.2.2 国内主要能源金融市场建设概况

目前我国能源金融市场建设，最主要的还是集中在环渤海、长三角和珠三角等经济发达地区。这些地区大多地理位置优越，对外开放程度高，以发达的金融体系为支撑，构成了能源金融体系的区域框架和地缘合作平台，初步形成了我国能源金融市场格局。

(1)环渤海湾五省市经济圈。包括北京、天津 2 个直辖市和河北、辽宁、山东 3 个省，在能源金融发展方面，经济圈依托渤海湾数百亿桶储量的油气资源，开展国家战略储备以及形成能源、矿石等大宗货物的集疏港和商业性能源储备基地。经济圈充分利用首都北京的互联网高科技和在线金融资源优势，打造全国能源金融的总部基地；并以天津滨海为中心打造离岸金融区，面向东北亚，成为我国北方对外开放的门户，促进了国际贸易金融发展。

(2)长三角经济圈。以上海为代表的能源金融贸易中心，以长江流域乃至全国广阔腹地为依托,发挥长三角地区的风能和日照资源优势,加强新能源产业基地建设,形成新能源产业与金融产业的新融合点。借助上海开放的金融中心地位,充分利用上海自贸区的金融创新机制,建设原油期货市场,逐步在亚太地区形成一个具有影响力的基准价格,以此成为保障我国能源安全的重要突破。

(3)珠三角经济圈。以香港、深圳和广州为代表的前沿国际能源金融中心,利用前海政策优势,建设前海国际能源金融中心,吸引全球能源投资机构、其他金融服务机构(投资银行、保险公司、商业银行等)及配套服务机构(会计、法律、资产评估)入驻,并提供了专业化和国际化的能源金融服务。

(4)陕西西咸新区。丝绸之路经济带的建设,为西北地区对外开放找到了突破口,提供了发展开放型经济的历史机遇。特别是有利于西北地区开拓中亚市场,参与开发中亚国家的丰富资源,强化区域经济相互协作,提升沿线地区的国际竞争力。在此契机下,2014 年年初,国务院、国家发改委将陕西西咸新区确定为国家级新区,并明确提出"要发挥西咸新区周边能源资源富集和交通便捷的优势,构建以能源交易为主体的金融体系,促进能源开发和金融创新有机融合,大力发展能源金融市场,建设大西北重要的能源金融中心"。

按照国务院对西咸新区先行先试的建设思想,西咸新区在建设丝绸之路经济带进程中已推出实际举措,发布了针对一般企业、金融类企业、能源类企业、经贸类企业的三大类 26 条投资优惠政策。这些优惠政策不仅是提出建设丝绸之路经济带战略以来,全国各类行政区以及开发区中针对丝绸之路建设出台的首个投资优惠政策,也是全国首个直接服务于能源、金融、贸易的投资优惠政策。

(5)新疆克拉玛依市。克拉玛依位于新疆准噶尔盆地西北方向,1955 年,克拉玛依一号井喷出原油,宣告了克拉玛依是新中国成立后发现的第一个大油田。"克拉玛依"意思为"黑油",是世界上唯一以石油命名的城市,被喻为中国石油长子、中国石油工业的西圣地。1958 年 5 月,国家批准设立克拉玛依市。依油而始的克拉玛依,根据自身优越条件,利用地缘优势,提出立足中国西部,面向中亚等地区,以发展成为世界石油城为战略目标,已建设成为一个具有油气勘探、炼油化工、技术服务和石油储备等的石油工业新城。

2010 年在克拉玛依市成立昆仑银行,并启动国际业务筹备工作。至今,昆仑银行的国际业务及各项工作均取得突出成就,具备外汇业务和即期结售汇业务资质,已购买 2000 万美元外汇。截至目前,昆仑银行已同 22 个国家的 58 家金融同业建立了代理行关系,并已在美国、法国、德国、英国、日本、中国香港等国际主要货币清算中心开立了资金清算账户,基本满足了业务发展的需要。昆仑银行依托中石油的深厚产业背景,坚持走产融结合、差异化、特殊化和国际化发展道路,立足新疆、深耕能源金融,大力发挥石油石化产业链式金融服务,形成致力于成为特色鲜明、富有活力的能源银行。

7.4.2.3 建设丝绸之路能源金融中心的对策建议

丝绸之路能源金融中心建设,应以构建"立足丝路起点,面向西北,辐射中亚的重要区域产融结合中心"为方向,总体构想:借助能源禀赋和政策倾斜,以能源交易平台为突破口和核心,打造中国向西开放的能源交易中心和结算中心,最终形成具有全国影响力的能源现代物流集散中心、能源信息中心、能源储备仓储中心、能源金融产品服务中心,形成能源金融风险防范机制、能源金融产品服务创新机制、能源金融重点项目协调机制、能源金融政策支持机制。在这个过程中应把握好"四个坚持":坚持辐射带动、向西开放;坚持突出特点、差异发展;坚持创新思路、先行先试;坚持目标分层、共同推进。建设能源金融中心的初期,应注重发挥政府的积极作用,但中长期还应回归市场主导的模式。

基于上述战略定位,结合中国能源金融市场建设概况,比较各城市的地缘、能源和金融优势,我们认为,丝绸之路经济带能源金融中心应建立在陕西西咸新区,也可考虑在新疆克拉玛依市主要面向中亚国家建立丝绸之路经济带次区域能源金融中心。

构建丝绸之路经济带能源金融中心,实现能源产业和金融产业有效融合的目标,应分层次共同推进,具体包含以下几方面内容:

第一层次 能源企业和金融机构的聚集以及能源金融服务产品的配套。

要建立能源金融中心，首先离不开“能源”和“金融”这两个核心要素。在建设初期，必须重视政府的推动，通过倾斜性政策等手段，实现能源产业和金融产业的快速聚集和充分发展。

(1)落实优惠政策。5月23日，丝路经济带能源金融中心园区优惠政策出台，成为丝路经济带建设首个优惠政策。建议进一步加强优惠政策的宣介，同时随着政策的实施和产业的发展，不断调整与完善现有的政策措施，并扩大惠及领域，同其他区域形成较明显的比较优势，吸引相关机构来西咸新区和克拉玛依市安家落户。

(2)聚集能源企业。结合西咸新区和克拉玛依市实际，可制定重点能源企业引进战略或目标企业库，凝聚全省力量推进能源产业聚集。初期，聚集陕西省内和新疆区内传统的能源企业和新能源企业，考虑将陕西煤化工集团、延长石油集团、中国石油长庆油田公司、陕西能源集团、陕西有色金属集团和陕北部分能源企业的总部或下属结算中心、研发中心、销售公司等设立在西咸新区。中长期，立足省内能源化工基地，吸引内蒙古、山西等周边省份的能源企业设立分公司，推动丝绸之路经济带国家和地区及其能源企业在西咸新区和克拉玛依市设立代表处或区域总部。力争将上合国家能源俱乐部或中亚能源俱乐部落户西咸新区。同时，发挥能源总部经济的扩散效应，吸引能源装备制造、能源高新技术等各类能源产业链上的企业总部或分公司进驻园区。

(3)引进金融机构。在构建能源金融中心的过程中，必须伴随着金融机构的大量进驻。首先考虑银行业金融机构，较容易实现的是争取已进驻陕西的银行业金融机构在园区内设立分支行或专营直属支行，完善金融服务基础。在政府支持下，争取将农村信用社改制后的秦农银行总部落户西咸新区，将西安银行、长安银行总部迁入新区或在此设立能源金融事业部和特色支行。争取把昆仑银行的一些国际业务留在克拉玛依市，真正发挥昆仑银行总部的作用。除了银行业金融机构外，鼓励在能源金融领域具有发展潜力的保险、证券、信托、金融租赁、基金公司等机构在西咸新区和克拉玛依市设立区域总部、分支机构或后台服务支持中心。

(4)完善配套金融产品。西咸新区和克拉玛依市内的金融机构加强与上级行、总行的汇报与沟通,在信贷额度、审批权限、考核等方面加大对区域内能源企业的支持力度,最大限度地实现资金倾斜和政策支持。充分运用短期融资券、中期票据、企业债、集合票据等直接融资方式筹集资金,支持西咸新区和克拉玛依市建设和能源企业发展。鼓励保险资产管理公司实施基础设施投资计划、不动产投资计划和项目资产支持计划,证券公司采取资产管理计划,信托公司发行单一和集合信托等方式,以及利用 BOT、IIF、PPP 等方式进行融资,用于与能源金融中心相关的基础设施和项目建设。

第二层次　发挥西咸新区和克拉玛依市丝路经济带能源金融中心能源储备、交易、物流职能,实现能源产品的金融属性

从地理区位上看,西咸新区位处于我国中部,在战略安全上具有明显优势,具备建立能源产品交易、物流集散、仓储中心的客观条件。克拉玛依位于亚欧大陆的中心,处在泛中亚世界级油气富集区上,在我国实施向西开放战略中具有不可替代的区位优势。金融体系与能源系统的相互渗透与融合,可以从能源实体金融和能源虚拟金融两方面予以体现。西咸新区和克拉玛依市可考虑建立能源金融衍生品交易中心,并依托交易、物流集散、战略储备中心建设,大力发展能源贸易金融和能源储备金融。

(1)打造交易平台。借助陕北国家级能源化工基地,建成国内能源现货、期货交易平台。联合国内著名交易商成立陕西能源交易所,以煤炭资源为突破点,先期构建煤炭及相关化工产品的大宗现货交易和金融衍生品交易,进而开展原油、天然气以及钛、钼等品种的期货交易,形成价格发现和避险机制,提升能源品种定价权,实现能源产品的金融属性。做大做强陕西环境权交易所,完善碳排放权、排污权等产品交易规则,积极发展节能交易服务、清洁发展机制(CDM)项目和自愿减排项目,继续扩大二氧化硫排污权交易规模,成为全国性交易中心。

(2)建立能源物资物流集散与储备中心。物流集散和储备中心能够提

升能源产品集散、贸易功能，整合西安国际港务区的资源，还可以考虑将期货交易的煤炭产品现货交割库落户陕北。同时，站在国家战略安全的角度，在推动西咸新区和克拉玛依市建立国家级战略能源储备库的同时，还可在新区内建立多级战略能源储备，如地方政府储备、企业商业储备等。

(3)发展能源贸易金融。紧密结合能源交易，基于贸易双方债权债务关系，提供基于贸易活动整个价值链的全面金融服务，大力发展贸易金融，发挥昆仑银行的作用。具体来说，一是贸易结算，作为最基础的贸易金融服务；二是能源贸易融资，鼓励金融机构通过开拓创新，以应收预付账款、货权等为基础，完善存货、仓单、应收账款等抵/质押贷款业务，探索开办存货浮动质押、动态质押、未来提货权质押等业务，设立以能源产品交易为主的贸易融资工具，为贸易各方提供资金支持；三是提供贸易增值服务，如避险保值与财务管理，帮助客户有效规避风险。

第三层次 形成西咸新区和克拉玛依市能源金融生态，促进能源和金融相互融合依存

能源金融生态本质上反映能源金融内外部各因素之间的相互依存、相互制约的有机价值关系和环境。从广义上说，和能源金融有关的要素都可纳入这个范畴。但是，在不稳定、不完善的经济环境和条件下，能源产业和金融产业的潜在风险也可能引起风险传染。因此，在能源金融中心建设过程中，应同时致力于形成有效机制，以管理、防范和化解风险。

(1)构建“能源金融系”。可以参照中国石油下辖的“昆仑系”金融控股架构，构建“能源金融系”。中石油运用能源资金布局金融领域，设立或控股了中油财务、昆仑银行、昆仑信托、昆仑金融租赁、中意人寿、中意财险等金融机构。其中，昆仑银行是中石油收购新疆克拉玛依商业银行后更名，主要为石油石化能源产业、石油员工和矿区家属提供金融服务，除在新疆外，还有大庆和西安两家分行，均是拥有丰富石油资源的地区。昆仑金融租赁业务主要为石油装备制造、海洋运输提供租赁服务，以及为能源企业提供项目融资服务。陕西可借鉴此模式，加大陕西煤化工集团和延长石油集团等大型省属能源企业融入金融领域的深度，不仅是简单拥有银行、证券、保险、信

托、期货、租赁、财务公司等金融机构的股权，而且是以金融服务能源、能源促进金融为方向，发挥好其掌控的不同金融子行业的资源协同优势，形成围绕能源产业的特色金融服务格局。

（2）成立能源产业发展基金。以相关能源投资机构作为能源投资基金的主要发起人，选择具有实业投资经验的金融机构作为共同发起人，设立能源产业发展基金。该基金公司可落户西咸新区或克拉玛依市。基金可以政府资金为引导，充分发挥机构投资者作用，同时吸引社会资金参与。由于能源产业的投资回报具有稳定性和成长性的特点，还可鼓励保险公司、养老基金和大型企业集团等投资。能源产业发展基金可用于向大型能源项目提供融资，投资具有一定规模且能保持稳定增长的能源基础产业和基础设施领域，以战略投资者形式投资新能源和高新技术能源企业，投资债券、绩优上市公司股票以及从事能源商品、外汇的期货、远期和互换等交易，提高资本运营收益。

（3）建立能源信贷风险分担机制。可单独建立丝绸之路经济带能源金融中心能源企业担保基金，也可将该担保基金作为能源产业发展基金的一部分，构建能源金融中心的政府、能源企业、银行信贷风险分担补偿和缓释机制，为金融机构大力支持能源企业发展提供保障，以此带动各类型金融资源的投入和参与。

（4）健全能源金融服务中介体系。一是推动能源产业保险、能源信托、能源租赁业务的开展。增强和扩大保险对能源产业的渗透力与覆盖面。针对能源产业勘探、开发生产等上下游不同生产阶段，积极拓展能源行业的保险范围与险种，提高能源产业的保险份额，充分发挥现代保险在能源生产中的经济补偿功能。以信托模式和融资租赁模式吸收社会资金参与，支持能源企业进行并购重组和大型设备采购，进一步丰富能源产业的融资方式。二是借助西部产权交易所，积极开展能源企业股权、物权、金融债券、商标权、专利权等动产和不动产交易，并为能源企业提供项目推介、并购策划、项目融资等中介服务，实现能源企业产权交易、招商引资和科技成果的高效转化。三是发展租赁、资产管理、信用评级、小额贷款公司、融资性担保公司、第三方支付等相关中介机构,形成门类齐全、层次丰富、互为补充的多元化金融服务体系。

(5)开展创新性能源金融交易。积极利用能源金融衍生类金融工具,开展能源即期和远期市场交易,通过交换、期货、期权、掉期等工具,对能源类企业面临的产品、利率、汇率风险进行有效的控制和规避。探索开展能源产业资产证券化,将其拥有的能源资产打包,按利率、期限、风险进行组合,并由资信评级机构进行信用评级,最后将证券出售给投资者,盘活能源资产存量。

第四层次 实现丝绸之路经济带能源金融中心对中亚地区的辐射

(1)如果丝绸之路经济带能源金融中心能够实现前三个层次的建设目标,就基本具备了辐射临近省份的能力,进一步的目标,应当实现对中亚地区的辐射,将其打造成为中国与中亚各国能源经济带建设乃至能源与金融合作的中心或平台。建议推动中亚地区国家在西安设立领事馆,欢迎各国能源企业在西咸新区和克拉玛依市设立办事处或分支机构。在与中亚国家的经济交往中,着力推进人民币国际化,争取实现能源产品结算价格以人民币计价,发挥能源贸易中的人民币结算在打造丝路经济带重要支点中的战略作用。除利用信用证等金融工具外,应以跨境人民币结算试点为依托,深化与中亚国家的金融合作,积累和扩大国际贸易规模,提高境外主体开展跨境人民币业务的积极性。扩大中亚国家经济需要的适销对路产品,在对中亚国家援助、政府对外采购等中方占主动地位的业务中搭配使用人民币,努力疏通人民币流出和回流渠道,提升这些国家接受人民币的意愿和可行性。促进丝绸之路经济带沿线各省区、石油进口企业和政府职能部门达成共识,支持石油进口企业推广、使用人民币结算。同时,加强跨境人民币金融产品的设计和开发,帮助能源企业以最快速度、最低成本进行贸易结算,提升人民币的国际地位。在帮助能源企业规避汇率风险、明晰财务核算、节约衍生品交易和汇兑成本、加快结算过程的同时,形成人民币区域结算机制。通过大力发展境外直接投资人民币业务、开立人民币保函和境外项目人民币贷款业务,便利西咸新区和克拉玛依市能源企业境外投资、承揽工程,有力支持能源企业“走出去”。

(2)丝路经济带能源金融中心建设需要国家各金融监管部门的大力支持。

在国家层面,明确能源金融中心的战略定位,建设国际级的战略能源储备基地,实现我国战略能源储备由东部沿海和新疆向国家腹地的集中,保障能源安全。积极同上合组织国家磋商,推动上合组织开发银行的筹备建立,可考虑在西咸新区和克拉玛依市定址或设立代表处,支持丝绸之路能源金融中心建设。组建上合国家能源俱乐部或中亚能源俱乐部,将俱乐部中国会址落户西咸新区和克拉玛依市,加强西咸新区和克拉玛依市丝路经济带能源金融中心的对外能源合作。

在陕西省和新疆维吾尔自治区层面,倾全省之力打造丝绸之路经济带能源金融中心和丝绸之路经济带次区域能源金融中心,需政府引导、省区内各地市协作、能源企业和金融机构积极参与。省区政府应合理调配省区内资源,协调地区间利益,降低政策门槛,尽快夯实能源金融中心的能源和金融产业基础。同时,积极争取国家支持,使西咸新区和克拉玛依市依托自身优势,在丝绸之路经济带建设中较早崛起,成为与中亚各国能源金融交流的门户。

在西咸新区和克拉玛依市层面,作为丝路经济带能源金融中心建设的排头兵、主力军,应积极领会中央意图,多措并举,向中央争取资源倾斜,将已落实的优惠政策用足用好。加强对外宣传,学习其他地区先进经验,细化中心建设的规划和方案,做好基础设施建设、招商引资等服务性工作,为入驻能源金融中心的能源企业和金融机构提供更加便利、人性化的展业环境。

在金融监管部门层面,人民银行、银监局、保监局、证监局等金融管理部门应配合各级政府,引导金融机构跟进和配套能源金融服务,扩展多元化融资渠道,支持重大能源建设项目的开展,大力发展贸易物流金融、能源储备金融、能源定价与衍生品交易金融,推动设立相关交易平台。

8　乌鲁木齐中亚次区域金融中心建设

8.1 金融中心基本概念

8.1.1 金融中心的含义和分类

对于金融中心的定义,学者有不同的看法。较多使用的一种定义是金德尔伯格(Kinderberg,1974)指出的:金融中心聚集着银行、证券发行者和交易商,是承担资金交易中介和跨地区价值贮藏功能的中心区,它不仅对个人和企业的储蓄及投资进行跨时结算,将资金从储蓄者手中转移到投资者手中,还会影响不同地区间的资金交付和转移。该定义是从金融中心所具备的功能角度定义的,表明了作为一个金融中心城市,应该是金融机构集中,金融市场发达,金融信息灵敏,金融设备先进,金融服务高效,能对较大范围内的资金配置产生重要影响。

金融中心可以从不同的角度去分类,出于本书的需要,依照金融中心的影响力角度进行分类①。

(1)国际金融中心。根据其金融业务辐射的范围,又可以分为全球性国际金融中心和区域性国际金融中心。前者的金融业务辐射全球,目前公认的全球性国际金融中心只有伦敦和纽约;后者的金融业务辐射洲际地区,如东京、香港、巴黎、法兰克福、新加坡等。

(2)全国金融中心。这种金融中心是一国金融市场的枢纽,其交易活动

① 李嘉晓.我国区域金融中心发展研究[D].西北农林科技大学,2007:46.

覆盖全国,与各个地区金融市场有经常性密切的业务往来,如我国的北京、上海。

(3)区域金融中心。在国内一定区域发挥金融辐射作用的金融中心,这个区域可以是一国之内跨省或省内跨地区。目前国内许多城市提出的建设区域性金融中心,就是属于这种类型。

8.1.2 金融中心城市的一般要求

通过考察不同等级的金融中心的形成过程,我们认为,一个金融中心的形成需要满足以下条件:

(1)优越的地理位置。国际知名的金融中心一般建设在国际交通要道上,是著名的海港或交通要道。如全球性金融中心纽约和伦敦,区域国际性金融中心如香港、巴黎、新加坡等16个城市中15个为海港城市。

(2)稳定透明的政治法律环境。金融中心的建成不是一朝一夕的,但社会动荡或政局不稳,会使该金融中心城市毁于一旦。包括社会治安状况良好,政府廉洁高效,能够对经济的外部冲击及时做出反应;各项经济金融法律制度健全,执行严格透明。

(3)宽广的经济腹地。金融是为经济发展服务的,金融虽然是虚拟经济,但最终要靠实体经济的支撑。如果所在城市处于经济规模较大,经济持续增长,发展前景良好的区域,对金融会产生持久和强烈的需求;同时所在区域经济繁荣,生活富足,储蓄水平高,会使金融中心的资金供应充足,这样实体经济与金融活动之间才会相互促进,共同发展。

(4)开放的经济体制。主要指经济市场化运作,政府不干涉经济主体的正常经营活动,生产要素和产品自由流动,市场规则与国际接轨,外汇管制宽松。

(5)完善的基础设施。城市建设布局合理,金融区地位突出,交通通信设施先进、健全,尤其是网络通信技术,应运行安全稳定,与国际标准一致。

(6)发达的金融体系。包括金融机构多元化,银行、证券、保险、财务公司等金融机构云集,金融机构来源广泛,不仅有国内金融机构,还要有国外金融机构。金融市场多样化，货币市场、资本市场、外汇市场、保险市场、票据市场、期货市场、黄金市场和衍生金融工具市场等，形成金融交易和服务的集聚效应和规模效应。能够对国际金融资源配置和金融产品定价产生重要影响。

8.2 乌鲁木齐市建设中亚次区域金融中心概念的提出

8.2.1 乌鲁木齐中亚次区域金融中心概念的提出

本书所讲的次区域金融中心，既不同于上文所讲的区域性国际金融中心，又与一国内跨若干省份的国内区域性金融中心存在差别。从现有的城市建设基础来观察，乌鲁木齐远没有像新加坡、香港等区域性国际金融中心那样能够辐射整个亚太的能力和要件，也不具有像深圳在华南、大连在东北等那样能够影响我国若干省份的金融实力。即使在我国西部地区城市当中，乌鲁木齐与成都、重庆、西安等城市相比，在各种经济社会指标中都不占优势。新疆处于西部边疆，远离中国经济核心区，距离乌鲁木齐最近的目前有铁路可以直接通达的省会城市兰州仍有1892公里。所以乌鲁木齐很难建成完全意义上的国内区域金融中心城市，尤其是在我国众多城市都在积极争建区域金融中心的竞争格局下，乌鲁木齐很难通过向东影响其他省份而成为区域金融中心。

我们所说的乌鲁木齐中亚次区域金融中心是指该中心所影响的区域有特定的范围：主要是指我国的整个新疆、与新疆接壤的周边区域，包括哈萨克斯坦东部地区以及塔吉克斯坦和吉尔吉斯斯坦两个国家。当然，随着中心的扩大，该中心辐射的范围有可能向西涵盖土库曼斯坦和乌兹别克斯坦及里海地区，及向南亚次大陆地区延伸，但是该中心的主体辐射区应该是本书提到的区域。因为，在这一区域，乌鲁木齐有其他城市无法替代的独特优势。

8.2.2 乌鲁木齐建设中亚次区域金融中心的必要性

从我国国内的角度分析，新疆处于我国西部边疆，特殊的地理区位和自然环境，造成新疆远离中国核心经济区，离内地最近的城市带关中—天水市仍有 2600 公里①，受中国人民银行西北分行所在地西安的影响也微弱。新疆全区 160 万平方公里，占我国 1/6 的面积，由于与内地交通的不方便，新疆与我国中东部地区省份的经济联系存在天然障碍，不太紧密②，新疆经济具有自循环的特点。但是从我国构建向西开放新格局的战略高度，新疆又是我国向西开放的桥头堡，近些年来，新疆承担了我国与中亚经贸往来 50% 左右的份额，新疆的众多口岸，成为我国沟通中亚各国的门户③。乌鲁木齐地处新疆天山北坡经济带，是新疆的首府城市。在新疆，乌鲁木齐市的政治、经济、金融等资源和各种基础设施远高于疆内其他城市，目前作为全疆的政治、经济、科技、文化、金融中心城市，已经具有了良好的基础，有条件再进一步将金融服务所辐射的范围向西拓展，构建中亚次区域金融中心。目前新疆处于跨越式发展时期，受到全国 19 个省市的对口支援，中央政府对新疆的发展也高度重视，这也要求新疆提升对外开放的水平，而突破口之一就是将乌鲁木齐建成中亚区域有重要影响力的经济中心城市，构建中亚次区域金融中心可以明显增强乌鲁木齐在中亚的影响力。

从新疆周边国家的情况分析，中亚次区域整体上讲处于发展中国家和地区，整体经济社会实力较弱，金融体系比较落后，能与乌鲁木齐实力相当的城市只有阿拉木图。受到金融危机的影响，阿拉木图金融业发展进程受到严重冲击。所以，在中亚地区，也需要一个能专门面向中亚的区域金融中心，能为中亚区域贸易和投资便利化提供强有力的金融支持。

金融中心的建设不是短期内能够实现的，需要十几年、几十年或上百年的历程，同时金融中心的形成存在路径依赖的特征，一旦某个城市在某一方面抢到先机，就存在自加强机制。所以，乌鲁木齐作为中国向西开放的门户城市，应该尽早筹划创建中亚次区域金融中心城市的进程，争夺中亚地区经

---

① 按关中—天水城市带的核心城市西安与乌鲁木齐的铁路距离计算。

② 长期以来，新疆担当的是我国能源和原材料供应地的角色，是从政府战略角度从事的国家行为，按照市场经济往来的活动较少。

③ 孙庆刚. 新疆经济跨越式发展研究[D]. 新疆大学，2011(8)：144.

济金融制高点，以与中国不断崛起的大国地位相称，开创我国向西开放的新格局。

8.3 乌鲁木齐市与阿拉木图金融基础比较

在中亚地区，能与乌鲁木齐竞争区域金融中心地位的城市是哈萨克斯坦的阿拉木图市，阿拉木图市已于2004年正式提出构建阿拉木图区域金融中心（RFCA）的规划。在此将两城市的核心经济社会指标和金融指标做一对比分析，以发现各自创建中亚地区金融中心城市的竞争力之所在。

8.3.1 乌鲁木齐经济金融发展状况①

乌鲁木齐是中国新疆维吾尔自治区首府，是全疆政治、经济、文化、科技的中心，是第二座亚欧大陆桥中国西部桥头堡和我国向西开放的重要门户。乌鲁木齐地处亚欧大陆中心，全市辖7区1县。截止到2012年年底，常住人口335万人，当年地区生产总值20040727万人民币，财政收入3177363万元，财政支出3638926万元，城镇居民人均可支配收入18385元/人。外贸出口额为806398万美元，进口额为233291万美元，当年实际利用外资19300万美元。在工业企业中，规模以上工业企业法人370个，工业总产值21507822万元，港澳台和外商投资企业19家，港澳台和外商投资企业工业总产值382634万元，占规模以上工业总产值的比重仅为1.8%。

截止到2014年年底，常住人口335万人，当年地区生产总值2510亿元，财政收入452.97亿元，财政支出516.15亿元，城镇居民人均可支配收入23755元/人。外贸出口额为72.17亿美元，进口额为10.68亿美元，当年实际利用外资2.6亿美元。②

截止到2012年年底，乌鲁木齐金融机构共813家，从业人员数为20191人。金融机构存款余额47991400万元，金融机构贷款余额32295700万元，

---

① 本部分数据来源于《乌鲁木齐统计年鉴2013》。

② 《2014年乌鲁木齐市国民经济和社会发展统计公报》，http://www.wlmqtj.gov.cn/stats_info/tjgb/20140416124416467.htm。

城乡居民储蓄存款余额17130500万元。金融机构以银行业为主,其中国有商业银行585家,股份制商业银行54家,城市商业银行75家,邮储银行98家,外资银行只有东亚银行1家,农村信用社85家。另外,信托投资公司2家,财务公司和金融租赁公司各1家,资产管理公司3家。证券、期货经营机构有3家,从业人员1050人,中国各大证券公司大部分在乌鲁木齐设有营业部,营业部共计17家,从业人员630人。上市公司23家,2012年末总股本1862957万股。保险机构179家,保费收入77.28亿元。金融从业人员共计2.41万人,占城镇单位就业人口63.02万人的3.8%。金融业增加值1170032万元,占地区生产总值的5.8%。

8.3.2 阿拉木图经济金融发展状况①

阿拉木图(г. Алматы)位于哈萨克斯坦东南部、天山北麓外阿赖山(中国称“外伊犁山”)脚下的丘陵地带,三面环山,面积约223.9平方公里,海拔700~900米,是哈萨克斯坦共和国科学、文化、经济中心,是哈萨克斯坦乃至中亚地区重要的交通枢纽,与我国的北京、乌鲁木齐开设有直通航线。

2012经济社会核心指标:面积为223.9平方公里,常住人口数147.55万人,地区生产总值57300亿坚戈,财政收入246534百万坚戈,财政支出242424百万坚戈,从业人员97万,平均工资132545坚戈,2012年全年运输量为158.1百万吨,当年消费者物价指数为7.5%。证券经纪人和经销商有70个,外资银行11个,其中包括中国银行哈萨克斯坦分行、中国工商银行阿拉木图分行,本国银行26个,保险和再保险机构38个,保险代理商14个,主要的基金有4个,评级机构5个。

8.3.3 乌鲁木齐与阿拉木图对比分析

表8-1表明,从社会经济核心指标看,阿拉木图与乌鲁木齐建成区面积大体相当,乌鲁木齐的常住人口大概是阿拉木图的两倍,从业人员数大概是

---

① 阿拉木图经济社会指标数据来自:《REGIONS OF KAZAKHSTAN》, Agency on Statistics of the Republic of Kazakhstan, Astana city,2010。金融数据来自“REGIONAL FINANCIAL CENTER OF ALMATY CITY”网站,网址:http://www.rfca.kz。

1.1 倍。2011 年,乌鲁木齐失业率为 3.1%,阿拉木图为 5%,比阿拉木图低 1.9 个百分点,但这两个数据可比性不大。哈萨克斯坦数据中的失业率是调查失业率,我国是城镇登记失业率,前者的统计方法与国际接轨,更能反映实际的就业状况。从人均工资收入上看,阿拉木图是乌鲁木齐的 4 倍左右,人均总的货币收入阿拉木图是乌鲁木齐的 1.8 倍,说明阿拉木图的生产效率高于乌鲁木齐。从总量上看,乌鲁木齐的财政收入和支出高于阿拉木图。财政支出占 GDP 的比重既能反映政府干预经济的能力高低,又在一定程度上表明该经济体市场化的程度,乌鲁木齐该指标为 18.2%,阿拉木图为 4.2%。从经济结构分析,阿拉木图比乌鲁木齐的经济结构更高度化,服务业占 GDP 比重为 89%,乌鲁木齐该数字为 57.38%。阿拉木图的高等教育机构数目远高于乌鲁木齐市,在校大学生人数比乌鲁木齐多 2 万多人,从人才培养与储备上看,优于乌鲁木齐市。

表 8-1　2012 年阿拉木图与乌鲁木齐基本情况比较

指标＼城市	阿拉木图	乌鲁木齐	指标＼城市	阿拉木图	乌鲁木齐
区域面积(平方公里)	300	368.40	工业产值(百万美元)	3920.60	34071.80
常住人口(万人)	150	335	零售贸易额(百万美元)	1477.03	13217.44
地区生产总值(百万美元)	38428.0	31747.7	第三产业占 GDP 比重(%)	89	57.38
从业人员数(万人)	97	105.8	高等教育机构(个)	45	18
失业率(%)	5	3.1	在校大学生人数(人)	158500	135954
消费者物价指数(%)	7.5	3.4	银行业	38	721
工资收入(美元/人·月)	888.91	199.10	外资银行	11	1
财政收入(百万美元)	1653.37	5033.45	证券商	70	2
财政支出(百万美元)	1625.81	5764.64	保险机构	38	179
名义货币收入(美元/人·月)	518.54	281.10	其他金融机构	9	6

资料来源:阿拉木图经济社会数据来源于《REGIONS OF KAZAKHSTAN》, Agency on Statistics of the Republic of Kazakhstan, Astana city,2010。金融数据来源于 http://www.rfca.kz/en。乌鲁木齐市数据来源于《乌鲁木齐统计年鉴(2013)》。根据世界银行公布的各国与美元当年官方汇率,将本国货币表示的价值类指标统一换算为美元,2012 年平均美元:坚戈 =1:149.11,美元:人民币 =1:6.3125。

在金融领域，阿拉木图比乌鲁木齐构建区域金融中心最显著的优势是阿拉木图宽松的金融政策，虽然其金融业受到金融危机的严重冲击，但是哈萨克斯坦金融体系全方位开放的政策没有变化。我国利率仍然不能随市场自由波动，本币还不能自由兑换，金融体系的准入还很严格，这些都离建设金融中心需具备自由宽松的金融政策环境有一定距离。

构建一个区域金融中心城市的必要条件是外资银行和跨国金融机构的集聚。从表8－1可以看出，乌鲁木齐只有1家外资银行，而阿拉木图目前有11家，哈萨克斯坦银行采取的是混业经营模式，这些外资银行可以从事股票、债券等业务。所以在整个金融体系中，外资金融机构在金融体系中所占比重，阿拉木图远高于乌鲁木齐。

乌鲁木齐在我国金融体系中的地位远低于阿拉木图在哈萨克斯坦的地位，阿拉木图是哈萨克斯坦国家的金融中心，在总统的直接授权下建设该中心，乌鲁木齐在我国的金融体系中处于第三梯度（北京、上海—西安、成都—乌鲁木齐）①，处于中国金融政策的被动执行区，对我国金融改革政策的影响很微弱。这又直接体现在阿拉木图的金融机构都是本国金融机构的总部所在地，而乌鲁木齐的银行机构都是本国的分支行一级，有些证券机构只是营业部级别。中国的金融机构实行的是垂直管理制度，乌鲁木齐本地的金融机构所处层级较低，独立推出金融创新产品的能力和意识都较差。

综合比较，目前在区域金融中心建设上，阿拉木图比乌鲁木齐的内外部环境优越、实力更强，在金融业的培育和发展及金融中心的建设方面，已经走在了乌鲁木齐的前面。

8.4 阿拉木图区域金融中心建设实践及分析

阿拉木图作为中亚区域具有重要影响的城市，构建区域金融中心的实践活动已经取得初步成效，受金融危机的影响，也暴露出不少问题，本节对阿拉木图创建区域金融中心相关的政策措施、组织架构进行分析，为乌鲁木

① 根据人民银行总行—分行—支行的层次大体划分。

齐中亚次区域金融中心的建设提供借鉴。

8.4.1 阿拉木图区域金融中心的历史

哈萨克斯坦自1991年独立以来,经济社会发展进程在独联体国家中处于前列,金融体系也较为完善,哈萨克斯坦的经济体制和金融体制全面向西方靠拢。阿拉木图作为中亚五国中实力最强的城市,在20世纪90年代就有创建区域金融中心的想法。2004年哈萨克斯坦总统纳扎尔巴耶夫在出席11月哈萨克斯坦国际金融会议时与其他的中亚国家金融状况进行了比较,以哈萨克斯坦金融业的发展,金融服务业在国内生产总值的占比、国内储蓄的稳定增长、在独联体国家开始投资、金融领域人才结构较为完备的基础上,正式提出将阿拉木图建成区域金融中心城市的发展规划。2006年2月,阿拉木图区域金融中心(RFCA)正式成立,哈萨克斯坦政府任命波士顿咨询集团负责将阿拉木图建设成为重要的区域金融中心①。这个集团的主要职责是研究哈萨克斯坦发展区域金融中心的优势和劣势,研究有利于区域金融中心发展的法律框架和管理地位。2006年5月,哈萨克斯坦总统签署了《关于阿拉木图区域金融中心》的法令,该法令是调整RFCA参加者和利用相关者的相互关系的依据。根据该法令,该金融中心具有自身独特的制度规定。同年,金融中心的全权代表机构(负责协调阿拉木图区域金融中心的活动)——哈萨克斯坦代表处(Agency for RFCA Development)开始工作。2006年3月,哈萨克斯坦总统在发表的国情咨文《哈萨克斯坦金融世界竞争力50强国家行列战略》中,确定了该国金融业发展任务,并对中亚区域建设阿拉木图金融中心给予了特别关注。该战略认为,对大金融机构组织、区域性大型商业项目通过贷款、保险和金融服务创造便利条件,并建立与之相适应的基础设施是实施这一战略的关键性因素②。

---

① 该咨询集团曾经是“新加坡成为亚太地区金融中心”的主要规划设计者之一。

② 根据网站 Казакстан Республикасы ¥лттык Банкінін Алматы каласынынθнірлік каржы орталыFын дамыту комитеті(网址:http://www.rfca.gov.kz/3363)整理。

8.4.2 FRCA 的总体架构及职能定位①

在 FRCA 成立之初,阿拉木图区域金融中心活动代表处直接对哈萨克斯坦总统负责,负责全面协调区域金融中心的各项活动。2011 年 4 月,哈萨克斯坦总统纳扎尔巴耶夫撤销了该机构,其职能和权力转交给哈萨克斯坦国家银行行使。目前 FRCA 的管理架构见图 8-1。

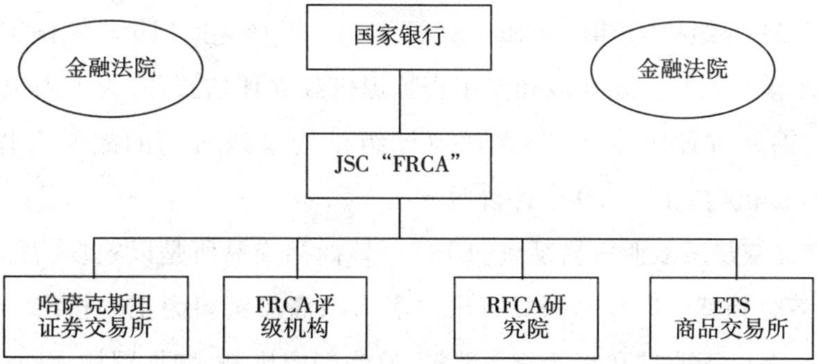

图 8-1　FRCA 管理架构

哈萨克斯坦国家银行(the National Bank of the Republic of Kazakhstan)是哈萨克斯坦的中央银行,行使管理、监督和制定金融政策的职能。

阿拉木图区域金融中心股份有限公司(JSC"FRCA")　该公司成立于 2007 年 1 月 29 日,是哈萨克斯坦证券交易所(KASE)最大的股东,是 FRCA 评级机构、FRCA 研究所、商品交换欧亚贸易系统(ETS Commodity Exchange)的创立者。

该公司的总体使命:通过金融中心的成功运行,吸引国内外的参与者,创造合适的环境和有效率的运行机制,使哈萨克斯坦融入全球经济中。

该公司的主要目标:发展哈萨克斯坦的证券市场,与国际标准接轨。使哈萨克斯坦的证券市场与国际资本市场一体化,提高其证券市场的流动性。创造吸引投资者在哈萨克斯坦投资的环境,包括个人投资者对证券市场的参与。

---

① 根据 Региональный финансовый центр города Алматы, http://ru.wikipedia.org/wiki/和 http://www.rfca.kz/网站资料整理。

哈萨克斯坦证券交易所(KASE)　该交易所始建于1993年,是中亚地区最大的多功能和有组织的金融市场。该交易所可以划分为四个领域:外币市场、政府债券市场、公司债券和股票市场、金融衍生品市场。战略目标:成为领先的地区金融市场,在这里来自世界各地的投资者有机会根据国际惯例、承担最小的风险,运用多样化的金融工具,享受高质量的交易服务,从事各种金融活动。

RFCA评级机构(RFCA Rating Agency)　哈萨克斯坦第一家国家评级机构,为哈萨克斯坦公司获取和使用贷款提供独立评估服务,为国内银行和投资者提供地方评级系统,马来西亚评级机构是该机构的战略合作伙伴。2009年该机构完成了20个评价服务工作。

商品交易所欧亚贸易系统(ETS)　该商品交易所是以粮食、石油、燃化油料、黄金和其他贵金属等具有出口潜力的商品销售为工作指南。该商品交易所,有助于改进和完善商品销售、价格制定机制,增加贸易活动透明度,在各类市场交易关系中监督垄断。2009年9月,期货贸易在该交易所开张。

阿拉木图区域金融中心研究院(RFCA Academy)　活动的主要方向:提高公民的金融专业知识,建立和造就金融专业人才的培训教育中心,使他们借助于学科知识和技能成为该领域的积极参与者,该院与许多研究所展开了合作,主要有伦敦有价证券和投资研究所、卢森堡金融工具技术分理处、俄罗斯联邦政府金融研究所、法国高级商业学校。著名投资银行(UBS)是其战略伙伴。目前,私人投资俱乐部在发挥着研究院学习基地的作用,不同层次的金融人士,包括专业的金融市场参与者、有经验的投资者、初涉金融市场者,或者还未掌握必要知识但对有价证券市场投资有兴趣者,在这个非商业性的平台自愿聚集在一起。俱乐部每周都举行非正式的讨论、项目训练和学习班等形式的活动。

阿拉木图市专业金融法院　金融法院设立的目的:为区域金融中心的参加者最大限度地简化法律诉讼程序。重要使命:解决金融、税收等方面的争议,也涉及区域金融中心参加者的其他民事诉讼。在哈法律诉讼史上,公文处理不仅使用国语和俄语,还第一次使用了英语,从而为区域中心的外国公司代表提供了参加法律诉讼的可能性。

8.4.3 阿拉木图市建立区域金融中心的经验和教训

哈萨克斯坦自1991年独立以来,得益于国内丰富的能源矿产资源、稳定的社会环境,经济发展水平在独立体国家中独树一帜。作为这个国家的经济中心城市,阿拉木图很早就在酝酿创建中亚金融中心的行动方案。在创建初始,哈萨克斯坦政府选择了三种模板作为阿拉木图区域金融中心(RFCA)的参照模式,即都柏林(爱尔兰首都)、迪拜和新加坡模式。区域金融中心力争汲取他们共同的特点——易接近,透明、可靠、公平、政府推动——作为区域金融中心的基本特征。

为了确保中心富有竞争力,哈萨克斯坦政府采取了一系列前所未有的措施:

(1)高度的税收优惠体制。证券升值收入、分红或股利收入、债券利息收入、投资基金分红收入,无论是居民还是非居民,无论是机构还是个人,税收均为零。

(2)非常低的管理成本。哈萨克斯坦政府根据公司证券发行量补偿部分审计费用,对首次进入证券交易所的审计费用全部返还,免除登记注册费用。

(3)施行特殊的法律管辖。对所有的参与者待遇完全平等。设立专门受理区域金融中心事务纠纷的法院,可以用英文文本进行诉讼。对于非哈萨克斯坦公民,只要在区域金融中心进行经营投资活动,一旦抵达阿拉木图国际机场就将获得入境签证。中心的参与者可以用英语写作办公文件和签订协议,行政管理部门的规章条例也翻译成英文。

在具体的措施上包括:定期发行国债,增加哈萨克斯坦国债市场交易量。成为中心的成员是哈萨克斯坦国有企业的法定义务。启动国有企业的IPOs(首次公开发行),银行机构上市交易,引进新的金融工具如指数基金、证券资产、期货、期权,这些工具机构投资者和个人都可以购买。大力发展哈萨克斯坦证券市场,建立与国际证券市场一致的基础设施。国家发展银行(唯一政策性银行)全面涉足金融中心的各种活动。建立哈萨克斯坦清算中心。通过政府发行政府债券执行大规模的投资计划,提升生活水平。允许累计退休基金建立联合组织作为参与者在中心运作等。

在这些举措的刺激下,在较短时间内,哈萨克斯坦国内和独立体等周边国家的金融机构呈现向阿拉木图集聚的趋势,金融机构数目、金融业的活跃度较快提升。不过,金融危机来临后,哈萨克斯坦的金融业受到强烈冲击(详见本书 3.1.1.1 部分内容),区域金融中心的建设也受到明显影响。

哈萨克斯坦受金融危机的严重影响从另一个侧面说明哈萨克斯坦的金融监管制度和风险预警机制有很多需要完善的地方。首先,作为一个发展中国家,哈萨克斯坦外汇储备主要是石油美元储备,经济结构还很不完善。以自由开放为基础的金融体制改革,尤其是外汇管理体制改革,使该国的经济与全球经济紧密结合,但同时缺少对国际负面冲击的防范监控措施,尤其在监管水平较弱的时候,贸易项目和资本项目下外汇的自由兑换,使该国的金融体系置于全球风险之中。哈萨克斯坦实行银行业的混业经营,尽管证券商和经纪人数目很多,但这些券商不过是银行的分支机构或子公司,背后还是银行业作为支持。这样,银行业在追求高利润动机驱使下,容易忽略金融风险,或者一旦遭遇外部冲击,起伏较大的证券市场会对银行的正常经营产生较大冲击。2008 年金融危机来临后,哈萨克斯坦银行业通过举借大量的中短期外债向本国企业提供长期贷款,从中赚取利差的盈利模式马上崩溃,许多银行破产,对该国的实体经济也造成强烈冲击,就说明该国对银行业的监管方法和监管目标都存在很多漏洞。

8.5 乌鲁木齐建设中亚次区域金融中心的可行性分析

8.5.1 困难与机遇

目前,乌鲁木齐建设中亚次区域金融中心仍存在很多困难。

从国外的周边环境观察,因为中亚区域整体仍处于发展中国家水平,大部分国家经济发展程度不高,有些国家发展还很困难,当前各国间相互贸易量和投资额还不大,对金融服务的需求有限。另外,“中国威胁论”在中亚有些国家还存在一定市场,很可能对乌鲁木齐建设次区域金融中心持消极态度,这样资金在中亚区域的流动就可能受到限制。由于新疆受周边国家和新疆面临宗教极端势力和国际恐怖势力的潜在威胁,该区域经济社会发展的稳定度较低。

国内的经济金融政策对金融中心的建设还存在许多阻碍作用。从其他地区金融中心的建设经验看,本国货币的可自由兑换是一个重要条件,我国目前基本实现了贸易项目的可自由兑换。对于资本项目下的可自由兑换,我国金融管理当局现在还没有提出明确的日程表。我国的金融监管水平还很有限,为了金融安全,对金融业务的监管非常严格,金融自由度和市场化水平都不高。

我国的中央银行和商业银行实行的是总行—分行—支行—营业部等垂直管理体系,政策的制定和执行、规模机构的调整、营业网点的布局等都由上级行决定。在乌鲁木齐的中央银行只是支行级别,对我国货币政策的影响很微弱。商业银行中,只有本地银行——乌鲁木齐市商业银行总部设在乌鲁木齐,其他银行到分行级别。证券公司只有宏源证券一家本土的,其他证券公司和保险机构只是设立的营业部。金融中心应是金融政策信息比较集中的区域,乌鲁木齐近一个时期很难做到这一点。

外资银行云集是金融中心的一个典型特征。乌鲁木齐现在只有香港的一家外资银行——东亚银行。中亚国家在乌鲁木齐的分行或代理处还没有一个,这非常不利于整合中亚的金融资源。

建设国际性的金融中心,需要精通国际金融方面的高端人才,也需要众多懂得金融专业知识的从业者,乌鲁木齐目前在这方面还很薄弱。另外,新疆作为一个欠发达地区,对金融中心的经济支持力度有限。

尽管面临很多困难,但正如本章第二节所论述的,建设次区域金融中心非常有必要,当前也是实施这一战略规划的有利时机。

首先,在中亚区域经历了金融危机后,中亚各国的经济受到不同程度的冲击,暴露出金融体系的漏洞和金融行业的缺陷,阿拉木图也受到严重冲击。乌鲁木齐在中亚城市中的地位和实力相对提高,乌鲁木齐应抓住这样一个机遇。

其次,新疆正实施跨越式发展战略,受到我国中东部19个省市的对口支援,包括金融大省北京、上海和深圳市。上海正在创建区域国际性金融中心,又是上海合作组织的总部所在地,目前上海国际性金融业务主要面对的是亚太地区,尤其是东北亚、东南亚等,乌鲁木齐可以与上海合作,推进我国的金融服务在中亚的影响力。

随着中国在全球经济地位的上升,我国政府在政策层面开始支持人民币走向国际化,外汇管制在逐渐放松,乌鲁木齐担当我国向西开放的优势会进一步显现。另外,鉴于新疆西部边疆少数民族区域的特殊区情,实行特殊的金融政策对其他区域的影响不大,在新疆跨越式发展的背景下,可以向中央政府争取有针对性和差别化的金融扶持政策。

建设中亚次区域金融中心是长期战略,我们不能坐等所有的要件都具备的时候才筹划,应提前做准备,早打基础,边建设边探索经验边积累优势,许多不具备的条件和环境也会不断改善和创造出来。

8.5.2 建设的步骤和举措

目标定位:立足新疆,面向中亚,为我国与中亚各国的经济合作提供金融支持,以此推动我国向西开放新格局,为中亚区域间的贸易和投资提供金融服务,为中亚地区提供具有若干特色专业服务的次区域金融中心。

构建乌鲁木齐中亚次区域金融中心的目的是,通过该中心的构建,促进新疆经济的发展,深化我国与中亚各国的经济合作。根据现实基础和周边环境,乌鲁木齐建成完整意义上的国际金融中心的可能性非常小,应从实际出发,根据我国与中亚国家的经济发展水平和产业发展状况,以及中亚区域贸易和投资的特点,提供能够满足中亚次区域金融需求的金融工具、金融产品和金融服务,无须将满足国际金融中心的所有要件作为追求目标。

指导思想和构建模式:综合考虑,乌鲁木齐中亚次区域金融中心的建设应采取“政府推动,市场主导,打牢基础,稳步推进”的建设模式。

国际上金融中心的形成，总体来说有两种类型，自然形成型和政府推动形成型。如19世纪的伦敦，20世纪至今的纽约，均主要以所在国强大的经济实力为后盾，本国大量的海外贸易及本国货币作为国际通用货币的地位，优越的地理区位和不断完善的基础设施和法律制度，形成了全球金融中心。另外一种区域国际金融中心并不是处于全球的经济中心，主要是通过政府的强烈推动——较低的管理费用和运营成本，非常少的国家干预，自由的外汇管理制度——所形成。新加坡是典型的通过政府的主动设计——首先开辟亚洲美元市场——形成目前影响整个亚太地区的区域性金融中心的。当然，不管是哪种模式形成的金融中心，要想维持持久的影响力，经济基础和政府推动都不可或缺，只不过经济实力在自然形成模式中起主要作用，在政府推动模式中起的是间接作用。

乌鲁木齐中亚次区域金融中心的建设已经落在阿拉木图的后面，根据乌鲁木齐现有的经济实力，靠自然形成不太现实，只能通过政府推动。在借鉴阿拉木图的建设经验时，我们应吸取其“激进、冒进”的教训，避免急功近利的思想，前期要靠政府出台的各种优惠政策铺路，出台各种适宜金融机构集聚、金融市场不断发展完善的政策，改善金融生态环境，打牢基础。在金融中心的规划上可以适度超前，但不能严重脱离实体经济的实际发展水平不切实际地盲目超前。在着眼点上应主要关注中亚的需求，做成有特色的区域金融中心。

没有经济实体支撑的金融中心具有天然的脆弱性，可以造成一时的繁荣，但也容易陷入衰败的陷阱，迪拜就是这样一个例子，乌鲁木齐应吸取迪拜的教训。鉴于中国的国情，避税港型离岸金融中心不是乌鲁木齐的参考模式，这种中心一般设在较小的经济体，经营者在该类中心主要目的就是逃避税收和管制，并没有在当地开展实际的金融业务。乌鲁木齐中亚次区域金融中心的建设目标并不是单纯发展金融业，而是为深化我国与中亚的经济合作提供针对性的金融服务，所以一定要有实体经济的依托。乌鲁木齐中亚次区域金融中心的建设应该促成新疆经济形成这样一种良性循环：金融中心的建设不断推进——满足新疆经济主体的资金需求——新疆经济规模不断扩大,经济结构不断优化——金融中心实力不断增强。外向型经济的扩展是国际金融服务增加的内在根据,这就需要继续推进乌鲁木齐国际商贸中心的建设,增加招商引资的力度,推进乌鲁木齐出口加工区的建设,提高新疆和乌鲁木齐实体经济在中亚区域的影响力。

步骤措施:第一步,从政府层面和金融界认识到建立该中心的必要性,聘请专家队伍对该中心建设的优劣势和条件等进行充分论证,在对比国际上其他金融中心发展的历史经验和周边经济金融发展状况的基础上,提出可供选择的模式。第二步,政府出台各种优惠政策,逐步建立若干针对中亚区域的特色金融市场,或者为建立这些市场做好前期各项准备工作。第三步,不断推出新的金融工具,形成金融中心自我良性驱动的市场机制。在第三阶段时,应实现"政府金融监管比较完善,金融干预逐渐退出,市场成为主导力量"这样一种状态。

我国目前的金融监管比较严格,利率不能随资金市场供求浮动,外汇还不能自由兑换,人民币不是国际货币,在这样一种状况下,乌鲁木齐中亚次区域金融中心的规划不能过度超前,否则劳而无功,但同时应本着早做准备、打牢基础的发展思路。随着我国金融体制改革的不断深化,人民币国际化的不断推进,新疆和我国经济实力的提升,使金融中心的建设扎实推进。

8.6 乌鲁木齐中亚次区域金融中心需着重建设的领域

乌鲁木齐市中亚次区域金融中心建设的主要目标不是追求完善的国际金融中心的功能,而是根据我国和中亚区域的发展现状,提供有针对性的金融服务。我们认为,乌鲁木齐中亚次区域金融中心应重点开拓以下几方面的功能:

8.6.1 人民币跨境结算中心

金融危机暴露了原国际货币体系的缺陷,在危机中人民币币值稳定且稳步上升,极大地提高了人民币在国际货币中的地位。在进出口企业及海外投资者对人民币用于国际结算有强烈需求的情况下,经国务院批准,2009 年 7 月,我国开始开展跨境贸易人民币结算试点工作,迈出了人民币走向国际化的重要一步。2010年6月，新疆被选入第二批试点地区，2011年8月，新疆等边境省份对外开展跨境贸易的境外地域范围由原来的毗邻国家扩展到境外所有国家和地区。目前新疆已有超过15家银行具备办理跨境人民币业务资格，跨境人民币结算业务的境外服务区域已拓展到包括中亚五国在内的18个国家和地区，结算业务量达188.69亿元，吉尔吉斯斯坦、巴基斯坦、塔吉克斯坦等国的13家银行在新疆辖区银行开立了人民币同业往来账户。目前，新疆是中国唯一允许开展人民币外商直接投资试点的省区①。人民币产品业务种类包括信用证、托收、电汇、保函等多种形式，结算方式涵盖代理行、清算行和NRA账户等多种模式。随着人民币跨境结算政策的不断完善，在周边国家贸易中人民币的使用会越来越多，特别是在旅游购物、对外援助、涉外采购、跨境投资等方面，将会有更多的企业愿意选择人民币作为计价和结算货币②。

乌鲁木齐作为与中亚经贸合作的桥头堡，应该在现有的人民币跨境结算基础上，与上海国际金融中心加强合作，在中亚区域作为上海金融合作中心的一个分支中心，探索边境地区人民币现钞出入境、人民币兑换及进一步完善人民币出入境结算出口享受的退税政策等，使人民币逐渐成为中国与中亚贸易投资等经济活动中普遍被接受的货币，使乌鲁木齐成为中亚区域人民币交易和结算中心。

8.6.2 能源期货市场

目前，哈萨克斯坦证券交易所（KASE）开通了两种期货：美元对坚戈的汇率期货，哈萨克斯坦证券市场指数期货。我国目前有三个期货交易所：上海期货交易所、大连商品交易所、郑州商品交易所。大连商品交易所推出的期货品种有玉米、黄大豆1号、黄大豆2号、豆粕、豆油、棕榈油、聚乙烯、聚氯乙烯；郑州商品交易所主要是粮食类期货，如小麦、棉花、白砂糖、绿豆、早籼稻等；上海期货交易所推出的期货品种偏重金属类品种，如铜、铝、锌、黄金、螺纹钢、线材等。2006年9月，上海成立了中国金融期货交易所，主要对金

① 马德伦. 中国和亚欧金融合作前景广阔[N]. 新疆日报：财富周刊(9版)，2011-09-07.

② 我区15家银行具备办理跨境人民币业务资格[N]. 都市消费晨报(B1)，2011-08-17.

融衍生品的上市交易、结算和交割进行管理。2010年,该所推出了沪深300股指期货合约。我国期货市场主要在中东部地区,期货市场一般都依附于活跃的现货交易市场。

从我国和中亚整体期货市场发展状况来看,还缺乏立足本区域丰富的能源矿产资源推出的能源品种。新疆是我国重要的能源矿产资源基地,2009年新疆石油保有储量为4.67亿吨,仅次于黑龙江,全国排第二位;天然气保有储量为8354亿立方米,全国排第一位,占全国总储量的23%。新疆石油天然气预测资源量占全国陆上资源量的30%和34%以上,天然气远景预测资源量达13万亿立方米,具全国之冠。新疆煤炭已探明储量1008亿吨,占全国的10%,预测储量2.19万亿吨,占全国的40%以上。中亚地区同样具有丰富的能源储量,据美国国际能源局2004年统计,中亚五国合计石油已探明储量为39.4亿吨,潜在储量为260亿~270亿吨;天然气探明储量为8.7亿~9.7万亿立方米,潜在储量为37亿~39万亿立方米[①]。新疆又是我国重要的能源矿产资源国际大通道,中国—土库曼斯坦天然气管道、中国—哈萨克斯坦石油管道都在新疆中转。

在乌鲁木齐成立能源交易所,推出适当的能源期货品种,可以优化我国期货市场布局,丰富我国和中亚地区期货品种。通过套期保值使能源供应方和需求方都能规避价格风险,同时给投资机构提供新的期货交易品种。

8.6.3 产业投资基金

产业投资基金是产业资本和金融资本的直接融合,是在我国严格的金融监管下,地区募集发展资金的一种有效的金融工具。2006年11月,为配合天津滨海新区的大开发,国家批准设立第一个渤海产业投资基金。从那时开始至目前,国家已批准三批次10只大型产业投资基金,包括第二批的山西能源基金产业投资基金、上海金融产业投资基金、主要支持苏州开发区建设的中新高科产业投资基金等,及第三批的天津船舶、重庆基础设施产业投

① 孙庆刚.新疆经济跨越式发展[D].新疆大学,2011.

资基金、东北装备工业等产业投资基金。除了国家试点批准的10家外，全国各省还有很多已经运作的产业投资基金，如湖南的湘江产业基金等，这些产业投资基金为重点地区和重点产业的发展提供了强有力的资金支持。

新疆处于跨越式发展时期，“十二五”时期，新疆全社会固定资产投资预期目标为3.6万亿元，中央投资、对口援疆资金、央企等各类投资约7880亿元，存在较大的资金缺口。同时，新疆是资金净流出省份，资金外流严重①。目前新疆有比较优势的产业如煤化工产业、新能源行业等多数仍是资本密集型产业，新疆在一个很长时期仍会是资本拉动型经济。中亚地区的能源产业投资所需资金量大、风险高，这些都阻碍了新疆本土企业“走出去”融入中亚经济的步伐。产业基金作为顺应产业成长要求而产生的一种金融创新产品，能有效地为这些产业和企业实体提供金融支持，实现政府资源、金融资本和产业资本的融合。新疆通过设立产业投资基金，正好可以满足现代产业发展对股权投融资的多样化需求。

乌鲁木齐将产业投资基金做大以后，可以为乌鲁木齐产权交易所提供更广阔的市场空间，产权交易所提供的股权交易和转让服务，为产业基金提供了退出机制，便于产业基金的保值增值。

8.6.4 外汇交易中心

2011年6月28日，中国银行新疆分行正式挂牌人民币与哈萨克斯坦货币坚戈的现汇交易价格②，这意味着人民币和坚戈不再需要美元作为中介货币进行套算，可以直接进行人民币和坚戈间的兑换。考虑到目前中国与中亚贸易往来仍然以美元为主，乌鲁木齐金融机构应为企业在汇兑美元方面提供便捷的金融服务，完善乌鲁木齐外汇交易功能。另外，乌鲁木齐可以探索“中亚美元市场”业务，允许金融机构开展美元欧元离岸业务，为新疆及周边国家提供外币投融资场所和金融工具。

① 孙庆刚，秦放鸣．“资源诅咒”在我国省际层面传导机制：理论与经验[J]．石河子大学学报，2011(2)：77.

② 马德伦．中国和亚欧金融合作前景广阔[N]．新疆日报：财富周刊(9)，2011-09-07.

总　结

本书课题在研究的后期，恰逢习近平主席在哈萨克斯坦提出建设丝绸之路经济带的倡议，并在十八届三中全会上正式确认为国家战略。2015 年 3 月，在《推动共建丝绸之路经济带和 21 世纪海上丝绸之路的愿景与行动》（以下简称《愿景》）中，对该战略又进行了详细论述。同时，本课题研究期间，金砖国家银行、亚洲投资开发银行、丝路基金等由我国主导的区域性投资开发金融机构相继成立。我国以更加积极主动的姿态参与区域性金融合作。囿于预设研究框架和研究内容的限制，本课题对以上出现的新事物新情况虽有所提及，但并未深入研究。纵观本课题的整体研究脉络和研究内容，本课题与《愿景》中提出的“一带一路”合作重点之一“资金融通”高度契合，并对促进丝绸之路经济带核心区域——中国与中亚地区的资金融通具有重要的参考价值，显示出本课题立项的前瞻性和创新性。

本课题基于对中亚 5 国金融体系全面系统的考察认为，鉴于目前中亚国家金融发展水平总体较低，深入开展金融合作的难度较大，当前中国与中亚国家的金融合作应定位于手段和工具的层面，还不宜构成当前一个时期的主要目标指向。所以，本课题并不是就金融合作谈金融合作，仍然把落脚点放在如何通过中国与中亚金融合作，助推中国与中亚国家贸易投资便利化，保障我国能源战略资源国际大通道建设上。具体包括：通过银行等清算体系的对接实现贸易投资结算便利化；通过本币结算或中国与中亚国家汇率协调机制的建立，降低或管控贸易投资的汇率风险；通过创建风险投资基金为投资中亚的中国企业提供一定程度的先期资金融通。这一思路也构成我们总研究报告的主要内容，有些内容已经公开发表，得到学界承认。具体来讲，本研究的主要内容和创新之处概括如下：

（一）**对中亚5国的金融体系进行了深入全面系统的分析**。本课题组利用成员对俄语较为熟悉的语言优势，通过搜集俄文和各国母语的第一手资料，对中亚国家的金融体系按照金融企业体系、金融市场体系、金融调控体系、金融监管体系和金融环境体系进行了全面梳理，同时汇总整理了中亚五国的金融法律规章制度。中亚5国整体上金融发展水平较低，金融体系中银行体系占绝对优势，资本市场或欠缺或影响力很小；金融法律体系较为健全，但贯彻执行的力度不大；外汇管制较严，汇率风险较大；金融业总体体量较小，影响力较弱。

从国别上看，哈萨克斯坦金融业在中亚五国中相对最为发达，也较为开放，哈萨克斯坦金融体系基本依循现代市场经济体制国家构建，因此在面对外部经济冲击时金融风险最大。土库曼斯坦、塔吉克斯坦和乌兹别克斯坦金融业较为封闭，其中乌兹别克斯坦实行严格的外汇管制、强制结售汇制度。吉尔吉斯斯坦受加入世界贸易组织的影响，金融业采取开放政策，外汇自由汇兑、自由进出、结算和支付的便捷性在中亚国家中处于前列。

（二）**加强中国与中亚国家贸易结算领域的合作**。本部分构建了贸易结算便利化指标体系，通过贸易引力模型分析了影响贸易结算便利化的主要因素。分析了中国与中亚国家贸易采取人民币结算的可行性和必要性。中国与中亚国家采取人民币结算，可以降低贸易双方的汇率风险和汇兑成本，加快结算速度，降低结算成本，也能解决美元现钞跨境调运和监管问题。中国与中亚国家的政治互信、中国综合经济实力的稳步提升也为人民币结算提供了坚实基础。中国可以通过增加本币互换规模，建立统一的人民币清算网络系统，完善人民币回笼渠道，建立霍尔果斯离岸金融中心等途径，推动人民币结算便利化。

（三）**创建面向中亚的风险投资基金**。中国与中亚金融合作应与产业合作相结合。基于跨国投资合作项目的高投入、高风险，创建面向中亚的风险投资基金，能够为跨国投资提供一定程度的资金融通和风险规避。尤其在高科技领域，风险投资基金能起到孵化器的作用。通过构建全球视角下风险投资基金运作过程中的多重博弈模型，推导出能够实现风险投资基金、中国与第三方参与国共赢的最优股比解析解。创建面向中亚的风险投资基金，应立足中亚国家国情，尊重市场规律，发挥当地政府的作用，采取大企业主导，商业运行和政策性并举的模式。

（四）**建立上海合作组织开发银行**。区域性的金融机构对区域经济合作具有重要推动作用。上合组织框架下的很多项目难以落地，与资金缺乏有很大关系。我国政府在上合组织峰会上已经多次提出要建设上海合作组织开发银行，但推进工作进展不大。这其中与俄罗斯的顾虑有很大关系，也与中亚国家担心在上海合作组织开发银行没有话语权有关。本研究在梳理世界金融开发机构的基础上，创造性地提出“中哈双边—小多边—上和多边”，分阶段推进上海合作组织开发银行建设的方案。本研究认为，上海合作组织开发银行作为区域开发撬动资金，中国可以在投票权方面做适当安排，提高基本票权重，增加中亚国家参与的积极性。同时与欧亚银行采取战略联盟，协同建设，减少俄罗斯方面的推进阻力。

（五）**中国与中亚能源金融合作**。石油等战略资源的金融属性已经非常明显，中国与中亚国家在能源领域的合作共赢局面需要配套相关的金融支持政策。目前，中国与中亚国家政治互信达到新的高度，开展能源合作的宏观环境不断优化；中国与中亚国家经济周期趋于同步，中国与中亚国家开展能源金融合作已经具备可行性。课题组建议设立面向中亚的能源产业投资基金，引导民间资本合理有序地进入中亚能源市场，改善当前能源开发融资渠道单一、主要依赖银行信贷的局面。同时，分三个层次建立丝绸之路能源金融中心。在综合考虑丝绸之路沿线城市的优劣势基础上，本研究认为，克拉玛依和西安西咸新区可以作为建设载体。

（六）**建设乌鲁木齐中亚次区域金融中心**。此区域金融中心特指我国的整个新疆和与新疆接壤的周边区域，包括哈萨克斯坦东部地区、塔吉克斯坦和吉尔吉斯斯坦。在此区域，乌鲁木齐相比周边国家其他城市具有综合经济优势；相比国内其他城市具有区位优势、人文优势和政治优势。尤其在丝绸之路经济带建设背景下，建设乌鲁木齐中亚次区域金融中心，能够充实新疆丝绸之路经济带核心区的建设内容，能够推动中亚经济资源的有效整合，能够提升中国与中亚金融合作的深度。

乌鲁木齐次区域金融中心应定位于：立足新疆，面向中亚，为我国与中亚各国的经济合作提供金融支持，以此推动我国向西开放新格局，为中亚区域间的贸易和投资提供金融服务，为中亚地区提供若干特色专业服务的次区域金融中心。该中心的建设可以从实际出发，根据我国与中亚国家的经济发展水平和产业发展状况，以及中亚区域贸易和投资的特点，提供能够满足中亚次区域金融需求的金融工具、金融产品和金融服务，无须将满足国际金融中心的所有要件作为追求目标。建议该中心采取“政府推动，市场主导，打牢基础，稳步推进”的建设模式，重点建设人民币结算中心、能源期货市场、产业投资基金和外汇交易中心等四大领域。

世界经济领域从国别研究角度比较，我国学者以往对中亚国家的关注是比较薄弱的，“一带一路”战略的提出，对中亚国家的研究成为热点。本课题立项于该战略之前，受限于研究框架和现实实践水平，多数研究内容仍主要处于战略宏观层面，微观操作执行层面有待深入。希望本课题能够起到抛砖引玉的作用，随着“一带一路”战略的推进，将中国与中亚区域合作相关研究不断引向深入。

参考文献

[1]李永刚. 美国量化宽松货币政策影响及中国对策[J]. 财经科学,2011(4):1-8.

[2]李庆红. 我国与中亚贸易结算人民币化的必要性和可行性研究[D]. 新疆财经大学硕士论文,2010.

[3]张新存. 对中哈两国贸易采用人民币结算的设想[J]. 东欧中亚市场研究,2002(8):31-33.

[4]李石凯,杨公齐. 金融危机冲击下的人民币贸易结算与人民币国际化[J]. 广东金融学院学报,2009(3):5-13.

[5]秦放鸣. 中国与中亚国家区域经济合作研究[M]. 科学出版社,2010.

[6]邢辉,裴忠良. 从阿拉山口口岸跨境货币流通看本币结算的可行性[J]. 中国金融,2009(14):68-69.

[7]玉素甫·阿布来提. 中国与中亚五国对外贸易中本币结算问题研究[J]. 新疆财经,2008(3):73-76.

[8]薛炜. 中国(新疆)边境贸易发展与跨境人民币结算问题研究[J]. 金融发展评论,2012(2):109-116.

[9]刘丹梅. 构建人民币离岸金融市场研究:新疆霍尔果斯视角[J]. 南方金融,2013(7):80-84.

[10] 佘传奇. 论我国风险投资基金发展模式[J]. 安徽大学学报(哲学社会科学版),2002(2):36-39.

[11] 张晋莲. 国外产业投资基金发展研究和对我国的启示[J]. 金融与经济,2013(3):57-59.

[12] 刘红帮,刘卫红. 风险投资基金:世界概况及对我国的启示[J]. 财贸经济,1999(6):42-50.

[13] 陈家洪. 风险投资基金的风险分析与决策[J]. 统计与决策,2005

(11):64 - 65.

[14] 纪尽善. 发展中国风险投资基金问题研究[J]. 社会科学辑刊,2000(1):71 - 76.

[15] 李延均. 发展我国风险投资基金的几点思考[J]. 华东经济管理,2000(6):114 - 115.

[16] 黄沛,王一栋. 对我国风险投资基金发展的若干建议[J]. 科技进步与对策,2000(11):48 - 50.

[17] 萧端,熊婧. 政府创业引导基金运作模式借鉴——以以色列 YOZMA 基金为例[J]. 南方经济,2014(7):106 - 115.

[18] 孙欣睿. 我国创业风险投资在投资阶段的倾向性变化及其原因[J]. 经营与管理,2014(6):65 - 69.

[19] 李春艳,徐喆. 引导基金促进战略性新兴产业发展的机制和政策研究[J]. 求是学刊,2014(1):63 - 69.

[20] 张迎红. 欧盟风险资本市场政策及对上海的启示[J]. 上海商学院学报,2014(1):74 - 82 + 90.

[21] 朱聆溪. 中国风险投资问题及对策研究[J]. 经济研究参考,2012(65):74 - 76.

[22] 华蓉晖. 美国、英国和以色列三国风险投资业的比较与启示[J]. 上海金融学院学报,2013(1):108 - 117.

[23] 江薇薇. 我国政府引导基金发展模式研究[J]. 西部论坛,2012(1):29 - 36.

[24] 龙云凤. 日本风险投资发展模式及其对广东的启示[J]. 科技管理研究,2012(13):40 - 44.

[25] 须同凯. 上海合作组织区域经济合作[M]. 人民出版社,2010:230.

[26] 赵华胜. 上海合作组织评析和展望[M]. 时事出版社,2012:118 .

[27]王冲. 独联体,一个正在消失的现实[N/OL]. 南方报网. http://opinion. nfdaily. cn/content/2009 - 06/02/content_5210232. htm.

[28] 邢广程、孙壮志. 上海合作组织研究[M]. 长春出版社,2007:114.

[29] 俄刊说俄难以遏制中国在上合组织及中亚不断上升的影响力[EB/OL]. http://www. cetin. net. cn/cetin2/servlet/cetin/action/HtmlDocumentAction? baseid = 1&docno = 496451.

2011(6):25－27.

[61] 尚天成,高俊卿,刘培红,等.节余排放配额合同能源管理项目融资模式的构建[J].天津大学学报(社会科学版),2012(1):7－9.

[62] 邱立成,韦颜秋.白色证书制度的发展现状及对我国的启示[J].能源研究与利用,2009(6):1－4.

[63] 史娇蓉,廖振良.欧盟可交易白色证书机制的发展及启示[J].环境科学与管理,2011(9):11－16.

[64] 佘升翔,马超群,王振红,等.能源金融的发展及其对我国的启示[J].国际石油经济,2007(8):2－8＋78.

[65] 何凌云,薛永刚.产业共生视角下的能源金融内涵及架构[J].生产力研究,2010(12):232－233＋280.

[66] 林伯强,黄光晓.能源金融[M].清华大学出版社,2011.

[67] 刘传哲,何凌云,王艳丽,等.能源金融:内涵及需要研究的问题[J].中国矿业大学学报:社会科学版,2008(3):59－62.

[68] 黄为一,吴薇,范征.我国可再生能源企业初创期的融资探讨[J].时代经贸(中旬刊),2008(S8):7－8.

[69]何志成.试析我国现代国际能源金融化之路径[N].现代物流报.2012－11－12.

[70] 丁敬雯.我国发展碳金融的路径选择[J].江苏商论,2010(10):150－152.

[71]魏芸.西部地区碳金融发展路径探析[J].西南金融,2013(3):69－71.

[72] 吴寄南.日本规避能源风险的战略及其前景[J].当代石油石化,2004(10):41－44.

[73]王淑贞,魏华,贺靖峰.基于AR和模糊综合评价的中国能源风险预警研究[J].上海管理科学,2011(3):1－4.

[74] 秦放鸣,张飘洋,孙庆刚.基于经济周期同步性的中国与中亚国家金融合作可行性研究[J].新疆师范大学学报:哲学社会科学版,2015(2):41－49.

[75] 陈秋强,冯丹丹.商业银行在合同能源管理中的融资模式分析[J].煤炭经济研究,2010(4):43－46＋66.

[76]郭新明.经济互补的金融思考[M].新疆人民出版社,2009.

[77]王军,宋岭.乌鲁木齐构建中亚金融中心的策略研究[J].新疆大学学报:哲学

社会科学版,2009(4):107 - 109.

[78]李嘉晓,杨林.我国区域金融中心发展研究[D].西北农林科技大学,2007.

[79]李忠民,邹明东.西部构建区域金融中心的比较研究[J].西部金融 2010(5):38 - 39.

[80]秦放鸣,张力民,毕燕茹.从投资角度看中国与中亚国家区域经济合作[J].开发研究,2012(2):1 - 5.

[81]王海燕.金融危机前后中亚国家经济形势对比与前景分析[J].新疆师范大学学报(哲学社会科学版),2013(7):42 - 51.

[82]孙庆刚.金融危机在全球的传导及中国对策分析[J].金融发展评论,2010(2):104 - 108.

[83]闫午.俄罗斯中亚东欧经贸动态[J].俄罗斯中亚东欧市场:国际金融危机专刊,2009(4):55 - 64.

[84]柴利.中国与中亚国家能源合作对策研究[M],社会科学文献出版社,2013.

[85]郑旭东,饶国平,朱永兵.加强与中亚五国金融合作支持向西开放战略的实施[J].新疆金融,2008(9):9 - 11.

[86]高志刚.中国新疆参与中亚次区域经济集团的条件、模式与对策[J].国际贸易问题,2005(7):52 - 57.

[87]俞新天.在和平、发展、合作的旗帜下——中国战略机遇期的对外战略纵论[M].中共中央党校出版社,2005.

[88]王海燕.上海合作组织金融领域的制度安排与功能合作[J].国际贸易,2010(2):42 - 46.

[89]姜睿.上海合作组织成员国金融合作:新进展与前景展望[J].上海金融,2012(8):35 - 39.

[90]张茉楠.构建新型能源金融体系的“战略图谱”[J].发展研究,2009(4):62 - 64.